Endler's OPERNFÜHRER

*Was wirklich
im Libretto
steckt*

ORAC   PIETSCH

ISBN: 385 368-873-X
Copyright © 1980 by Verlag Orac, Wien
Alle Rechte vorbehalten
Schutzumschlag: Bronislaw Zelek
Technik: W. Menches
Lektorat: Leo Mazakarini
Gesamtherstellung: Leykam AG, Graz

Inhalt

6

Vorwort

Dieses Buch soll Opernfreunden Freude machen und außerdem oder vor allem der Oper neue Freunde gewinnen – wie sie ja Tag für Tag aus den verschiedensten Gründen tatsächlich gewonnen werden, weil das Fernsehen immer mehr aus Opernhäusern überträgt oder Dirigenten die Skandale hervorrufen, die früher einmal Sopranistinnen als ihr Vorrecht betrachteten und heutzutage sonst nur Spitzensportler zuwege bringen.

Die Gründe, warum Oper, vor einigen Jahren noch als eine tote oder eine elitäre Kunstform bezeichnet, wieder Freunde gewinnt, sind gewiß auch von Soziologen und von anderen Denkern zu erfahren. Von einem Opernfreund kann man nur eine einzige Erklärung erwarten: Nach einer kurzen Pause, in der Menschen falsch über die Oper dachten, sprachen, sogar schrieben, wandelt sich jetzt das Bild wieder, und die wunderbare Kunstform erhält den ihr zustehenden Platz. Daß dem so ist, muß man kaum beweisen.

Dieser Versuch kann nur diejenigen interessieren, die sich durch das Buch gelesen haben. An den Anfang darf ich daher nur eine Art Warnung stellen. Der Versuch, den Inhalt von Opern unkonventionell, wenngleich nicht unkorrekt nachzuerzählen, wird unternommen, um einerseits Opernfreunden einmal eine vielleicht neue Darstellung ihrer Lieblingsopern zu geben, anderseits, weil es genügend Menschen gibt, die eine Arie gehört und eine Ouvertüre schätzen gelernt haben, die aber noch Mißtrauen gegenüber einer ganzen ausgewachsenen Oper zeigen. Diesen soll dieses Mißtrauen genommen werden. Auf dem hoffentlich legitimen Umweg der Nacherzählung der so packenden und aufregenden Geschichten, aus denen Librettisten und Komponisten Opern machten. Sowohl die Auswahl der Stücke wie auch die sogenannte Deutung ist diesmal ganz und gar nach meinen persönlichen Vorlieben und Ansichten vorgenommen, mit einem gestandenen Opernfreund würde ich zweifellos sofort in heftige und endlose und selbstverständlich auch effektlose Diskussionen geraten. Aber: Vielleicht kann ich den einen oder anderen Leser auf den Weg bringen, ein Opernfreund zu werden. Und vielleicht kann ich den einen oder anderen Opernbesucher gleichfalls interessieren – indem ich ihm das, was er schon gehört und gesehen hat, von einem anderen Standpunkt her noch einmal anbiete und ihm zeige, daß es zu den Charakteristika auch der Oper (wie aller großer Kunstformen) gehört, daß sie vieldeutig, immer wieder deutbar, ist. Ich behaupte nicht, daß auch nur eine meiner Geschichten Anspruch darauf hat, besser oder klüger oder korrekter zu sein als die ungezählten Deutungen, die alle Meisterwerke der Opernliteratur durch Wissenschafter und Liebhaber bereits erfahren haben – und wer einmal versucht hat, einen Bruchteil der Sekundärliteratur über Wagner nachzusehen, der weiß, was ich meine. Aber ich hoffe vom

Herzen, daß irgendwo am Rande der Stellagen voll Opernführer auch der meine seinen Platz findet. Vielleicht unter dem Stichwort Kuriosa? Jemand anderer wäre gewiß nicht glücklich, würde man seine Hervorbringung nicht zu den Standardwerken zählen. Ich bin, in diesem Fall, aufrichtig, wenn ich ihm dies nicht zumute. Ein Opernfreund soll, wenn es nach mir geht, mein Buch *auch* lesen. Ein potentieller Opernfreund soll nach der Lektüre meines Buches auch andere verschlingen wollen.

Opern-ver-führer

Wir Opernfreunde haben es oft schwer. Kein Liebespaar findet es wider die Natur, über eine halbe Stunde voneinander Abschied zu nehmen und dabei nichts anderes zu tun, als einige sehr abgeschmackte Sätze immer wieder zu stammeln. Wenn aber zwei Verliebte in einer Oper auch nur fünf Minuten nicht voneinander loskommen und einander in immer neuen Tonarten und Lagen „Addio, addio, addio, amore" zurufen, dann wird dies als ein Musterbeispiel für die Absurdität des Genres Oper bezeichnet. Kein Mensch hat je etwas daran gefunden, daß in einer Abendgesellschaft mehrere Anwesende gleichzeitig miteinander sprechen und einander doch ziemlich genau verstehen. Jedes Opernensemble aber, das – ganz im Gegensatz zum äußerst unnatürlichen Sprechtheater – mehrere Personen einer Handlung nicht nacheinander, sondern gleichzeitig Gefühle ausdrücken und miteinander konversieren läßt, wird als Gipfel der allzu künstlichen Kunstgattung Oper qualifiziert.

Versteht man, daß ein richtiger Opernfreund, der nach dreißig Jahren ungestörter Liebe zu seinem Metier per Zufall Menschen kennenlernt, die angenehm und klug und trotzdem keine Opernfreunde sind, von missionarischem Eifer erfaßt wird, ja sogar ein Buch zu schreiben beginnt, das wie ein Opernführer konzipiert ist und ein Opernverführer sein soll? Ich hoffe sehr, daß man das versteht. Und glaube außerdem, daß der Zeitpunkt, zu dem dieses Buch erscheint, meiner Mission nicht ungünstig ist. Seit nicht nur in den Wunschkonzerten der diversen Rundfunkanstalten große Opernarien, sondern auch in den Hauptabendprogrammen der diversen Fernsehanstalten ganze Opernübertragungen angesetzt sind, erreicht das Genre ein Publikum wie nie zuvor. Absichtlich oder per Zufall hat jetzt so gut wie jedermann schon einmal teilweise oder ganz eine Opernaufführung miterlebt – und demnächst wird das Angebot noch erweitert werden; es werden dann außer den unzähligen Gesamtaufnahmen auf Schallplatten auch sehr viele Gesamtaufnahmen für diejenigen, die einen Videorecorder daheim haben, zur Verfügung stehen.

Gleichzeitig ist man in aller Welt dabei, Opernhäuser entweder zu restaurieren oder neu zu erbauen, auch da ist keineswegs Rückläufigkeit zu bemerken. Im Gegenteil, auch in den als fortschrittlich bezeichneten Volksdemokratien opfert man sehr große Summen, um Häuser einzurichten, die ausschließlich dazu da sind, die bürgerliche Kunstform Oper in besonders perfekter Form aufzuführen. Und auch ein so junger Kontinent wie Australien hat seine großen Opernhäuser bauen lassen, und so kommerziell geführte Städte wie Dallas in den USA sind stolz darauf, ihre eigene Opernsaison zu haben. Von Ensemblegastspielen, auch der größten Opernhäuser, in Japan – auf Kosten der Japaner, versteht sich, denen sehr viele Millionen dafür nicht zuviel erscheinen – ganz zu schweigen. Genügt das bereits als Werbung? Oder muß ich nicht doch auch noch erklären, was mir im speziellen Fall sowohl für Opernfreunde wie für solche, die es noch werden könnten, eingefallen ist?

Selbst unter Opernkomponisten herrscht mitunter die sehr seltsame Lehrmeinung, Oper sei entweder eine Kunstform der Absurdität oder eine besonders künstliche Kunstform, die nicht erklärt, sondern einfach geliebt werden müsse. Daß man den präzisen Wortlaut der Liebesworte, die Tristan und Isolde einander zusingen, auswendig lernen muß, um sie bei einer Aufführung von Richard Wagners Oper einigermaßen deutlich zu verstehen, gilt als ein Argument gegen die Oper. Daß auf einer Opernbühne seltsame Situationen dargestellt werden, die auf den ersten Blick unglaubwürdig sind oder unverständlich, wird allgemein als Argument gegen die Oper vorgebracht. Und selbst ein so humorvoller als wie kluger Zeitgenosse wie der ostdeutsche Schriftsteller Peter Hacks hat zwar eine sehr amüsante Abhandlung über das Libretto – den Text, der zur Komposition einer Oper notwendig ist – geschrieben, auf Angriffe gegen das Genre jedoch nicht mit sachlichen Auseinandersetzungen, sondern mit einer Art Liebeswerbung geantwortet. Als handle es sich um eine Kulthandlung, bei der Nachdenken nicht gestattet ist und Andersgläubige sich einfach höflich zu benehmen haben – die Liebe zum Genre Oper ist aber keine Glaubenssache, sondern eine auch rational erklärbare Angelegenheit. Etwas, wofür man von einem Mathematiker so viel Verständnis erwarten darf wie von einem, der im Hauptberuf Liebhaber ist.

Ich habe aus dem schier unerschöpflichen Repertoire an noch nicht vergessenen Opern diejenigen ausgewählt, die sozusagen zum eisernen Bestand aller Opernhäuser zählen und auch dabei noch ganz persönliche Kriterien walten lassen – „Zar und Zimmermann" habe ich weggelassen und Gounods „Margarethe" nicht in das Buch aufgenommen, weil ich bei allem Übermut es nicht gewagt habe, eine zweifach vereinfachte Nacherzählung von Goethes „Faust" zu geben. Diese meine sehr persönliche Auswahl habe ich nach keinem Vorbild, sondern nach meinem Geschmack erzählt – mit Opernfreunden werde ich wahrscheinlich schier endlose Diskussionen haben müssen, ob man wirklich die Gralsritterschaft mit den Rotariern vergleichen darf, aber solche Gespräche sind durchaus belebend. Für die Mehrzahl meiner Leser aber habe ich hoffentlich anregende Geschichten erzählt, die jedermann sich unschwer als eine Opernhandlung erklären kann. Und unter einer Opernhandlung ist nichts weiter als eine ganz und gar nicht unmögliche Begebenheit zu verstehen, wobei es niemand wundern darf, daß ich mich nicht wundere, wenn Menschen immer wieder singen.

Sie tun's ja auch viel öfter, als wir es im Alltag noch bemerken. Erst kürzlich habe ich einen sonst ernsten Mann belauscht, wie er „Es geht zu Ende" zu einer offenbar von ihm erfundenen Melodie vor sich hingesungen hat – er war mit einer schweren Tagesarbeit fertig, und sein kunstloser Gesang war einfach Ausdruck seines Glücksgefühls. Wie die Redewendung „Vor Glück einen Luftsprung machen" als eine sehr naive Rechtfertigung für das Genre Ballett zu gelten hat, so darf man ähnliche Redensarten wählen, wenn man partout für die Oper noch immer nach einer Rechtfertigung suchen will.

Ich suche keine Rechtfertigung. Ich glaube, nein, ich weiß, daß jedermann imstande ist, aus einer Oper das heimzunehmen, was man als Gewinn bezeichnen kann. Wenn's anders kommt, dann waren weder der Librettist noch der Komponist schuld, dann hat die Aufführung nicht gestimmt, oder der Opernbesucher war nicht aufnahmebereit. Das soll vorkommen, gilt aber nicht, wenn man darüber sprechen will, wie herrlich Oper ist.

Das war eine Art Vorwort, das auch ich nicht anders als mit den konventionellen Dankesworten schließen kann – sie gelten aus aufrichtigem Herzen dem Verleger, der das Thema wirklich mag, den Betreuern im Verlag, die lange Zeit hindurch auch den Autor wirklich mochten. Die an dieser Stelle üblichen Dankesworte an meine Frau möchte ich etwas modifiziert schreiben. Wo die meisten Autoren behaupten, sie hätten sich für das Verständnis der während der Arbeitszeit vernachlässigten geliebten Frau zu bedanken, dort will ich meiner Frau bestätigen, daß sie bei dem einen oder anderen Opernbesuch durch eine Frage mir geholfen hat. Und ich will ihr dieses wie alle anderen Bücher einfach widmen.

Obgleich es selbstverständlich kein Thema gibt, über das nicht schon Bibliotheken geschrieben sind, sind verständliche Passagen über das Libretto, so ganz im allgemeinen – ein Lieblingsausdruck der Marschallin Hugo von Hofmannsthals –, selten zu lesen. Und erst seit wenigen Semestern gibt es an der Wiener Universität ein germanistisches Institut, das sich der Librettoforschung widmet, es möge gedeihen und uns viele interessante Arbeiten liefern, die wir in unseren Diskussionen dann zerpflücken wollen.

Unter Libretto verstehen wir im Alltag einfach das Textbuch einer Oper, das sehr oft zu beinahe keinem Preis in Antiquariatsbuchhandlungen im letzten Moment vor einem Opernbesuch gekauft wird. Etwas seriöser aber verstehen wir darunter einen Text, der zumeist in äußerst enger Zusammenarbeit von einem oder mehreren „Textdichtern" und dem Komponisten einer Oper geschrieben wird – darauf möchte ich sehr nachdrücklich hinweisen, dafür möchte ich gleich jetzt einige Beispiele geben.

Im Gegensatz zur landläufigen Meinung, daß Richard Strauss auch imstande gewesen wäre, eine Speisekarte oder das Telephonbuch zu vertonen, war Richard Strauss ein Komponist, der einen interessanten und klugen Briefwechsel mit seinen Librettisten führte und sich über Nuancen im Text ebenso äußerte wie über notwendige Umstellungen in der Handlung – wobei er weder mit Hugo von Hofmannsthal noch mit den vielen Schriftstellern, die man ihm nach dem Tod Hofmannsthals als dessen Nachfolger vorschlug, einverstanden war. Immer wieder fand er Textstellen, die ihm entweder zu süßlich oder zu langweilig oder zu wenig prägnant erschienen, immer wieder wußte er ganz genau, welche Sätze in Prosa oder in Versfuß einer Situation angemessen wären, immer wieder äußerte er sich hochbeglückt, wenn man ihm Texte sandte, die er nach der Lektüre als komponierbar erkannte.

Der Briefwechsel verschiedener Autoren mit Richard Strauss ist in einigen Bänden nachzulesen und kann als ein Lehrbuch über die Entstehung einer Oper bezeichnet werden. Denn nicht nur der Komponist klagt beispielsweise, daß ihm das dunkle Märchen von der „Frau ohne Schatten" gefällt, aber schwer komponierbar erscheint, auch sein Librettist Hugo von Hofmannsthal äußert sich kritisch und beklagt, daß er sich den „Rosenkavalier" als eine Buffo-Oper à la Offenbach und nicht als ein dick instrumentiertes Kitschstück vorgestellt hat – ich vergröbere absichtlich, die Herren Strauss und Hofmannsthal waren in ihrer Wortwahl vorsichtiger.

Außerdem aber ist Strauss ein ganz und gar bemerkenswerter Mann, denn er hat nach dem Zweiten Weltkrieg ein immer wieder erwähntes, jedoch offenbar selten gelesenes künstlerisches Testament geschrieben, das er an Karl Böhm sandte – darin gibt er eine Aufzählung der Opern, die er einem Spielplan eines großen Opernhauses angemessen hält, und darin schreibt er auch seine seltsame Ansicht, er würde von Giuseppe Verdi alle Opern nach Sujets von Schiller und Shakespeare ablehnen: Für Strauss mußte eine Oper nicht auf einen leicht variierten oder simplifizierten Text eines Erfolgsstückes, sondern auf einen ausschließlich für eine Oper erdachten und geschriebenen Text aufgebaut sein.

Zuletzt aber kann man Strauss auch mit einem seiner weniger oft gespielten Werke hier notieren. „Capriccio", gemeinsam mit dem Opernpraktiker Clemens Krauss verfaßt, ist eine Art Lehrstück darüber, wie Text und Musik zueinander in Verbindung zu stehen haben und welche Ingredienzen man außerdem zu einer Oper braucht – wenn der aufmerksame Zuhörer glaubt, jetzt wisse er endlich alles, erscheint auf der Bühne auch noch der Souffleur und erklärt, in Wahrheit sei er die Seele des Theaters, und nur er mache es möglich, daß Oper Wirklichkeit werde. Das ist eine realistische Pointe, jeder Opernsänger wird widerwillig ihren Wahrheitsgehalt bestätigen.

Wir können aber auch – in der alphabetischen Reihenfolge ihres Auftretens – über die Relationen aller anderen Opernkomponisten zu ihren Textdichtern oder den Textvorlagen ihrer Opern einige Gedanken versuchen. Und werden immer wieder zu einem beglückenden Resultat gelangen: Keinem von ihnen war gleichgültig, was er komponierte, keiner war der Ansicht, seine geniale Musik werde die Schwächen eines Librettos schon vertuschen, jeder bemühte sich sehr ernsthaft, die Handlung zu finden, die ihm vertonenswert erschien, und dann die Textfassung zu erhalten, die seiner Musiksprache adäquat sein sollte.

Ludwig van Beethoven war kein Opernkomponist. Ihn inspirierte nicht die Sprache Sonnleithners, sondern der Inhalt des „Fidelio". Er war nicht selbständig, sondern auf Anraten seiner Verehrer und Freunde zu großen Änderungen in der Oper bereit. Daß die einzige Oper, die er je schrieb, von Ewigkeitswert ist, verdanken wir seinem Genie; daß er auf der Suche nach Libretto immerhin vor allem mit Franz Grillparzer ins Gespräch kam, zeigt Beethovens eigene und richtige Einschätzung des Wertes eines Librettos – wie er hat mancher Komponist darunter gelitten, daß er keinen kongenialen Textdichter fand, der sich erstens zu einer Zusammenarbeit bereitfand und zweitens den Stoff parat hatte, aus dem man eine Oper machen kann.

Denn nicht jeder Stoff, der ein Schauspiel ergibt, ist auch für eine Oper geeignet. Wobei wir dieses Thema hier nur deshalb nicht untersuchen wollen, weil es zu viele verschiedene Meinungen gibt und immer wieder ein Komponist auftritt, der aus einer Novelle oder einer Begebenheit trivialer Art eine Oper entwirft. Donizetti komponierte in einer verhältnismäßig munteren Zeit, man hatte Schablonen an Handlung zur Verfügung oder suchte sich Räubergeschichten, man war zudem auf Ensembles und besondere Interpreten eingestellt und kaum bereit, sich mit Reflexionen über das Libretto abzugeben – das Publikum mußte Beifall klatschen.

Alban Berg nahm Texte von Büchner und Wedekind, er war immerhin ein Schüler Schönbergs und ein literarisch gebildeter Mann. Er suchte seine Librettisten sozusagen mit einem Blick zum Gipfel hin aus. Daß er sowohl in Büchner wie in Wedekind einen Autor entdeckte, der bereits mit seiner Sprache Situationen und Gedanken messerscharf charakterisiert, spricht für den Verstand Bergs. Daß Wedekind zusätzlich etwas von einem Opernfreund an sich hatte und viele seiner Dramen sich wie Vorwürfe für ein Opernbuch lesen, daß aber erst lange nach Berg wieder Komponisten es wagten, Wedekind zu vertonen, spricht für die fortschrittliche Gesinnung des Komponisten. Und auch das ist ein Merksatz: Fortschritt ist in der Kunst ein unbedingt notwendiges Ingrediens eines Meisterwerkes. Wer etwas erschaffen will, der muß – in voller Absicht oder dank seines Genies – etwas Neues schaffen. Sonst schreibt oder komponiert er zweite Qualität.

Leoš Janáček, der selbst als Kritiker und Musikschriftsteller tätig war, hat seine sehr musikalischen Beziehungen zur Sprache und seine sehr patriotischen Gefühle zu seiner Heimat in sein Opernschaffen eingebracht. Seine Stoffe suchte er lange, bei seinen Libretti hatte er viel mitzureden – da er als Musiker den Sprachduktus direkt übersetzen wollte, mußte man ihm musikalische Muster schreiben. Max Brod, der als Übersetzer der Operntexte Janaceks erst für die internationale Verbreitung sorgte, hat genügend darüber geschrieben. Und Janáček selbst hat eine Sammlung von Feuilletons veröffentlicht, in denen das Problem behandelt wird.

13

Wilhelm Kienzl schrieb sich den Text zu seiner erfolgreichen Oper vom „Evangelimann" selbst – wir werden gleich noch mehr Musiker zu erwähnen haben, die einen literarischen Vorwurf nahmen und sich die komponierbaren Texte oft unter Mühen selbst konzipierten. Zum Beispiel Albert Lortzing, der allerdings als Theatermann reinsten Wassers gar nicht anders konnte: Er nahm erfolgreiche Lustspiele und dichtete sie sich zurecht. Wobei er manchmal recht poetische Momente hatte, dann aber wieder recht naiv oder simpel wurde – sein Publikum dankt es ihm, indem es viele seiner Arien immer noch in jedem Rundfunk-Wunschkonzert verlangt.

Wolfgang Amadeus Mozart und sein Verhältnis zu Librettisten, das ist Stoff für eine ganze Bücherreihe auf dem Regal. Bleiben wir hier kurz und erklären wir, daß der junge Mozart sich streng an die vorgegebenen Moden hielt, daß er seine Stoffe ursprünglich nicht selbst wählte, daß sein Genie darin zu suchen ist, wie er die Stoffe erhöhte und allgemein gültig gestaltete. Immerhin kann man dem Briefwechsel mit seinem Vater schon entnehmen, daß er den Librettisten gegenüber Wünsche äußerte – und das zu einer Zeit, in der er selbst nichts dabei fand, anderer Meister Opern dadurch zu verändern, daß er für seine Lieblinge unter den Sängern Arien hinzukomponierte.

Seine Zusammenarbeit mit Daponte ist leider viel zu knapp dokumentiert, der Librettist der berühmtesten Mozart-Opern schrieb in seiner Autobiographie sehr viel über sein Leben und nur wenig über die Zusammenarbeit mit Mozart. Immerhin weiß man, daß Daponte sehr rasch und intensiv schrieb, daß er als Praktiker Anregungen a tempo umsetzte, daß er als richtiger Meister in der Lage war, zwei Libretti gleichzeitig zu dichten und sich dem Charakter sehr vieler Komponisten anzupassen.

Mozarts Mitwirkung an Texten bestand in der dramatisch richtigen Verteilung von Licht und Schatten, manchmal auch im bestimmt geäußerten Wunsch nach einem Ruhemoment innerhalb der Handlung. Vor allem aber darin, mit seiner Musik Hintergründe anzudeuten, die im Text wahrscheinlich von einem anderen Komponisten gar nicht entdeckt worden wären – als Beispiel möchte ich anführen, wieviel ganz und gar aus der Musik entsprungener Humor und Tiefsinn sogar noch in einem so rund gedichteten Stück wie dem „Figaro" stecken.

Daß Mozart gleich dreimal als bester Komponist einer Subgattung von Oper zu charakterisieren ist, will ich nur rasch am Rande anführen. Mit der „Entführung aus dem Serail" komponierte er das beinahe einzige deutsche Singspiel von bleibendem Wert, mit „Don Giovanni" schuf er ein „Dramma giocosa", das ganz zu Recht als einziges diese Gattungsbezeichnung erhielt, und mit der „Zauberflöte" wies er nach, daß aus dem Spektakeltext eines Komödianten, aus dem Klitterwerk eines Theaterdirektors eine Oper zu komponieren war – wobei ich freilich den Librettisten Schikaneder ganz und gar nicht falsch beurteilt wissen möchte, ist er doch ein Muster für all die Theaterdichter, die aus viel zu selten bedankter Genialität Texte finden, die wir belächeln, die aber bei näherer Betrachtung die Inspiration für Mozart haben mußten.

Hans Pfitzner hat sich den Text zu „Palestrina" nicht freiwillig selbst geschrieben. Obgleich das vor ihm schon genügend große Komponisten getan hatten, suchte Pfitzner lange nach einem Dichter, der mit ihm zusammenarbeiten sollte. Erst als er begriff, daß niemand mit ihm harmonierte (und Pfitzner war, was man nicht nur seinen Briefen entnehmen kann, ein ganz und gar nicht angenehmer Partner), schrieb er sein Libretto in monatelangem Ringen – immerhin ist es ja als sein künstlerisches Credo zu verstehen und später von einem Schriftsteller wie Thomas Mann auch gewürdigt worden. Vielleicht ist das größte Kompliment, das man dem Librettisten Pfitzner machen konnte, die Tatsache, daß es eine Zeitlang auch Opernbühnen gab, die es wagten, den zweiten Akt der Oper nur sprechen zu lassen – weil nicht genügend Personal für alle Kardinäle und Bischöfe vorhanden war, aber auch, weil sie der Ansicht waren, das Werk bleibe trotzdem wirkungsvoll.

Giacomo Puccini, der seine Stoffe von überall her nahm, der es besonders schätzte, wenn sie sich bereits als Dramen auf der Bühne bewährt hatten, wurde vom legendären italienischen Verlagshaus Ricordi betreut. Er blieb auch sonst in der italienischen Tradition und hatte mit den Professionellen unter den Librettisten zu tun: Eine in Antiquariatsbuchhandlungen noch oft auftauchende Auswahl aus seinen Briefen lehrt uns, daß er keineswegs al fresco dachte, wenn er ans Komponieren ging. Bis ins Detail wollte er auch „richtig" sein, suchte nach einem liturgischen Text, den der Chor im Finale des ersten Aktes „Tosca" murmeln sollte und der dennoch stimmen mußte. Oder diskutierte mit seinen literarischen Partnern Nuancen, die dem oberflächlichen Leser eines Librettos ganz gewiß noch nie aufgefallen sind.

Vielleicht ist's richtig, gerade an dieser Stelle daran zu erinnern, daß wir uns viele italienische Opern in ziemlich freier und oft unfreiwillig komischer Übersetzung durchlesen, daß also die Originale zumeist poetischer und passender sind als das, war wir vor uns hinsummen, wenn wir „La Bohème" oder gar „Madama Butterfly" hören möchten. Da gibt's ein „Häusel mit Bambusgesäusel", das im Italienischen natürlich nicht vorkommt, da gibt's Verlegenheitslösungen, um einen Spitzenton nicht gerade auf dem Vokal i singen zu lassen – da gibt es allerdings auch Übersetzungen, die in neuerer Zeit vorgenommen wurden, die korrekter sind und die strohtrocken bleiben, wo die Librettisten der Jahrhundertwende immerhin frei drauflosschrieben. Von Richard Strauss war schon die Rede. Hier will ich nur sehr ausdrücklich daran erinnern, daß es nicht nur den berühmten Briefwechsel des Komponisten mit Hugo von Hofmannsthal gibt, sondern auch Bände, in denen die Korrespondenz mit Stefan Zweig, mit Clemens Krauss und vor allem mit dem Wiener Theaterwissenschaftler Joseph Gregor angeboten wird – man muß, um die rechte Freude zu haben, diese

15

Korrespondenzen parallel lesen, denn wenn Gregor zum Beispiel Strauss einen Text anbietet, dieser höflich antwortet und gleichzeitig bei Krauss jammernd anfragt, ob dieser den „Gregorschen Fötus" schon gelesen habe, dann ist das überaus amüsant.

Mit zunehmendem Alter war Strauss allerdings offensichtlich darauf aus, keine zu schwerblütigen Texte zu komponieren. Daß ihm Stefan Zweigs „Schweigsame Frau" so viel Spaß machte, ist ein sicheres Anzeichen dafür, daß er souveräne Konfektion schätzte und sich vor Provokantem fürchtete. Eine vielleicht gewagte Interpretation, doch darf man sich vor Augen halten, daß Strauss zuletzt nur noch Werke schrieb, die er im Ansatz noch mit Hofmannsthal besprochen hatte – oder „Capriccio", wovon hier aber schon geschrieben wurde.

Daß Peter Iljitsch Tschaikowsky wie seine anderen russischen Kollegen Themen in der russischen – jedoch europäisch orientierten – Literatur suchte, wundert gewiß niemanden. Er war, worüber sich vor allem Kritiker immer noch freuen dürfen, ein literarisch gebildeter und selbst als Literat tätiger Mann, der „Fehlurteile" sonder Zahl produzierte, der, wie seine Kollegen Hector Berlioz und Hugo Wolf maßlos und subjektiv sondergleichen über andere Musikanten schrieb. Das aber nur am Rande, wichtig sollte uns sein, daß er ein gutes Verhältnis zu Texten, die er komponierte, hatte, daß auch seine Libretti somit nicht nebstbei abgetan werden sollten.

Bleiben, wenn ich ganz rasch den „Fall Weber" erwähnen darf – der Geniestreich „Freischütz" war für ihn unwiederholbar, seine anderen Opern sind wirklich der verworrenen Handlung wegen nicht populär geworden –, nur die Titanen Verdi und Wagner, die Maestri aller Klassen: Giuseppe Verdi als ein genialer Pragmatiker, der die italienischen Traditionen fortzusetzen und zu bewahren trachtete, der aber sowohl als engster Mitarbeiter seiner Librettisten bis in den einzelnen Vers eingriff, als auch als Regisseur die Aufführungen seiner Opern selbst betreute. Und Richard Wagner, der insofern das Gesamtkunstwerk schuf, als er seine Texte selber schrieb und als Kunstwerke betrachtete – und sich dann für die Aufführung sein eigenes Haus erbauen ließ.

Vielleicht könnte man einmal aus der Reihe von Betrachtungen, die Verdi und Wagner als Gegenspieler darstellen, ausbrechen und die Gemeinsamkeiten dieser beiden Vollblutmusiker suchen. Sie waren beide nicht gerade weltfremd, sie waren beide in der Theaterwelt als ausübende Künstler verankert, sie hatten beide für Wirkung auf das Publikum – jeweils auf „ihr" Publikum – den sichersten Instinkt. Und sie formulierten beide viele interessante Gedanken zum Thema Text – Musik. Die Sekundärliteratur zu Wagner hat allerdings den Opernfreund bereits so überschwemmt, daß er kaum noch dazu kommt, Wagners eigene Abhandlungen über das Musikdrama zu lesen – käme er dazu, er würde gegen sehr viele der Ansichten Wagners revoltieren. Anderseits hat bis auf den heutigen Tag niemand die gesammelten Briefe Giuseppe Verdis in deutscher Sprache herausgeben – wären sie allgemein bekannt, man wüßte, wieviel Kluges Verdi über die Oper gesagt hat, und würde ihn nie mehr als einen Mann charakterisieren, der als „populärer Italiener" gegen den „tiefen Deutschen" geringzuschätzen wäre.

Die Wahl der Stoffe allerdings ist bei Verdi ganz und gar anders als bei Wagner. Verdi schreibt für Opernhäuser rasch und viel und immer wieder auch unwillig auf Bücher, die man ihm gleichsam auf den Komponiertisch knallt. Wagner trägt seine Stoffe über Jahrzehnte mit sich, hat zumeist auch schon die musikalische „Idee" von einem Werk, wenn er an die Abfassung eines Textes geht. Und so ist dann auch der Arbeitsprozeß bei Verdi und bei Wagner sehr verschieden. Wo Verdi bei seinen Librettisten um Hinzufügungen flehen oder um Verse in genau angegebenem Taktmaß bitten muß, dort hat Wagner nur mehr seine eigenen Intentionen genüßlich auszuführen. Und schreibt, das sollte immerhin jeder Opernfreund einmal selbst nachprüfen, ein ganz und gar gespreiztes Deutsch, wenn er Theorie formuliert, obgleich er beinahe gleichzeitig sprachschöpferisch als „Librettist" tätig ist.

Kann das als rascher Streifzug durch die vorläufig noch nicht wissenschaftlich erforschte Welt der Opernlibretti gelten? Hat der Leser auch nur einen Schimmer von den glänzenden Texten mitbekommen, die man in Opernbüchern findet? Muß ich nicht auch noch Historie betreiben und daran erinnern, daß es zum Beispiel Zeiten gab, in denen die hervorragendsten Poeten für die Opernbühne schrieben, und nur in Deutschland kein Molière, kein Metastasio zu finden war, kein Goldoni Texte lieferte?

Da wir uns auch im folgenden nur sehr am Rande mit der zeitgenössischen Oper befassen, ist auch nicht viel davon die Rede, daß es im deutschen Sprachgebrauch die „Literaturoper" gibt, das ist vor allem in jüngster Zeit ein Werk für die Opernbühne, dessen musikalischer Gehalt umstritten ist, dessen Anfangserfolg jedoch des literarischen Anspruchs wegen gesichert erscheint. Das wäre immerhin ein Anzeichen dafür, daß die Zukunft der Oper vielleicht auch in unserem Sprachraum gesucht werden darf – wo wenigstens einer der Autoren eines Kunstwerkes geniale Züge hat, da ist die Chance, daß wirklich ein Kunstwerk entsteht, doch zweifellos größer.

Und ganz zuletzt noch eine – wie alle anderen ganz persönliche – Bemerkung. Das Genre Oper hat seit seiner „Erfindung" ohne Schwierigkeiten ausgehalten, daß man es zuerst künstlich, dann als adelig, dann als bürgerlich bezeichnete. Es hält derzeit in gewissen Teilen der Welt auch aus, daß man ihm demokratische Charakterzüge andichten will. Es scheint, sehr einfach ausgedrückt, in seiner Riesenhaftigkeit allen, allen Forderungen zu entsprechen. Und wird wahrscheinlich deshalb überleben.

Tiefland

Musikdrama in einem Vorspiel und zwei Aufzügen.
Dichtung nach A. Guimera von Rudolph Lothar.

Uraufführung: Prag, 1903.
Solisten: *Sebastiano,* ein reicher Grundbesitzer (Bariton) – *Tommaso,* der Älteste der Gemeinde (Baß) – Im Dienste Sebastianos: *Moruccio,* Mühlknecht (Bariton) – *Marta* (Dramatischer Sopran) – *Pepa* (Sopran) – *Antonia* (Mezzosopran) – *Rosalia* (Alt) – *Nuri* (Soubrette) – *Pedro,* ein Hirt (Tenor) – *Nando,* ein Hirt (Tenor) – *Eine Stimme* (Baß) – *Der Pfarrer* (Stumme Rolle).
Ort: Auf einer Hochalpe der Pyrenäen; im spanischen Tiefland von Katalonien; am Fuße der Pyrenäen.
Schauplätze: Eine felsige Halde hoch oben in den Pyrenäen – Das Innere der Mühle.
Dauer: 2^1/$_2$ Stunden.

Im fernen Amerika oder in den Tiroler Gebirgsgegenden ist es so, und vorläufig hat das industrielle Zeitalter kaum etwas daran geändert: Es gibt viele Landstriche, die von einem einzigen Mann beherrscht werden. Ihm gehören Grund und Boden, er besitzt den einen oder anderen wichtigen Betrieb, in dem die Menschen Arbeit finden. Und dieser Mann ist oft nicht nur tüchtig, sondern auch skrupellos. Wäre er's nicht, er könnte nicht so viele andere in Abhängigkeit halten.
Zugegeben, es gibt auch gütige Patriarchen unter den sehr reichen Leuten, doch erstens sind diese sehr, sehr rar, und zweitens ist es nicht sehr aufregend, ihnen dabei zuzusehen, wie sie Land und Leute zu Wohlstand bringen, den Kindern eine Schule bauen und den Armen das Holz für die kalten Nächte frei ins Haus liefern. Die Bösewichte sind einfach interessanter.
Der reiche Sebastiano ist Herr über ein Dorf, über eine Mühle, über die ganze Umgebung bis hinauf zu den Almen in den Pyrenäen. Drunten, in der Mühle, hat er einen alten Mann als Müller nur deshalb angestellt, um dessen Tochter ungestört lieben zu können. Droben,

Eine offenbar wahre Geschichte zu gerade dieser Oper: Der Wiener Verlag Universal Edition hatte bereits mehrere erfolglose Opern des bedeutenden Pianisten D'Albert verlegt und weigerte sich erst spät, für gute Klavierstücke auch eine schlechte Oper einzukaufen – und so entging ihm „Tiefland", seither Kassenschlager eines Konkurrenzunternehmens.

„Unser Herr Sebastiano" ist eine der vielen einprägsamen kleinen Formeln, die D'Albert gefunden hat. Sie gehört allerdings nicht dem Helden der Oper, sondern wird später von der kleinen Nuri im Dorf gesungen.

19

in der sehr unwirtlichen, gefährlichen Gegend, hütet ihm ein kräftiger Mensch das Vieh. Genügend andere von ihm Abhängige gibt es rundum selbstverständlich auch. Sie wissen alles über die junge Müllerin und den Herrn Sebastiano. Aber sie sprechen nicht zu laut darüber. Es könnte ihnen schaden.

Der junge, kräftige Mensch in der gefährlichen Gegend heißt Pedro. Für seine einfachen Ansprüche ist gesorgt. Er hat eine Aufgabe. Er kann mit Wölfen kämpfen, wenn sie das Vieh reißen wollen. Als er besonders tapfer ist und mit dem bloßen Messer einen grauen Wolf tötet, schenkt ihm sein Herr einen blanken Taler, Pedro aber hat gar keine Gelegenheit, diesen Taler auszugeben. Wem sollte er dort oben schon ein Silberstück schenken? Was sollte er sich dafür kaufen? Was braucht er schon?

Die Frage ist recht absichtlich gestellt, denn auch Pedro stellt sie sich, und er weiß die Antwort selbst: Er hätte gerne eine Frau.

Wie er zu einer kommen soll, ist ihm nicht klar. Daß aber sein Herr, Sebastiano, in die Berge gestiegen kommt, ihm sogar eine Frau mitbringt und außerdem erklärt, jetzt werde er Müller unten in der gesegneten Gegend, das konnte sich Pedro nicht vorstellen.

Die Sache hat – wir alle begreifen es sofort, da wir nicht auf Almen und nicht im Kampf mit der Natur aufgewachsen sind – einen Haken: Die versprochene Frau ist die Geliebte Sebastianos. Ihr Vater ist gestorben, und im Dorf, wo jeder jeden kennt, will keiner so recht das Amt des bei Herrn Sebastiano angestellten Hahnrei annehmen. Auf den zweiten Haken, den die Sache hat, kämen wir allerdings auch dann nicht, obwohl wir weniger naiv sind als der starke Bursche Pedro: Der Herr über die ganze Gegend ist verschuldet und muß reich heiraten, muß ein Arrangement treffen, das funktioniert, bevor er die bewußte Erbin in sein Hoheitsgebiet mitbringt. Immerhin, wir wissen es und haben Mitleid mit Pedro, der überhaupt nichts weiß und der glaubt, er habe das große Los gezogen, nein: der beste aller Herren, Sebastiano, habe ihm das große Los einfach geschenkt.

Damit es kein Mißverständnis gibt: Die berühmte Erzählung vom „grauen Wolf" singt Pedro, damit er später auch seinen Widersacher als Wolf töten kann. Tenoristen haben es nicht schwer, Einfalt darzustellen, deshalb der große Erfolg so vieler in dieser Partie.

Mit der eigentlichen „Kennmelodie" der Oper geht's in die Pause. Man staune: Dieses Erfolgsrezept haben die Musicalkomponisten einfach übernommen. Der Hauptschlager gehört vor die große Pause.

Klingt das alles unglaubwürdig? Sollte ein Hirt begreifen, daß es keine Wunder gibt? Müßte er mißtrauisch sein und sich Bedenkzeit ausbitten, bevor er eine Frau und eine Mühle als Geschenk annimmt? Das ist ein Standpunkt, der schon etwas für sich hat – nur ist es ein Standpunkt, der für belesene und erfahrene Menschen gilt, nicht aber für einen kräftigen jungen Mann, der von der Welt vorläufig nichts als Bergspitzen gesehen hat. Und wenn hier jemand Schwierigkeiten hat, das zu begreifen oder als eine mögliche Situation zu sehen, dann sind das wir. Pedro ist einer, wie wir ihn jetzt nicht mehr kennenlernen können, weil auf die Almen Sessellifte führen und es ganz und gar naive Menschen heutzutage kaum noch gibt.

Im Dorf allerdings weiß jeder, was gespielt werden soll. Pedro wird entsprechend mitleidig empfangen, und die Müllerin, auch ein ziemlich interessanter Mensch, hat ihre persönlichen Probleme: Sie ist Sebastiano, der sie und ihren Vater aufnahm, nicht nur dankbar, sondern auch hörig. Sie weiß, daß jeder weiß, was ihre Position ist. Sie weiß aber auch, was sonst keiner weiß; daß sie dieser gleich aus mehreren Gründen nicht entkommen kann. Sie will nicht wieder arm sein, und sie will auf Sebastiano nicht verzichten. Von dem Mann, den er ihr jetzt ausgesucht hat, weiß und hält sie nichts. Was soll das schon für ein Mensch sein, der sich noch etwas billiger verkauft als sie – sie hat also ungefähr unsere Schwierigkeiten; auch sie kann sich Pedro nicht vorstellen.

Nach der von allen – außer von ihm selbst – als Farce angesehenen Hochzeit folgt für Pedro die Hochzeitsnacht. Einfacher, die Nacht, in der er seiner Frau schenken will, was er hat – nicht nur Liebe, sondern auch den Taler des Sebastiano – und was er selbst erst in sich findet; doch er wird abgewiesen. Nicht ganz so rauh, wie man sich das vorstellen könnte, sogar mit sehr viel schlechtem Gewissen. Aber dort, wo Pedro Hochzeit feiern sollte, wartet schon derjenige, für den er aushilfsweise Hochzeit gemacht hat.

Nicht, daß das allzuoft vorkommt. Aber in der sehr breiten Skala zwischenmenschlicher Beziehungen

„An der offenen Kirchentüre wartet schon die Braut" ist ein eher knapper, aber herrlich einprägsamer Text für den Bassisten Tommaso, der Komponist kommt auch hörbar nicht weg von der Melodie, die ihm selbst sehr gefällt.

Die Erzählung der Marta vergißt man bald wieder, zum Leidwesen aller Mitwirkenden bleibt die Oper einzig dem Tenor vorbehalten.

gibt's auch das: daß einer in der Hochzeitsnacht allein bleibt und nicht merkt, daß er betrogen wird. Wohl jedem, dem es besser geht.

Pedro merkt es immerhin. Am andern Tag weiß er – weil es in diesem Dorf junge und alte mitleidige Weiber gibt, die reden müssen, und weil es im Dorf auch einen alten Mann gibt, der sich nicht mehr vor der bröckelnden Macht des Sebastiano fürchtet –, am andern Tag weiß Pedro zuerst, daß er der Betrogene ist. Und weiß auch – weil er zu der großen Auseinandersetzung zwischen seiner Frau und Sebastiano zurechtkommt – wer der Dieb seiner Unschuld ist. Im besonderen Fall stand ja nur seine Unschuld noch zum Raub frei.

Der starke Mann, der Wölfe mit bloßen Händen angeht, kennt nur eine Reaktion: Er tötet seinen Wohltäter, seinen Feind. Und er geht in die Berge zurück, wo die Wölfe immer als Raubtiere zu erkennen sein werden.

Und was ist, nach ziemlich veristischem Kampf, der Schlußruf des Helden? Natürlich die Kennmelodie, die er seinem Publikum mit auf den Heimweg gibt. Man verzeihe den Ausdruck, aber es ist eine musikalisch genialisch einfach gestrickte Oper.

Nebstbei: Daß man ihn von dort holen und aburteilen wird, kann man sich unschwer denken. Diese deprimierende Tatsache aber warten wir nicht ab. Wir verlassen Pedro in dem Augenblick, in dem er uns sagt, daß die Verhältnisse dort, wo einer zuviel Macht über Menschen hat, zumeist nicht gut für die Guten sind.

Ludwig van Beethoven

Fidelio

Oper in zwei Aufzügen. Dichtung frei nach dem Französischen des J. N. Bouilly von Joseph Sonnleithner und Friedrich Treitschke.

Uraufführung: Wien, 1805.
Solisten: *Don Fernando*, Minister – *Don Pizarro*, Gouverneur eines Staatsgefängnisses (Bariton) – *Florestan*, ein Gefangener (Tenor) – *Leonore*, seine Gemah-

lin, unter dem Namen „Fidelio" (Sopran) – *Rocco,* Kerkermeister (Baß) – *Marzelline,* seine Tochter (Sopran) – *Jaquino,* Pförtner (Tenor) – *1. Gefangener* (Tenor) – *2. Gefangener* (Baß).

ORT: Ein spanisches Staatsgefängnis, einige Meilen von Sevilla.

SCHAUPLÄTZE: Der Hof des Staatsgefängnisses mit Haupttor und Pförtnerstübchen (vielfach wird der I. Akt in zwei Bilder untergeteilt: Das Innere des Pförtnerstübchens – Gefängnishof.) – Unterirdischer dunkler Kerker – Paradeplatz des Schlosses mit der Statue des Königs.

DAUER: 2$^{1}/_{2}$ Stunden.

An den furchtbarsten Situationen, die man sich vorstellen kann, scheint sich über Jahrhunderte hinweg nichts zu ändern. Zum Trost darf man allerdings hinzufügen, daß auch der Mensch auf diese Situationen seit Jahrhunderten gleich reagiert – weshalb ein Drama wie das des Gefangenen Florestan und seiner treuen Frau Leonore uns erschüttert und aktuell zugleich erscheint.

Florestan ist ein politischer Gefangener. Mehr noch, er ist Gefangener eines Mächtigen. Das bedeutet, daß nicht einmal die Justiz des Landes, dazu angehalten, die Gesetze zu achten, davon weiß, daß Florestan in keinem Register mehr geführt wird. Er ist so gut wie tot.

Nur einige Meilen von Sevilla entfernt liegt das Staatsgefängnis, dessen Gouverneur Don Pizarro heißt. Er und die ihm zugeteilten Wachen sind Soldaten und stellen eine Welt für sich dar. Rocco, der Kerkermeister, und seine Familie gehören ebenfalls zum Gefängnis, wenngleich sie eine ganz andere Beziehung zu ihm und zu den Gefangenen haben: Rocco, seine Tochter Marzelline, der Pförtner Jaquino und der Gehilfe Fidelio sind gleichsam auch „Menschen im Gefängnis".

Es ist sehr wichtig zu begreifen, daß Jaquino in Marzelline verliebt sein kann, daß diese die Liebe erwidern, aber sogleich vergessen kann, wenn sie Fidelio sieht, und daß Vater Rocco großes Interesse an derlei familiären Vorgängen hat. Man lebt zwar hinter Gittern, hat

Leonard Bernstein hat, ohne Autorisation durch den Komponisten, die ersten Szenen mit verkleinertem Orchester singen lassen – die Welt Roccos als Idylle vor der Tragödie zeichnend. „Fidelio" klingt auch so herrlich, es haben immer wieder Dirigenten an dem Werk „hilfreich" mit Verbesserungen und Änderungen mitgearbeitet.

Rocco, dem man manchmal in diesem ersten Bild die „Goldarie" streicht, was dann keineswegs auf Atemnot des Sängers schließen läßt, ist eine schwierige Partie – er hat viel zu singen und steht doch nie im Mittelpunkt.

23

Gleich beim ersten Auftritt die erste Klippe für Fidelio: Marzelline ist eingesungen und hat eine „leichte" Stimme. Leonore aber ist auf Kraftakte eingestimmt und muß zuerst ihre Stimme in einem lyrischen Quintett diskret klingen lassen. Das bewußte Quintett ist übrigens ein Prüfstein für Regisseure; wenn da die Darsteller viel zu tun haben, war der Inszenator unmusikalisch.

Beethoven, der auch bei Streichquartetten keine Rücksicht auf die geigerischen Fähigkeiten der Spieler nahm, hat mit dem Pizarro eine Partie geschrieben, die so schwierig ist wie der Escamillo in „Carmen". Gegen wuchtiges Orchester und mit riesigen Läufen muß der Sänger dämonisch wirken – eine beinahe unlösbare Aufgabe.

die Wäscheleine in einem Gefängnishof aufgespannt, doch man kann nicht permanent als Staatsbeamter existieren, man muß sich auch ganz private Sorgen und Hoffnungen machen dürfen. Einziger Unterschied zu einer Familienszene anderswo im Land: Wenn man außer Haus geht, muß man hier hinter sich gut zusperren. Und wenn man in die Arbeit geht, muß man das Mitleid unterdrücken.

Fidelio, noch nicht lang im Gefängnis, aber auf den ersten Blick von Marzelline bevorzugt, als etwas Besonderes erkannt, ist kein junger Mann, ist Leonore, die auf der Suche nach ihrem Mann Florestan ist. Sie vermutet ihn unter den Gefangenen.

Sage niemand, das sei eine ganz und gar unglaubhafte Frau mit einer heutzutage unvorstellbaren Tapferkeit. Eine Generation vor uns hat's dergleichen auch gegeben; in unserer unmittelbaren Umgebung sind Frauen politischer Häftlinge keine Mangelware gewesen; und solche, die versuchten, den Aufenthaltsort ihrer Männer festzustellen, dabei die gräßlichsten Schwierigkeiten auf sich nahmen – und lösten –, leben noch unter uns.

Leonore hat sich Männerkleider angezogen und meint, als Helfer bei Rocco werde sie die Gefangenen sehen oder die Listen der Gefangenen einsehen können. Weiß sie nur erst einmal, daß ihr Mann in diesem Gefängnis sitzt, dann kann sie auch seine Befreiung erreichen.

Daß sich Marzelline in sie verliebt, ist ihr unangenehm. Spürt dieses Mädchen nicht, daß es sich irrt? Leonore will aus der Zuneigung, die sichtlich auch dem Kerkermeister Rocco sympathisch ist, noch einige Vorteile ziehen, bevor sie zugeben wird, daß sie selbst eine Frau ist. Wird Rocco sie als künftigen Schwiegersohn mit in die unterirdischen Gewölbe nehmen, in denen nur Vertrauenspersonen die anonymen Häftlinge sehen dürfen?

Don Pizarro hat eine briefliche Warnung erhalten. Im Ministerium hat man begriffen, daß in dem ihm unterstellten Gefängnis nicht nur Verbrecher und politische Häftlinge, sondern auch Personen einsitzen, die ziemlich willkürlich aus dem öffentlichen Leben vertrieben worden sind. Eine Inspektion ist angesetzt.

Pizarro ist in Gefahr. Das Regime ist zwar grausam seinen Gegnern gegenüber, doch es hält auf Ordnung und Gesetzestreue. Einen Gefängnisgouverneur, der private Rache im Dienst übt, könnte es nicht halten. Florestan, an dem ausschließlich private Rache geübt wird, darf nicht in einem Gefängnis des Don Pizarro gefunden werden.

Also?

Also muß Florestan getötet werden. Don Pizarro will Rocco diese Arbeit überlassen; der aber weigert sich. Er hat als Kerkermeister viele unangenehme Aufgaben zu erledigen, und er ist durchaus auch bestechlich, das gehört zu seinem Beruf. Aber irgendwo muß eine Grenze sein, und für Rocco ist sie dort, wo Mord verlangt wird. Er ist bereit, gegen entsprechende Bezahlung ein Grab für Florestan auszuheben. Florestan töten, das soll Pizarro allein.

Leonore, die an Pizarro nicht herankann, weiß, daß etwas geschehen ist. Sie weiß allerdings nicht, was noch an diesem Tag geschehen soll. Wüßte sie es, sie hätte vielleicht nicht die Kraft, weiterhin als Fidelio im Gefängnis zu bleiben. Die Situation würde sich ihr zu hoffnungslos darstellen – sie aber hält sich nur durch Hoffnung aufrecht. Sie stiftet Marzelline und Rocco an, die „leichteren Gefangenen" in den Gefängnisgarten zu holen. Vielleicht kann sie bei dieser Gelegenheit ihren Mann sehen, vielleicht wenigstens von ihm hören. Aber Florestan ist nicht unter diesen Fällen, die ins Licht taumeln und gleich wieder zurückgejagt werden, weil Pizarro unter keinen Umständen will, daß ausgerechnet jetzt Bewegung ins Gefängnisleben kommt. Rocco wäre seiner Eigenmächtigkeit wegen seine Stelle los, hätte Pizarro ihn nicht zum Mitwisser eines Geheimnisses gemacht, bräuchte er ihn nicht als Totengräber ...

Rocco wiederum braucht Fidelio als Hilfe. Er nimmt die Frau mit hinunter zu Florestan, um das Grab auszuheben, in das sie gleich darauf das Opfer Don Pizarros legen sollen. Hinunter zu Florestan.

Der Marsch der Wachen ist, man darf es ruhig behaupten, belanglose Schauspielmusik. Er ist nur komponiert, um eine notwendige Verwandlung auf der Szene durchführen zu lassen – und jedermann hört, wie Beethoven sofort das Interesse an seiner Oper verliert.

Der berühmte „Gefangenenchor", nicht zu verwechseln mit dem aus „Nabucco". Gute Dirigenten erkundigen sich, wenn sie an ein Haus eingeladen werden, welche Sänger den 1. und 2. Gefangenen singen – sie sind in ihrer Qualität entscheidend für die Szene, die der Herrenchor jedes Hauses souverän beherrscht und die die beiden kleinen Solisten „schmeißen" können.

Nach dieser Arie braucht Leonore die Pause. Sie hat in ihr beinahe alle Kraft zu geben, die eine Sängerin hat.

25

Soll Florestan ein lyrischer Tenor sein? Die Frage ist unentschieden, zumeist kommt sie aber schon beim ersten Ton der Kerkerarie wieder zum Ausbruch – und nur diejenigen behalten recht, die ihn gut singen. Beethoven hat für die Sänger so gut wie keine dynamischen Vorzeichen geschrieben, daher ist nicht einmal authentisch, was forte und was piano zu singen ist...

Da es sich um unsere Frage „Libretto" handelt: Hier ist ein sehr naiver, aber ergreifender Text gedichtet, und er paßt zu der genialsten Musik, die man sich nur denken kann...

Muß ich anmerken, daß „Töt erst sein Weib" die Angstphrase aller Leonoren ist? Jeder Opernbesucher wird begreifen, daß dem so sein muß.

Daß zur Verwandlung die sogenannte Leonoren-Ouvertüre Nr. 3 gespielt wird, ist keine Einführung aus der Zeit des Komponisten. Sie ist jedoch eine in der ganzen Welt den Dirigenten zuliebe eingehaltene „Tradition".
Bernstein, der sogar den letzten Akkord des Duetts Leonore–Florestan als ersten Akkord der Ouvertüre benützte, hat eine interessante Theorie: Beethoven interessierte nur der im „Epilog" folgende Hymnus auf die Gattenliebe. Nur dieses großen Chorfinales wegen und des Triumphs der Freiheit wegen sei „Fidelio" komponiert worden...

Das erste Wiedersehen ist gräßlich. Florestan ist von der Haft so verändert, daß nicht einmal seine Frau ihn erkennt. Und so erschöpft, daß er in einem Gehilfen namens Fidelio keineswegs seine Frau vermutet. Das Mitleid, daß Leonore für den armen Gefangenen erfaßt, ist edler, allgemeiner Natur. Niemand will uns einreden, hier kämpfe nur eine Frau um ihren Mann. Sie erkennt ihn ja nicht einmal mehr. Um ihn zu erkennen, braucht sie mehr. Don Pizarro muß kommen und den Mordversuch wagen. Muß, wie alle Verbrecher, seinen Triumph auskosten wollen und sich seinem Gegner Florestan zu erkennen geben. Da erst weiß Leonore, daß sie immer recht gehabt hat, und wirft sich vor ihren geschundenen Mann. Sie zückt eine Pistole, aber die würde ihr wenig nützen, käme nicht gerade in diesem Augenblick der Minister oben im Gefängnis an. In diesem allerletzten Augenblick. Florestan ist von seiner Frau gerettet. Im Schmutz und Dunkel des untersten Kerkergewölbes pressen sie sich aneinander, wollen einander nicht mehr aus der Umarmung entlassen. Gemeinsam steigen sie hinauf in den Gefängnishof. Gemeinsam werden sie vor den Minister geführt. Gemeinsam werden sie in die Freiheit entlassen.

Zurück bleibt eine kleine Familie in ihrem kleinen Leben. Rocco, der Kerkermeister, mit Marzelline, seiner Tochter, die sich mit Jaquino, dem Pförtner, zufriedengibt. Von dem aufregenden Mißverständnis mit einer als Mann verkleideten Frau eines Gefangenen werden die drei noch lange erzählen. Allerdings auf ihre etwas beschränkte Art. Wie man's in der kleinen Welt halt tut.

ALBAN BERG

Wozzeck

Oper in drei Akten (fünfzehn Szenen). Dichtung von
Georg Büchner.

URAUFFÜHRUNG: Berlin, 1925.
SOLISTEN: *Wozzeck* (Bariton) – *Tambourmajor* (Tenor)
– *Andres* (Tenor) – *Hauptmann* (Tenor) – *Doktor*
(Baß) – *1. Handwerksbursch* (Baß) – *2. Handwerks-
bursch* (Bariton) – *Der Narr* (Tenor) – *Marie* (Sopran)
– *Margret* (Alt) – *Mariens Knabe* (Sopran) – *Ein Soldat*
(Tenor)
SCHAUPLÄTZE: Zimmer des Hauptmanns – Freies Feld,
die Stadt in der Ferne – Mariens Stube – Studierstube
des Doktors – Gasse vor Mariens Wohnung – Mariens
Stube – Straße in der Stadt – Gasse vor Mariens Woh-
nung – Wirtshausgarten – Wachstube der Kaserne –
Mariens Stube – Waldweg am Teich – Schenke –
Waldweg am Teich – Gasse vor Mariens Wohnung.
DAUER: 2 Stunden.

„Wir armen Leut" ist eine Devise, an der schon Menschen zugrunde gehen können. Sie heißt, nur etwas
ausführlicher gesagt, daß es eine Klasse von Menschen
gibt, die fühlt, was ihr alles vorenthalten wird, die sich
plagt und schindet, um ihren Anteil an Lebensglück zu
erarbeiten, die aber jeden Augenblick selbst verzweifelt
– und zweifelt, dieses Glück je finden zu können.
Wozzeck ist einfacher Soldat. Er muß, um seine Marie
und das Kind, das er mit ihr hat, durchbringen zu können, Zusatzdienste verrichten. Den Hauptmann rasie-
ren, zum Beispiel. Dabei muß er sich anhören, daß er
keine Moral hat, denn sein Kind ist nicht ehelich geboren, nicht mit dem „Segen der Kirche" ausgestattet.
Wozzeck hat seine eigene Philosophie und hofft, Gott
werde es dem Kind nicht anrechnen, daß es „in Sünde"
geboren ist. Und meint, wenn er kein armer Soldat
wäre, hätte er sein Kind nach den Regeln der Gesellschaft zeugen können. Moral ist etwas, das sich nur
Reiche leisten können; das ist Wozzecks Ansicht.

Das ist auch eine musikalische Floskel, die dem zuerst ver-
wirrten Hörer bei mehrmali-
gem Hören so etwas wie einen Halt gibt. Vielleicht sollte
man gleich auch sagen, daß
Berg selbst nicht wollte, daß
der Hörer die ziemlich komplizierten Strukturen der einzelnen Szenen unbedingt erfaßt. Ihm war das Vorhanden-
sein des „Gerüstes" genug,
das sein Werk dann tragen
sollte.

In der Szene mit dem Doktor
und der mit dem Hauptmann
ist Wozzeck der dumpfe Sol-

27

dat – und doch der wahre Held gegenüber den hektisch singenden Partnern. Trotzdem: Er muß ein ausgezeichneter Sänger sein, die Idee, von allem nach einem Schauspieler für diese Partie zu suchen, ist grundfalsch.

Auch Alban Berg hat die alte Stimmcharakteristik übernommen: Der Tambourmajor, dumm und eitel, ist ein Tenor. Möglichst ein Heldentenor.

Der Eindruck, die Partie der Marie sei dramatisch, ist nur halbwegs richtig: Ihre ergreifendsten Passagen singt sie für ihr Kind und unerhört lyrisch. Marie braucht, genau genommen, wenig Stimme und viel Persönlichkeit.

Eine der faßlichsten Szenen für den mit neuerer Musik nicht vertrauten Hörer: Die Wirtshausszene mit ganz „banaler" Musik zwischendurch. In Wahrheit eine überaus kompliziert erfundene Musik.

Wozzeck freilich hat noch andere Ideen. Seinem Kameraden Andres entwickelt er diese – die Freimaurer seien schuld an allem Unglück.

Marie, die von Wozzeck ein Kind hat, ist jung und gesund. Sie ist hingerissen von der Männlichkeit des Tambourmajors, sie kann ihre Begeisterung für einen so starken, gut aussehenden Mann kaum verbergen. Wozzeck, der auf dem Weg in die Kaserne bei ihr vorbeikommt, ist in seiner dumpfen Verzweiflung nicht derjenige, der sie den Tambourmajor vergessen läßt.

Dem Doktor erscheint Wozzeck als ein wunderbares Experimentierfeld. Er tut für Geld, was man von ihm verlangt, er ißt als Versuchskaninchen, was der Doktor vorschreibt, er arbeitet für ihn, er unterbreitet ihm seine Theorien – der Doktor hört ihm nur zu, um zu konstatieren, daß Wozzeck verrückt sei.

Der Tambourmajor hat keine Schwierigkeiten bei Marie. Er greift sie nur an – und sie vergißt alle Bedenken und wird seine Geliebte.

Mit ihrem Kind aber ist sie allein und schämt sich, weil sie so leicht nachgegeben hat. Wozzeck belügt sie, und sich selbst bemitleidet sie. Zugleich aber weiß sie, daß sie nur tut, was sie nicht lassen kann.

Hauptmann und Doktor, die beide Wozzeck auf ihre Art benützen, wissen schon von dem Sündenfall der Marie. Sie deuten Wozzeck gegenüber an, daß er betrogen ist, und beobachten ihn dann – für sie ist er auch in dieser Situation ein Studienobjekt.

Wozzeck fragt Marie aus. Sie gibt zu, ihn betrogen zu haben. Wozzeck will sie schlagen. Marie brüllt auf. Schlagen darf sie niemand. Lieber ließe sie sich erstechen. Wozzeck begreift, daß er das wahrscheinlich tun wird.

In einem Wirtshausgarten sitzt er und sieht Marie mit dem Tambourmajor tanzen. Er kann sich nicht betrinken, er weiß, daß er demnächst Marie umbringen wird. Der Tambourmajor legt „ein Schäuferl nach", wie man zu sagen pflegt. In der Kaserne schreit er laut, wie herrlich Marie zu lieben ist. Wozzeck, der noch einmal versucht, sich nicht provozieren zu lassen, schlägt er

28

nieder. Der Tambourmajor ist ein sehr unbekümmerter, blöder, kräftiger Mensch.

Marie ist unglücklich. Sie weiß, daß sie gesündigt hat. Sie hat Angst um ihr Kind. Sie hat Angst um sich selbst. Sie spürt, daß ihr der Tod bevorsteht.

Wozzeck geht mit Marie in den Wald. Er sagt ihr, daß sie sterben muß. Und er schneidet ihr die Kehle durch. Niemand soll Marie noch einmal lieben.

Wozzeck versucht, sich zu betrinken. In der Schenke bemerkt man, daß er Blut an den Händen hat. Er stürzt hinaus.

Er ist auf der Suche nach dem Messer. Er will die Spuren seines Mordes tilgen. Er ertrinkt im Waldteich. Er hat seine Tat nicht bereut.

Das Kind Wozzecks und Maries spielt. Kinder kommen und erzählen, daß man die Leiche seiner Mutter gefunden hat. Es läuft ihnen nach. Es will sich auch die Leiche ansehen.

Mir ist nicht eingefallen, wie man diese Tragödie erzählen könnte. Wie man sie anders erzählen könnte. Ich meine, es gibt nichts Erschütternderes als diese Geschichte. Sie ist wie eine karge Zeichnung. Man kann nichts tun, als sie zur Kenntnis nehmen. Ich kenne keinen Menschen, der „Wozzeck" gesehen hat und nachher einfach ins Restaurant gegangen ist. Nicht nach „Wozzeck".

Die genialste Nachbildung von Kasernenmief in Tönen, die je geschrieben wurde – Wozzecks Soldaten sind stumm, und doch hört man sie. Sie schnarchen.

Auf den Mord Wozzecks an Marie reagiert das Orchester mit einem unerhörten Unisonoakkord, der an den Nerven des Zuhörers mehr zerrt als jede andere mögliche musikalische Geste.

Das „Hopp-Hopp" des kleinen Kindes, mit dem die Oper ausklingt, ist selten wirklich im Takt – Karl Böhm, der mehr für „Wozzeck" leistete als jeder andere Dirigent, war immer bereit, sein Tempo da dem kleinen Buben anzupassen. Bergs musikalischer Einfall kam unter allen Umständen über die Rampe.

ALBAN BERG

Lulu

Oper in einem Prolog und zwei (drei) Akten. Dichtung nach den Tragödien „Erdgeist" und „Die Büchse der Pandora" von Frank Wedekind.

URAUFFÜHRUNG: Zürich, 1937.
SOLISTEN: *Lulu* (Sopran) – *Gräfin Geschwitz* (Mezzosopran) – *Eine Theatergarderobiere* (Alt); *Ein Gymna-*

29

siast (Alt) – *Der Medizinalrat* (Sprechrolle) – *Der Maler* (Tenor) – *Dr. Schön,* Chefredakteur (Bariton) – *Alwa,* Dr. Schöns Sohn, Schriftsteller (Tenor) – *Ein Tierbändiger* (Baß); *Rodrigo,* ein Athlet (Baß) – *Schigolch,* ein Greis (Baß) – *Der Prinz,* ein Afrikareisender (Tenor); *Der Kammerdiener* (Tenor) – *Der Theaterdirektor* (Baß).

ORT: I. und II. Akt in einer deutschen Großstadt; III. Akt, 1. Szene in Paris; 2. Szene in London.

SCHAUPLÄTZE: Ein Maleratelier – Ein eleganter Salon – eine Theatergarderobe – Ein großer Saal in deutscher Renaissance – 5. Bild wie 4. – Ein geräumiger Salon (Paris) – Eine Dachkammer (London).

ZEIT: Um 1900.

DAUER: ca. 3 Stunden.

Wieder eine oberflächlich allgemeine Bemerkung. Wie die Musikwissenschaft jetzt entdeckt, hat Berg auch für „Lulu" ein geheimes Programm in der Partitur versteckt. Es ist vorläufig nur teilweise enträtselt. Bergs Witwe verhinderte, solange sie lebte – und auch über ihren Tod hinaus –, die Aufführung der gesamten Oper. Auch hier genügt es für den „einfachen" Opernfreund, sich von der Musik überwältigen zu lassen.

Wir haben einander noch kaum kennengelernt, da muß ich schon ein Geständnis ablegen. Nach vielen und wenigstens mir einleuchtenden Erklärungen für dieses oder jenes scheinbar absurde Detail einer Opernhandlung bin ich an der Erzählung von Aufstieg und Fall des weltberühmten Kindweibs Lulu beinahe gescheitert. Nicht die Beschreibung der Person schien mir unmöglich, nicht die Faszination, die sie auf Männer jeglichen Standes und Alters ausübt, war mir undenkbar. Das Milieu und die Situationen, in denen sie sich erging, schien mir kaum glaubhaft zu machen.

Bis ich mich endlich erinnerte, daß wir jetzt zum drittenmal in diesem Jahrhundert in einer Zeit leben, in der tagtäglich vorher anscheinend Undenkbares geschieht. Da sind Millionenerbinnen wegen einfacher Verbrechen angeklagt, da hört man von jungen Männern aus guter Gesellschaft, die junge Mädchen ins Verderben stürzen, indem sie sie mit Rauschgift bekanntmachen. Und jedes erdenkliche Laster wird in der gar nicht dazu „passenden" Umgebung gefunden. Eine Lulu ist heutzutage wieder am Platz, darf man sich sagen und guten Gewissens nachvollziehen, was sie einmal bereits erlebt hat.

Als „Lulu" für das Theater konzipiert wurde, waren die Zeiten allerdings noch nicht so. Man mußte noch ein wenig Klamauk und Mimikry betreiben und behaupten, es wäre schon ein Circus, in dem man so seltsame Geschöpfe, wie abhängige, sich selbst mordende Männer und eine brillante Frau, um derenwillen die Welt in Unordnung gebracht wird, besichtigen kann. Heutzutage wäre der Auftritt des Circus-Direktors vor dem Vorhang, der noch für unsere Großeltern als beschwichtigend gedacht war, nicht mehr vonnöten. Immerhin, wir erfahren so, wann einer sich getraut hat, diese Geschichte auf die Bühne zu bringen. Vor dem ersten der großen Kriege unseres Jahrhunderts.

Lulu ist eine junge Frau mit kaum bekannter Vergangenheit und Herkunft; sie hat einen alten, häßlichen Vater, der ohne Schwierigkeiten auch als ihr Zuhälter bezeichnet werden kann. Sie hat einen brillanten Freund, den Chefredakteur Dr. Schön, der auch als ihr Entdecker verstanden werden muß. Sie hat aber auch einen Mann, den Medizinalrat Dr. Goll; wie man diesen zu bezeichnen hätte, ist nicht leicht zu erfinden: Er ist derjenige, dem Dr. Schön Lulu angetraut hat.

Sie hat auch Anbeter, Verehrer – den Sohn Dr. Schöns, Alwa. Einen Maler, dem sie Modell steht. Und ihren Vater, um es in aller Deutlichkeit zu sagen.

Sie ist naiv. Sie spürt schon, daß sie auf Männer wirkt. Sie versteht aber die Männer nicht, daß sie sich dieser Wirkung nicht so weit entziehen können, um trotzdem ihrer Beschäftigung nachzugehen. Sie ist von keinem Mann so fasziniert, daß sie darüber sich selbst vergißt. Ihr Mann muß nur die Tür des Malerateliers verschlossen finden, schon ist er dermaßen außer sich, daß er beim Anblick Lulus tot zu Boden fällt. Lulu begreift das nicht und hat auch gar keine Bedenken, über die Leiche ihres Mannes zu steigen und dem Maler zu gehören.

Sie heiratet – Dr. Schön hat wiederum die Hand im Spiel – den Maler und scheint glücklich. Obgleich jetzt Schön ernsthaft daran denkt, selbst zu heiraten und seine schwierig zu definierende Funktion bei Lulu niederzulegen. In der Wohnung des Malers kommt es immerhin zu einer Szene. Erst mit Lulu, die ihrerseits Dr. Schön nicht aufgeben will, dann mit dem Maler,

Richtige Zirkus-Musik im Prolog, auch so instrumentiert. Mit fortschreitender Handlung wird Berg dann immer delikater und vergißt ganz, daß er Zirkus gemeint haben könnte.

Die Partie ist (vor allem in der endgültigen Fassung) mörderisch, aber die größte Herausforderung für eine Sopranistin. Wiederum (wie bei Beethoven) sind es die Riesensprünge, die gefährlich und faszinierend sind.

der endlich erkennt, daß er für Lulu auch nicht mehr bedeutet als sein Vorgänger. Worauf er sich konsequenterweise umbringt. Immerhin, es ist ja Alwa, Dr. Schöns Sohn, in der Nähe. Kann Lulu sich jetzt mit ihm zufriedengeben?

Der Chefredakteur hat sie als Tänzerin auftreten lassen, sogar in einem Ballett seines Sohnes. Um für sich selbst von Lulu Abstand zu finden und „ehrsam" heiraten zu können. Er immerhin ist klüger als die Männer, die er ihr bisher verschafft hat. Er wird ihr entgehen, glaubt er.

Er irrt. Lulu wird bei der ersten Vorstellung, die sie gibt und in der sie Dr. Schön im Zuschauerraum entdeckt, auf offener Bühne ohnmächtig, läßt sich ihren Förderer in die Garderobe kommen und besiegt ihn. Sie hat sich an den Männern bisher gleichsam gestärkt. Jetzt aber macht sie sich an den Mann ihrer Träume. Dieser dagegen ist längst ernsthaft geschwächt und willigt ein, seiner Braut einen Abschiedsbrief zu schreiben und Lulu zu heiraten. Der Aufstieg Lulus ist unaufhaltsam wie der Abstieg Dr. Schöns, so scheint es. Sie sind immerhin an einem gemeinsamen Punkt angelangt.

Dort aber bleiben sie nicht lange. Der Chefredakteur kann sich mit seiner Frau die Gesellschaft, die man die ehrsame nennt, nicht mehr im Hause leisten. Was bei ihm verkehrt, sind die neuen Fliegen, die Lulu anlockt. Wieder ihr Vater oder Zuhälter aus Kindheitstagen. Ein Gymnasiast. Eine lesbische Gräfin Geschwitz. Ein Athlet, im wahrsten Sinn des Wortes ein Kraftmeier aus dem Circus, wie er in Dichterkreisen dieser Zeit Aufnahme gefunden hat. Am Rande gibt es auch noch Dr. Schöns Sohn.

Sie alle werben um Lulu. Und Schön ist jetzt der Ehemann. Nicht ganz so blöde wie seine Vorgänger, doch als Ehemann per definitionem auch nicht mehr seiner Sinne mächtig: In einer Auseinandersetzung bittet er Lulu, sein Ende doch auch herbeizuführen. Er reicht ihr dazu den Revolver. Lulu tut ihm den Gefallen. Sie schießt auf ihn. Dann erst begreift sie, was sie getan hat. Sie hat auf dem Höhepunkt ihrer Macht denjenigen falsch behandelt, der sie zu diesem Höhepunkt geführt hat. Sie wird verhaftet.

Aber das ist nicht das Ende Lulus. Das wäre eine rasche und sinnlose Reaktion auf eine lange und komplizierte Tat. Zur Befreiung Lulus aus dem Gefängnis finden sich alle zusammen, die ihr hörig sind. Die Gräfin Geschwitz holt sich todesmutig die Cholera und besucht Lulu im Gefängnis, um sie anzustecken. Sie erreicht damit, daß Lulu und sie in eine Isolierbaracke gesteckt werden, aus der zuerst die Geschwitz, dann aber doch Lulu entlassen wird – die verliebte Gräfin kehrt freiwillig zurück, tauscht mit Lulu die Kleider und bleibt an ihrer Stelle unter Verschluß.

Lulu muß nur mit Hilfe des Athleten, des Gymnasiasten und des noch immer vorhandenen gräßlichen Alten zu Alwa Schön. Dann ist alles wieder in Ordnung. Sie hat zwar viel von ihrer Schönheit, nichts aber von ihrer Faszination verloren. Alwa Schön, der Sohn des von Lulu erschossenen Mannes, wird jetzt sein Leben mit ihr teilen. Er wird Lulu heiraten.

Die Gesellschaft ist immerhin noch so weit intakt, daß Alwa Schön mit Lulu außer Landes gehen muß und auch im Ausland nicht ganz sicher ist. Es treten Menschen auf, die Lulu als steckbrieflich gesuchte Mörderin erkennen und erpressen. Alwa muß erst bezahlen, was er an Vermögen hat, und dann mit Lulu trotzdem fliehen, denn der klügste aller Erpresser will außerdem noch Lulu – bekäme er sie, wäre er allerdings verloren, doch das weiß er nicht.

Der Abstieg Lulus ist rapide. Noch auf der Flucht, auf dem Weg nach unten, tötet sie aber Männer und solche, die sie lieben. In London ist sie nur noch eine Prostituierte, die sehr billig sein muß. Ein Kunde ersticht ihren Mann. Und dann erscheint – aus unerfindlichen Gründen wird uns erklärt, er sei es leibhaftig – Jack the Ripper. Er ist ausersehen, den Schlußpunkt unter das Leben einer Person zu setzen, die so berühmt ist wie er selbst. Er tötet Lulu und ganz nebenbei auch noch die Gräfin Geschwitz, die nach London gekommen ist, um nach Alwa der letzte „Mann" der männermordenden Lulu zu sein.

Es scheint, als sei niemand auf der Szene geblieben, nachdem Jack the Ripper die Ordnung wiederhergestellt hat. Es scheint nur so. Weiterhin existiert der alte Mann, der in der Kindheit Lulus schon ihr Zuhälter war und der sich ihr gegenüber auch als ihr Vater bezeichnete. Er überlebt, wie der blutigste aller Mörder. Auch ihm konnte die seltsame Frau nichts anhaben. Was nur an ihr war, daß sich alle anderen ihretwegen mit dem Tod anfreundeten? Der alte Schigolch begreift es so wenig, wie es Lulu zeit ihres Lebens begriffen hat.

Begreifen wir es? Wir wissen zuletzt nur eines: Nicht dieses außergewöhnliche Geschöpf hat „Schuld" auf sich geladen. Die sich ihm nicht entziehen konnten, die Ermordeten sind die Schuldigen.

GEORGES BIZET

Carmen

Oper in vier Akten. Dichtung nach einer Novelle des Prosper Mérimée von Henri Meilhac und Ludovic Halévy.

URAUFFÜHRUNG: Paris, 1875
SOLISTEN: *Don José*, Sergeant (Tenor) – *Escamillo*, Stierfechter (Bariton) – *Remendado* (Tenor) – *Dancaïro* (Tenor, auch Baß), Schmuggler – *Zuniga*, Leutnant (Baß) – *Moralès*, Sergeant (Bariton) – *Carmen*, ein Zigeunermädchen (Mezzosopran, auch Dramatischer Alt) – *Micaëla*, ein Bauernmädchen (Sopran) – *Frasquita* (Koloratursoubrette) und *Mercédès* (Alt), Zigeunermädchen – *Lillas Pastia*, Schenkenwirt (Stumme Rolle).
ORT: In und bei Sevilla.
SCHAUPLÄTZE: Ein Platz in Sevilla mit Tabakfabrik (rechts) und Hauptwache (links), im Hintergrund eine

gangbare Brücke – In der Schenke bei Lillas Pastia –
Wilde Gebirgsgegend – Ein Platz in Sevilla, im Hinter-
grund die Mauern einer alten Arena.
ZEIT: 1820.
DAUER: ca. 3 Stunden.

Irgendwann wird man einmal eine Abhandlung darüber schreiben müssen, wie viele Liebesgeschichten
und Tragödien ausgerechnet in Sevilla stattgefunden
haben. Statistisch zweifellos nicht mehr als anderswo
in einer südlich gelegenen und also leidenschaftlichen
Gegend auch. Aber: Wenn davon erzählt wird, ist es
allemal Sevilla. In jedem Jahrhundert begibt sich dort,
was wir verliebt oder staunend Oper nennen. Also
auch das.

In dieser großen Stadt gibt's Arbeiterinnen, die um
sehr wenig Geld Zigaretten drehen; richtiges Proleta-
riat. Sie sind zugleich allerdings eine Attraktion, wie
um die Jahrhundertwende die Wäschermädeln in
Wien. Denn sie sind zumeist jung und unverbraucht
und gewohnt, sich ihr Leben dadurch zu erleichtern,
daß sie nicht ihre Arbeit, sondern die karge Freizeit
zwischendurch als Leben ansehen. Wenn sie ihre Siesta
feiern, warten vor der Fabrik schon Männer jeglichen
Alters, um daraus Vorteil zu ziehen: Die Zigarettenarbeiterinnen haben den Ruf, leidenschaftlich und frei-
zügig zu sein.

In Sevilla gibt es auch Soldaten. Sie werden in den spanischen Dörfern rekrutiert, dumpfe Burschen zumeist,
die ihren Militärdienst abdienen, weil es so sein muß.
Sie sind in der Stadt als Ordnungsmacht stationiert und
exerzieren täglich auch Wachablöse. Den tieferen Sinn
dieser Zeremonie verstehen sie nicht, wahrscheinlich
soll nur die Menge daran erinnert werden, daß Ord-
nungshüter in der Stadt sind.

Das Bauernmädchen Micaëla sucht unter den Soldaten,
die ihr Wachlokal direkt gegenüber der Zigarettenfa-
brik haben, Don José, einen Burschen aus ihrem Dorf.
Er, der es bereits zu einem bescheidenen militärischen
Rang gebracht hat, ist auf Streife; seine Kollegen würden ihre Zeit gern mit dem Mädchen verbringen, doch

Wenigstens einmal darf man
das erwähnen: Wenn der
Vorhang aufgeht und die Soldaten „Diese Menge, im Ge-
dränge" singen, dann hat das
Publikum in der Ouvertüre
schon die ganze Oper samt
den meisten populären Melodien gehört. Die Stimmung
also ist längst vorgegeben.

Eine der nettesten Ideen, die
ein französischer Komponist
haben kann: Aus der Wach-
ablöse macht er musikalisch
einen Kinderchor. Damit ist
angedeutet (wenn man will),
wie unernst er die Soldaten
nimmt und wie wichtig die
Menschen.

35

dieses ist scheu und verschwindet wieder. Es hat offenbar für Soldaten im allgemeinen nicht viel Zuneigung übrig.

Also versäumt Micaëla die Wachablöse und die Zigarettenpause der Zigarettenarbeiterinnen, die täglichen gesellschaftlichen Höhepunkte des Straßenlebens in Sevilla. Interessanter noch als der Auf- und Abmarsch der Soldaten ist natürlich der Auftritt der Frauen aus der Fabrik. Vor allem, weil zu ihnen auch Carmen, eine gutgewachsene Zigeunerin, gehört, die allemal ihren Spaß daran hat, sich den Hof machen zu lassen – nebstbei macht sie Reklame für ein Lokal am Stadtrand, wo man sie in der Nacht als rassige Tänzerin und Animierdame besichtigen kann.

Alle Strolche, alle Kenner pfeifen ihr nach. Der Bauernbursche José aber unterläßt es und lenkt so die Aufmerksamkeit der bewunderten Carmen auf sich. Das scheint uns Kennern der weiblichen Psyche verständlich. Wenn einer widerstehen kann, was werden dann in einiger Zeit die anderen tun? Carmen buhlt geradezu um José, wirft ihm eine Blume zu – da läutet die Pausenglocke, die Arbeit geht weiter, José ist noch einmal davongekommen.

Guten Gewissens kann er Micaëla empfangen, Grüße von der Mutter, aus dem Dorf, einen symbolischen Kuß entgegennehmen. Und behaupten, er habe selbst Sehnsucht nach dem Landleben, das einfacher und ordentlicher sei als das in der Stadt. Micaëla, die zu diesen Landleuten gehört, kann scheu und glücklich wieder gehen; noch gibt es José und eine Chance, daß er heimkehrt und ihr Mann wird. Die Chance aber verringert sich, denn das Schicksal ist bereits drauf und dran, José zu vernichten: In der Fabrik hat Carmen Streit mit einer Kollegin, wird vom Streifensoldaten José abgeholt und soll ins Gefängnis. Während die Papiere ausgeschrieben werden, die man einem Gefangenentransport mitgeben muß, hat die Zigeunerin Zeit genug, ihre ganze Kunst zu erproben. Sie verspricht José, für ihn zu tanzen, für ihn auch mehr zu tun – und er läßt sie entfliehen. Daß er das so ungeschickt tut,

Der erste Auftritt der Carmen, lange vorbereitet durch den Chor der Zigarettenarbeiterinnen und die fragenden Rufe der Männer, zischt in der Musik, als käme endlich glühendes Eisen ins Wasser. Und beinahe übergangslos gibt's die „Habanera".

Das Duett Micaëla–Don José hat die Naivität einer Drehorgelmusik. Man gebe acht, in der Oper ist es immer höchste Kunst, wenn etwas einfach klingt. Dergleichen fällt einem Komponisten am seltensten ein. Und „Carmen" strotzt vor solchen Einfällen, die Nietzsche dazu bewogen, diese Oper zu lieben, als er mit Wagner nicht mehr einverstanden war.

wie sie es von ihm verlangt hat, bringt ihm sofort Arrest ein. Aber Carmen wenigstens ist frei.

Soldaten haben, wie man weiß, manchmal Dienst, und manchmal werden sie zu Privatleuten. Als solche besuchen sie Lokale und verkehren mit Personen, die ihnen im Dienst nur servil entgegentreten dürfen: Der Vorgesetzte des José zum Beispiel kann es sich leisten, mit Zigeunerinnen, inklusive der „entflohenen" Carmen, zu trinken, wenn er gerade nicht Dienst hat. Daß er sie dienstlich suchen müßte, ist eine andere Sache. Jetzt ist er als Privatmann bei Lillas Pastia am Stadtrand von Sevilla und buhlt um die schöne Zigeunerin und wird von einem Toreador, einem Stierkämpfer, gestört, der auf Reklametour ist: Er wird demnächst auftreten und muß, um sich populär zu halten, hie und da ein Glas Wein mit den Besuchern von Spelunken trinken. Escamillo ist ein Kenner, unter den vielen Damen in der Schenke des Lillas Pastia fällt ihm Carmen sofort als die reizvollste auf. Aber? Er ist, wie gesagt, auf Reklametour, er muß weiter. Er kann sich nur den Namen der aufregenden Frau merken. Für später.

Das ist übrigens ein Abend, an dem noch viel geschieht: José wurde heute aus dem Arrest entlassen, erfährt Carmen von ihrem letzten Besucher, dem Leutnant Zuniga. Eine Ladung Schmuggelgut ist angekommen, hört Lillas Pastia gleich darauf von Gewährsleuten. Der Reihe nach treffen José und die Schmuggler ein: Carmen bedankt sich bei dem Sergeanten dafür, daß er ihretwegen im Arrest saß, und wird, schon wieder, in ihrer Selbsteinschätzung hart getroffen, als José plötzlich erklärt, man blase den Zapfenstreich, er müsse jetzt gehen. Carmen, dergleichen nicht gewohnt, kämpft um einen jungen Soldaten: Sie würde vielleicht verlieren, doch Leutnant Zuniga, der noch einmal bei Lillas Pastia hereinschaut und dem kleinen Untergebenen bedeutet, jetzt habe er zu verschwinden, hilft – ohne es zu wollen – der verzweifelten Frau. Nun will José bleiben, will sogar Mann gegen Mann um Carmen kämpfen.

Die Schmuggler, bereits im Haus, verhindern das Ärgste. Sie können Aufsehen nicht gebrauchen. Sie ent-

Hier fügt man manchmal noch mehr spanisches Ballett ein, als Bizet wollte – in Sonderfällen sogar aus der L'Arlesienne-Suite. Allerdings ist's unnotwendig.

Das Auftrittslied des Escamillo, obgleich jeder es zu pfeifen imstande ist – singen können es in jeder Sängergeneration nur die wenigsten. Jeder, der die Partie singen will, ahnt nicht, wie schwierig sie nur dieses einen Liedes wegen ist.

Obgleich Musik hinter der Szene meist Schwierigkeiten bereitet, gibt's keine, wenn die Trompeten „aus der Kaserne" zu Carmens Tanz blasen. Bizet hat zu genau und selbstverständlich komponiert.

37

Die „Blumenarie" des Don José hat ein herrliches Merkmal: Der Tenor hat mit dem hohen b keine Schwierigkeiten zu haben und muß in einer an sich ungefährlichen Lage „richtig" enden. Nicht virtuos also, sondern grundmusikalisch, das ist die Forderung.

Noch einmal Nietzsche? Er nennt den Aktschluß, bei dem Schmuggler das neue Liebespaar in C-Dur hochleben lassen, ein „Muster von Finale".

Ein alter Theaterspaß: In der deutschen Fassung heißt's im Chor „Ein falscher Tritt zum Abgrund führt", was bei Choristen in der Wiener Oper immer wieder anders zitiert wird: „Ein falscher Grund zum Abtritt führt". Pardon.

Was nur die Oper kann: Ein Terzett, in dem zwei Stimmen munter die Karten aufschlagen und die dritte (Carmen) in düsterem f-Moll sich selbst „den Tod" prophezeit.

waffnen also Leutnant und Sergeant und zwingen Zuniga, das Kampffeld zu verlassen. Für eine Sekunde hat auch José die Chance zu verschwinden. Was könnte ihm schon passieren, wenn er gemeinsam mit dem Leutnant überfallen wurde? José aber hat Carmen und die Freiheit gesehen. Er bleibt bei den Gesetzlosen, wird einer der ihren. Und wird der Geliebte Carmens. Irgendwann, ziemlich bald nach diesem Höhepunkt im Leben Josés, kommt die Krise. Er ist ein Neuling unter den Schmugglern und nicht gewohnt, als Liebhaber einer Frau „mitgenommen" zu werden. Carmen war immer eine Attraktion der Bande und ist nicht bereit, lange mit einem anderen als dem Capo zu leben. José, der Bauernbursch, verlangt die völlige Demut der Frau ihrem Gebieter gegenüber. Carmen ist eine Frau und könnte sich nicht vorstellen, anders als ganz und gar unabhängig zu lieben und zu leben. Noch sind José und Carmen beisammen; aber alle wissen, daß sie es nicht ewig sein werden – und vor der Trennung, die nicht in Frieden vor sich gehen kann, graut allen. Sogar Schmugglern, die gewiß nicht die zartfühlendsten Menschen sind, jedoch nur ungern Zwietracht in den eigenen Reihen sehen. Sie schleppen José zwar mit, weil er der Freund Carmens ist; aber sie geben ihm keine Aufgaben von besonderer Bedeutung. Sie glauben nicht, daß er ein verläßlicher Mensch ist.

In einer Schlucht, anderswo kann man kaum mit Schmuggelgut umgehen, treffen die Helden der Tragödie alle aufeinander. Micaëla war wieder in Sevilla und hat nach José geforscht, von dem man dort allerdings bereits weiß, daß er mit Räubern unterwegs ist. Also macht sie sich auf zu den Räubern. Escamillo hat vor seinem großen Kampf unerhörte Lust auf Carmen, und er hat ebenfalls gehört, daß diese mit ihrem Soldaten so gut wie Schluß gemacht hat. Also ist er auf dem Weg zu den Räubern. Und Micaëla und Escamillo treffen auf José, der „Wache" hält.

Zuerst Escamillo, der José nicht kennt, daher ganz seelenruhig davon spricht, daß Carmen ja jetzt wieder zu haben sei, und eine Sekunde darauf in einen Zweikampf verwickelt ist. Dann Micaëla, die man aus einem

Versteck hervorholt – und der man José einfach mitgibt. Micaëla erklärt, seine Mutter läge im Sterben, deshalb müsse er weg von Carmen, weg aus dieser Gesellschaft.

José will zur sterbenden Mutter. Doch er versichert Carmen zugleich, daß er nicht aufgibt, daß sie ihm und nicht Escamillo gehöre und daß er zurückkommen und seine Rechte in Anspruch nehmen werde. Carmen, die sich selbst die Karten aufgeschlagen hat und wenigstens sich selbst auch glaubt, weiß, daß José Wort halten wird. Und daß dies ihren Tod bedeuten wird.

Sie wenigstens wird nicht mehr überrascht von dem, was sich vor der Stierkampfarena zu Sevilla abspielt. Zwar tritt sie vor dem Kampf als die erklärte Geliebte Escamillos auf und kann sich vor der gesamten jubelnden Menge noch einmal sagen lassen, daß Escamillo sie liebt und immer lieben wird. Dann aber geht sie nicht in die Arena, sondern stellt sich der Auseinandersetzung mit José. Der hat sie erwartet, ist heruntergekommen, verwildert und von der Polizei gesucht, vor allem aber wild vor Liebe zu der Frau, die genug von ihm hat.

Carmen, die nie in ihrem Leben einem Mann Treue bis in den Tod schwor, kann jetzt lauthals erklären, sie würde Escamillo ewige Treue halten – denn sie hat ihren eigenen Tod unmittelbar vor Augen. Sie reizt José, den Wahnsinnigen, bis er das Messer zieht und sie sich nur mehr hineinstürzen muß: ein glorioser, rascher, verklärender Tod. José, der über ihrer Leiche zusammenbricht und Liebesworte stammelt, wird langsamer und qualvoller sterben. Ein armer Kerl. Wäre er doch bei den Bauern geblieben.

Man muß es nicht wissen, kann's aber als Opernfreund einmal nachprüfen: Micaëlas Zeilen von ihrer Arie sind nicht von Bizet, sondern von Guiraud, dem „Vollender" der Oper.

Ein drittes, herrlich konzipiertes Finale, das mit dem „Schicksalsmotiv" der Carmen andeutet, daß die Oper tragisch endet und mit dem aus der Ferne gesungenen Torerolied auch noch die Liebhaber von Populärem befriedigt.

Dieser Akt existiert in mehreren Versionen, und alle werden immer wieder gespielt – manchmal mit großem Ballett am Beginn, manchmal mit der Volksszene, bei der einzelne Choristen kurze Einwürfe singen, dann wieder in einer ganz knappen Form, in der es sofort zum großen Einmarsch der Toreros kommt. Hoffentlich hört man auch weiterhin alle Varianten, denn alle sind denkbar – wenn nur als Höhepunkt der Toreromarsch erklingt.

Dreimal versuchte Bizet, ein packendes Ende zu finden, einmal wollte er auch, daß Carmen noch einmal Reminiszenzen aus ihrer Kartenszene singt. Geblieben aber ist der rasche, abrupte Schluß mit den wenigen erschütternden Schreien des Don José.

GAETANO DONIZETTI

Der Liebestrank

Komische Oper in zwei Aufzügen. Dichtung von Felice Romani.

URAUFFÜHRUNG: Mailand, 1832.

SOLISTEN: *Adina,* eine junge reiche Pächterin (Koloratursopran) – *Nemorino,* ein junger Landmann (Tenor) – *Belcore,* Sergeant (Bariton) – *Dulcamara,* ein Quacksalber (Baß) – *Gianetta,* ein Wäschermädchen (Soubrette) – *Ein Notar* (Stumme Rolle) – *Ein Soldat* (Baß) – *Ein Diener* (Stumme Rolle) – *Ein Mohr* (Stumme Rolle).

ORT: Ein Dorf im Florentinischen.

SCHAUPLÄTZE: Dorfgegend, Berge, Wald, Getreidefelder, hinten eine felsige Erhöhung, links vorn der Pachthof mit Eingangstür – Innerer Hof von Adinas Pachtgut, Eingangstor links Mitte, rechts davon Musikantentribüne, rechts Eingang in das Pachthaus, links Wirtschaftsgebäude.

ZEIT: 1815.

DAUER: 2¹/₂ Stunden.

Man muß nicht verschweigen, daß Donizetti ein Vielschreiber war – an der Ouvertüre merkt man es und an den Chören, die alle sehr hübsch, aber nicht gerade „charakterisierend" klingen.

Es gibt ein wunderschönes und immer wieder vertontes Gedicht „Ein Bursche liebt ein Mädchen, das hat einen anderen lieb...", aus dem sich eine Unzahl von Geschichten herleiten lassen. Ernsthaft: eigentlich besteht die halbe dramatische Literatur aus dieser Situation und ihren möglichen Erweiterungen von immer mehr jungen oder älteren Damen und Herren, die entweder zueinander – oder nichts voneinander wissen – wollen. Manchmal wechselt man die Zeiten, die Umgebung, die Berufsstände der Damen und Herren Protagonisten und hat schon wieder eine angebliche Originalgeschichte.

In unserem speziellen Fall ist es ein Bauernbursch, der Nemorino heißt, Aussichten auf eine kleine Erbschaft hat, vor allem aber verliebt ist. Und zwar in Adina, eine reiche Pächterin, die ihrerseits erst einmal gar nicht an die Liebe denkt, sondern ihre Zeit entweder nutzbringend oder aber schöngeistig verbringt: Wenn sie nicht gerade die Arbeit ihrer landwirtschaftlichen Angestellten regelt, ergibt sie sich der Lektüre und ist dabei durchaus anspruchsvoll. Unter „Tristan und Isolde" tut sie es nicht; immerhin handelt dieses Epos auch von der Liebe und ist somit ein Tribut, den sie dem schönsten aller Themen zollt.

Die Romanze der Adina ist lieb und nett, und da sie immer italienisch gesungen wird, weiß kaum einer zu würdigen, daß von Tristan und Isolde und somit von einem anderen „Zaubertrank" die Rede ist.

In diese Idylle bricht ein Trupp von Soldaten, die weder Krieg führen noch sonst einen ordentlichen Zweck erfüllen. Sie, vor allem ihr Anführer, Sergeant Belcore, sind nur attraktiv und eroberungsgewohnt. Eine reizende junge Pächterin ist das naturgegebene Angriffsziel für einen Mann wie Belcore, der mit der ältesten aller „Maschen" antritt: Er überreicht ein paar Blumen, und er zeigt sich geneigt, um die Hand der Pächterin anzuhalten.

Nicht, daß sie so einen Antrag aus dem Nichts heraus ernst nähme. Doch auch nicht, daß sie ihn sofort entrüstet ablehnte – uns interessiert viel mehr, wie der arme Bauernbursch Nemorino reagiert, wie er in Sekundenschnelle Angst bekommt und fürchtet, seine kaum offen ausgesprochene Liebe würde angesichts eines strohdummen, aber erfahrenen Soldaten keine Chance mehr haben.

Zur rechten Zeit, wie es auch oft im Märchen heißt, erscheint in der Gegend ein Wundermann. Eigentlich eine sehr reale und dem Leben nachempfundene Person, ein Reisender in Arzneien jeglicher Art, ein Quacksalber oder Scharlatan – wir würden es uns sehr überlegen, eine Krankheit von ihm heilen zu lassen, doch wir sind ja auch sehr viel aufgeklärter, unsere Mediziner haben Diplome zur Hand und wandern nicht mehr von Ortschaft zu Ortschaft, sondern versenden die Kranken lieber in Kliniken. Zur Zeit von Adina und Nemorino aber gibt es reisende Ärzte, die Zähne ziehen und Wundsalben verkaufen und außerdem Hanswurste sind; bei dieser Gelegenheit darf ein Wiener darauf hinweisen, daß der Erfinder und Darsteller des Hanswurst zugleich ein sogar diplomierter Zahnarzt war. In Ortschaften, wo es gerade kein Zahnweh gibt, verkauft der erwähnte Quacksalber al-

Es gibt genügend Beispiele dafür, daß man den Dulcamare auch noch beinahe stimmlos singen kann – italienische Buffonisten brauchen keine Stimme, um präsent zu sein, es genügt, wenn sie rasche Tempi durchhalten.

lerdings auch diverse Tränke; er preist sie je nach der Auffassungsgabe seines Publikums anders an, in sehr ländlichen Gegenden und wenn er von einem Burschen wie Nemorino ausdrücklich darum gebeten wird, gibt er eine Flasche Bordeaux ausdrücklich als oft erprobten Liebestrank aus. Nemorino kauft, trinkt und wird gleich so übermütig, wie man das erwarten kann. So übermütig, daß er Adina ins Gesicht sagen kann, er werde demnächst von seinen Liebesqualen geheilt sein. Ob eine Frau will oder nicht, ganz gewiß will sie nicht, daß man plötzlich sie nicht mehr will. Adina reagiert auf Nemorinos trunkenen Versuch, aus der Liebe auszubrechen, ganz und gar falsch. Sie verlobt sich rasch mit dem Sergeanten. Und macht damit auch ganz rasch Nemorino wieder nüchtern.

Jetzt kann nicht minder rasch ein Unglück geschehen, jetzt muß sich schon wie bei einer griechischen Tragödie der Zufall einmengen oder der fremde Gott – für Adina, Belcore und Nemorino ist das, weil standesgemäß, der Pillendreher und Jahrmarktschreier Dulcamare.

Während die Verlobungsfeier bereits beginnt und Dulcamare fleißig mitfeiert, sucht Nemorino den Verkäufer von noch weiterem Liebestrank irgendwo im Dorf. Weil Nemorino nicht da ist, zögert Adina wiederum die Unterschrift unter den Heiratsvertrag hinaus, denn eigentlich will sie ja nur heiraten, um Nemorino zu enttäuschen. Weil sie zögert, kann der Bauernbursch seinen Liebestranklieferanten doch noch finden und ihn um eine weitere Flasche bitten – der aber will nur gegen Barzahlung liefern, und Nemorino verschafft sich das Geld, indem er „unter die Soldaten" geht und seine erste Anzahlung auf den Sold in Bordeaux (von dem er nur nicht weiß, daß es Bordeaux ist) anlegt. Während Nemorino noch trinkt, verbreitet sich im Dorf die Gewißheit, daß sein Onkel gestorben ist und eine Erbschaft ausbezahlt werden wird. Folgerichtig sind alle Mädchen nett zu Nemorino und sogar etwas netter, als man's noch natürlich finden könnte. Darüber wundern sich drei Menschen: Nemorino, der so ganz an den Trank auch nicht geglaubt hat. Adina, die bisher nur wußte, daß er ein ihr verfallener und daher für „Rivalinnen" ganz und gar uninteressanter Mann war. Und Dulcamare, der an die Wirkung von Bordeaux selbstverständlich nicht eine Minute geglaubt hat – sonst wäre er ja nicht der Verkäufer gewesen.

Immerhin, eine solche verzwickte Angelegenheit ist rasch aufgeklärt. Adina erfährt, daß Nemorino sich mit einem Verkauf der eigenen Person von ihr retten wollte, und ist von so viel Liebe hingerissen; Nemorino wiederum ist nicht so betrunken, um diese plötzlich aufkeimende Liebe nicht zu begreifen – einem glücklichen Schluß steht nur noch entgegen, daß Nemorino jetzt eigentlich mit den Soldaten ziehen müßte. Adina aber hat ihn auch schon losgekauft, und Belcore hat ganz rasch begriffen, daß er die ländliche Idylle nicht länger stören darf, also sind die in jeder Hinsicht füreinander bestimmten jungen Leute in der Lage, einander auch zu lieben.

Weil das allein aber nur die Aussicht auf eine glückliche Ehe unter Landleuten ergibt und keine Pointe und weil Geschichten allemal eine Pointe haben müssen, gibt es auch noch den Dulcamare: der ja ohne allzuviel Gewissensbisse erklären kann, sein preiswert angebotener Liebestrank habe Wunder gewirkt; niemand widerspricht. Wie ein Marktschreier prahlt auch er und verkauft billigen Bordeaux in rauhen Mengen. Und ist dabei gar nicht sicher, ob er damit nicht tatsächlich in dieser so naiven Gegend noch weitere Liebesverbindungen stiftet. Wer kann ihm schon widersprechen?

Genaugenommen führt man die Oper dieser einen einzigen Arie wegen auf: Die Träne im Auge der Geliebten, die einen Tenor zu einer mitten im Rausch geradezu unnatürlichen Schönheit im Gesang finden läßt – das ist der Höhepunkt und Triumph des Abends.

GAETANO DONIZETTI

Lucia di Lammermoor

Oper in drei Akten. Dichtung von Salvatore Cammarano.

URAUFFÜHRUNG: Neapel, 1835.

SOLISTEN: *Lord Heinrich Asthon* (Bariton) – *Lucia,* seine Schwester (Koloratursopran) – *Sir Edgar von Ravenswood* (Tenor) – *Lord Arthur Buklaw* (Tenor) – *Raimund,* ein Geistlicher, Erzieher Lucias (Baß) – *Alice,* Lucias Vertraute (Alt) – *Normann,* Befehlshaber der Reisigen von Ravenswood (Tenor).
ORT: Schottland, teils im Schloß von Ravenswood, teils im verfallenen Turm von Wolferag.
SCHAUPLÄTZE: Wald in der Nähe des Schlosses Ravenswood – Park beim Schloß Ravenswood – Gemach im Schloß Ravenswood – Saal im Schloß Ravenswood – Saal im Turm von Wolferag – Saal wie 4. Bild – Begräbnisstätte der Ravenswood.
ZEIT: Ende des 16. Jahrhunderts.
DAUER: 2¹/₂ Stunden.

Theoretiker nennen das, wovon ich jetzt erzählen möchte, ein dramatisches Grundmuster oder so ähnlich. Ich will es anders ausdrücken. Die folgende Tragödie spielt sich immer wieder ab, und nur der Ausweg, den die handelnden Personen suchen, entspricht jeweils der Mode der Zeit – wobei man unter Mode auch so gräßliche Selbstzerstörungsformen wie das Übergießen mit Benzin, die Selbstverbrennung also, verstehen kann. Der Mensch kommt, dazu muß man kein Opernfreund sein, auf immer sensationellere Ideen, wenn die Zeit danach ist.

Wir sind in Schottland, als Zeitangabe genügt „um 1700", und auch das ist nur für Historiker interessant, die wissen wollen, wie man damals gelebt, gegessen, gekämpft hat. Und selbstverständlich auch für Bühnenbildner, die wissen müssen, wie es um 1700 in Schottland ausgesehen haben könnte.

Der adelige Landbesitzer Lord Ashton hat erfahren, daß seine Schwester Lucia in Sir Edgar von Ravenswood verliebt ist. Für ihn ist, obgleich seine Schwester sich wenigstens nicht im Niveau geirrt hat, diese Liebe eine Katastrophe. Erstens haßt er Sir Edgar und wäre nicht bereit, ihn als Verwandten zu grüßen. Zweitens aber hat er andere Pläne, will sich durch seine Schwester mit Lord Arthur Buklaw verbinden – das ist ein

Gleich zu Beginn eine Situation, wie man sie als Nichtopernfreund schwer erträgt: Ein exakt singender Herrenchor schildert einem einzelnen Zuhörer mehrstimmig, was geschehen ist.

44

mächtiger Mann, und in einer finsteren Zeit ist es gut, wenn man Mächtige zum Freund hat. Sir Edgar, der sich bisher mit seiner Geliebten heimlich treffen muß-te, da ja auch er nicht gerade voll Zuneigung für ihren Bruder ist, muß verreisen. Er wird längere Zeit nicht in der Lage sein, seine Liebe zu beteuern. Also tut er's noch einmal ausführlich und dringlich und läßt sich von Lucia Treue und ewige Liebe schwören. Viel anders ginge es wohl kaum zu, ginge er mit dem Segen der Familie Ashton ins Ausland. Liebende schwören einander immer wieder, was sie gleichzeitig auch sich selbst beschwörend sagen.

Nach Monaten der Trennung wäre Lucia zweifellos selbst immer noch von der Liebe Sir Edgars überzeugt, erhielte sie auch wirklich jene Briefe, die er ihr aufs Schloß sendet. Lord Ashton aber hat keinen je an Lucia weitergeben lassen, hat vielmehr falsche Nachrichten erzeugt und wenigstens erreicht, daß Lucia glauben muß, die Entfernung von ihr habe die Liebe Sir Edgars erkalten lassen. Das so einfache wie satanische Rezept des Bruders hat allerdings nicht die ganze erhoffte Wirkung: Lucia ist nicht empört, sondern todtraurig. Sie denkt nicht daran, prompt den anderen Bräutigam zu nehmen; sie würde am liebsten sterben. Das aber paßt nicht in die Pläne Ashtons.

Und die Pläne eines ehrgeizigen Mannes werden selbst dann verwirklicht, wenn darüber Menschen zugrunde gehen. Der attraktive und wichtige Lord Arthur Buklaw ist eingetroffen, die Hochzeitsgäste sind versammelt, das große Fest hat stattzufinden. Lucia – vergessen wir die Zeitangabe „um 1700" nicht – wird in Brautkleidung hereingeführt und unterzeichnet den Ehekontrakt. Was soll sie anderes tun?

So tragisch diese Situation bereits ist, Lucia ist nicht die erste junge Person, die einen anderen als den von ihr selbst gewählten Mann heiraten muß. Unser Mitgefühl! Aber das kommt halt vor. Wie oft kommt auch vor, daß Minuten nach der Hochzeitszeremonie der eigentliche Geliebte ins Schloß eindringt, brüllend und seiner Sinne nicht mehr Herr, und gegen jedermann, also auch gegen Lucia, Verwünschungen ausstoßend?

Hier können Sopran und Tenor noch „sparen", immerhin aber ist es bereits die erste große Chance für den Tenor.

Eine große Arie muß in einer solchen Oper auch der Bariton haben. Er hat sie jetzt.

45

Das berühmte Finale, bei dem sich mitten im Trubel alle Sänger in Säulen verwandeln und so tun, als hätten sie nur zu singen: Es ist allerdings wirklich von Donizetti so gedacht, soll ein Ruhepunkt vor der Tragödie des nächsten Bildes sein. Die anschließende Szene zwischen Bariton und Tenor wird meist weggelassen. Alles erwartet die Wahnsinnsarie.

An dieser Stelle legen die besten Sopranistinnen die wenigsten eigenen Koloraturen ein – immerhin sind auch die von Donizetti vorgeschriebenen halsbrecherisch. Wenn man sich jedoch die Interpretation der Callas anhört, begreift man, daß sie nichts anderes darstellt als die unverfälschte Wahrheit: Eine Frau ist verrückt geworden. Man sollte, nebstbei, nicht glauben, wie viele Sängerinnen sich trotzdem an die Wahnsinnsarie wagen.

Edgardo stirbt, wohlgemerkt, mit einem B. Er hat aber in seinem Abschied eine Passage, die ihm das obligate C (C wie Caruso) erlaubt.

Er ist heimgekehrt und hat erfahren, daß seine Braut heiratet. Er will es nicht glauben und muß es sich von allen Hochzeitsgästen – und von der Braut – bestätigen lassen. Dergleichen kommt nicht zu oft vor. Aber wenn es einmal passiert, dann kann einem der Verstand schwinden.

Lucia hat den Verstand verloren. Die Hochzeitsgäste sind noch im Saal und feiern, weil sie trotz der fatalen Situation schließlich zu einer vollzogenen Hochzeit gekommen sind. Da stürzt ein alter Mann, Vertrauter der Lucia, aus den Privaträumen der Familie und schreit, was geschehen ist. Lucia hat ihren Mann getötet und irrt blutbefleckt durchs Haus. Eine vor Schreck starre Hochzeitsgesellschaft sieht es gleich darauf selbst. Die Hochzeiterin, blutig und wahnsinnig, geht durch den Raum und spricht mit Edgar von Ravenswood, als ob er noch da wäre. Ihn bittet sie um Verzeihung.

Der von allen guten Geistern verlassene einstige Geliebte aber wartet im Park, bei der Grabstätte seiner Familie, auf seinen Todfeind. Er will noch einmal mit Lord Ashton sprechen. Er will erfahren, begreifen, was Lucia ihm angetan hat. Da kommen auch schon diejenigen, die ihm Nachricht geben können. Edgar von Ravenswood weiß in seiner letzten Stunde, daß Lucia ihm nie untreu geworden ist, daß sie verraten wurde und daß sie, als sie das begriff, den Verstand verlor. Er nimmt sich rasch das Leben. Es hätte keinen Wert mehr für ihn.

GAETANO DONIZETTI

Don Pasquale

Komische Oper in drei Akten. Dichtung vom Komponisten.

URAUFFÜHRUNG: Paris, 1843.

46

SOLISTEN: *Don Pasquale,* ein alter Junggeselle (Baß) – *Doktor Malatesta,* Arzt, Freund von Ernesto (Bariton) – *Ernesto,* Neffe des Don Pasquale (Tenor) – *Norina,* eine junge Witwe (Koloratursopran) – *Ein Notar* (Baß).
ORT: Rom.
SCHAUPLÄTZE: Saal im Haus Don Pasquales – Garten mit Gebüsch am Haus von Don Pasquale.
ZEIT: Zweite Hälfte des 18. Jahrhunderts.
DAUER: 2¹/₂ Stunden.

Am liebsten würde ich allen, die wissen wollen, welche komische Geschichte sich mit Don Pasquale zugetragen hat, darauf verweisen, welches komische Geschick ein englischer Admiral Sir Morosus erlitten hat – die beiden älteren Herren ähneln einander sehr, ihre Probleme und deren Lösung sind einander ziemlich ähnlich.
So einfach aber darf ich es mir wiederum nicht machen, es gibt ja immerhin einige kleine Unterschiede.
Don Pasquale ist Italiener, nicht verheiratet, schon lange nicht verheiratet. Was er besitzt, wird ein Neffe von ihm erben, wenn Don Pasquale seine Abneigung gegen diesen Neffen noch rechtzeitig überwindet. Viel Chancen hat der allerdings nicht, denn Don Pasquale will eher selbst noch einmal heiraten, als seinem Neffen Geld und Gut überlassen. Alte Männer sind auf der ganzen Welt recht starrsinnig, wenn's um ihr Eigentum geht.
Ein Freund des Hauses, der Don Pasquale mag, mit dessen Neffen aber sympathisiert – und wieder Ruhe haben will –, greift zu einem Gewaltmittel. Er unterschiebt die Freundin des Neffen als eigene Schwester dem Don Pasquale. Er läßt den Alten glauben, es handle sich um ein schüchternes Geschöpf, das von der Welt nichts weiß und nichts wissen will. Er dringt auf eheste Verheiratung, kommt den Wünschen Don Pasquales ganz entgegen.
Und der Ehekontrakt ist kaum unterzeichnet, da hat Don Pasquale auch schon die in des Wortes mehrfacher Bedeutung falsche Frau am Hals. Ein lautes, gräß-

Man verzeihe die kursorische Art: Diese überaus beliebte Oper hat Don Pasquale als Mittelpunkt, einige hübsche Arien der Norina, für mich als allerhübschesten Moment ein Duett knapp vor dem Finale – da sind in aller Aufregung, die sich rundum abspielt, die beiden jungen Verliebten beisammen und scheren sich nicht um die Welt. Und sonst wird, was man allerdings nicht laut sagen darf, nach einer genialen Schablone hübsch Musik gemacht.

47

liches, teures Geschöpf, das ihn außerdem anscheinend auch noch betrügt. Jetzt weiß der alte Mann, was er sich mit seinen Ideen eingehandelt hat.

Der zuerst selbst von allen Intrigen überraschte Neffe Don Pasquales wird jetzt zum Retter seines Onkels. Immerhin ist er es ja, mit dem die junge Frau den alten Mann betrügt – und Don Pasquale hat geschworen, er würde sogar die Geliebte seines Neffen ins Haus nehmen, wenn es nur ein Mittel gäbe, seine eigene Frau aus diesem wieder zu vertreiben. Dem Neffen aber kann es ja nicht schwerfallen, den Onkel an das Versprechen zu erinnern: Er muß dabei nur einfach die „Wahrheit" gestehen.

Don Pasquale erkennt rasch, was man mit ihm angestellt hat. Seine gräßliche junge Frau ist seines Neffen zauberhafte junge Frau, immer ein und dieselbe, nur für ihn nicht mehr passend, für den jungen Mann aber ideal – sogar, wenn sie vielleicht auch diesem gegenüber Launen hat.

Habe ich vorhin nicht darauf hingewiesen, daß Don Pasquale Italiener ist? Als solcher ist er erstens von einer guten Komödie entzückt und zweitens in der Lage, mit Grazie zu verlieren. Er küßt seiner einstigen Frau und jetzigen Nichte die Hand und ist ganz froh, selbst wieder Ruhe zu haben. Er weiß, daß sie ihm bekömmlicher ist.

Friedrich von Flotow

Martha

Romantisch-komische Oper in vier Akten. Dichtung von Wilhelm Friedrich.

Uraufführung: Wien, 1847.
Solisten: *Lady Harriet Durban,* Ehrenfräulein der Königin (Sopran) – *Nancy,* ihre Vertraute (Alt), – *Lord*

Tristan Mickleford, ihr Vetter (Baß) – *Lyonel* (Tenor) –
Plumkett, ein reicher Pächter (Baß) – *Ein Richter zu*
Richmond (Baß) – *Drei Mägde* (Sopran und Alt) –
1. Pächter (Baß) – *2. Pächter* (Tenor) – *1. Diener*
(Baß) – *2. Diener* (Baß) – *3. Diener* (Tenor).
ORT: Teils auf dem Schloß der Lady, teils zu Richmond
und dessen Umgebung.
SCHAUPLÄTZE: Boudoir der Lady – Der Marktplatz zu
Richmond – Das Innere einer Pächterwohnung – Wald
mit einem kleinen Wirtshaus – Pächterwohnung –
Platz vor dem Pächterhaus.
ZEIT: Regierung der Königin Anna (1702–1714).
DAUER: ca. 3 Stunden.

Die eine oder andere Ausnahme von der selbstgewähl-
ten Regel: Diese etwas unglaubliche Geschichte ist
durch keine abenteuerliche Transposition in irgendeine
Zeit glaubhafter zu machen. Aber sie ist trotzdem effektvoll und in gewissen Augenblicken sogar rührend.
Und eine Melodie, die ausschließlich geschrieben wurde, weil ein Komponist diese unglaubliche Geschichte
auf die Opernbühne bringen wollte, soll ausnahmsweise als Entschuldigung gelten. An das, was ich jetzt
erzähle, kann ich nur mit viel Kindersinn glauben.

Im besonders farbenprächtigen und auch sonst dramatischen England um 1700 hat es zu allen wirklichen
Verordnungen und Regeln offenbar auch noch einige
gegeben, die eigens zur Straffung dramatischer Knoten
führten. Oder glaubt man, zum Beispiel diese wären
erfunden?

Es gibt den Markt von Richmond, eine Art öffentlicher
Versteigerung von Dienstboten beiderlei Geschlechts;
immerhin kein Sklavenmarkt, die Dienstboten bieten
sich selbst an, erfahren, was ihr künftiger Brotgeber
bezahlen möchte, und besiegeln den Vertrag durch
Handschlag. Haben sie einmal eingeschlagen, können
sie nicht ohne weiteres wieder kündigen; dergleichen
ist erst eine Errungenschaft der Neuzeit.

Auf diesem Dienstbotenmarkt erscheinen, weil ihnen
„halt so fad" ist, zwei junge Weibsbilder und bieten

Deutsche Spielopern müssen
vor allem viele Ensembles
enthalten. Die einleitende
Szene ist ein Muster für sie
alle. Dennoch, Leben kommt
auf die Szene erst, wenn der
Chor der Pächterinnen und
Pächter etc. auf dem Markt
von Richmond losdonnern
kann.

49

sich als Mägde an. Und werden von zwei jungen Dienstherren angenommen.

Das Interessante daran: Die beiden Mägde sind in Wahrheit eine Ehrendame der Königin und deren Vertraute, eine Angehörige des Hochadels also und ihre engste Freundin, wahrscheinlich aus dem verarmten Landadel. Ein armer Trottel von Vetter, der keineswegs mit dem Spaß der beiden einverstanden ist, ist selbstverständlich ein echter Lord – er darf nur zusehen und jammern.

Und gleich noch einmal die Bitte um Verzeihung – es ist in dieser Oper auch nur darauf hinzuweisen, daß alles nach einer bewährten Schablone (musikalisch) richtig abläuft und daß wir wiederum nur einen einzigen Höhepunkt zu konstatieren haben: die berühmte Arie von der entschwundenen Martha. Oder, um den Freunden des Chorgesanges nicht weh zu tun, auch noch den Chor übers Porterbier, der gleichfalls bis heute in sämtlichen Wunschkonzerten vorkommt, also durchaus auch ein großer Einfall ist. Details aber, die eine gegenüber anderen Opern überraschende oder großartige Wendung oder Erfindung bedeuten würden, sind nicht vorzuweisen.

Die jungen Männer, die mit den neu erworbenen Mägden heimgehen, sind der Pächter Plumkett und sein Freund Lyonel, ein etwas undurchsichtiger Mann, dessen Vater ihm nicht Geld, sondern nur einen Ring hinterließ – in Gefahr sollte dieser Ring der Königin von England präsentiert werden, dann werde man schon sehen.

Derzeit aber gibt's keine Gefahr, sondern zwei Herren und zwei Mägde, die sich alle ungeschickt anstellen. Vor allem die spaßeshalber als einfache Mädchen Mitgehangenen wissen nicht, was sie jetzt tun sollen. Sie können ja die Arbeit, die man von ihnen verlangt, nicht wirklich leisten. Sie können sich aber auch nicht als scherzende adelige Fräulein zeigen, das wäre doch recht schandbar. Also sind sie zuerst einmal in Verlegenheit und schleichen sich dann in der ersten Nacht ihrer Mägdeschaft aus dem Haus. Ganz fein ist das allerdings nicht.

Die beiden Betrogenen, Plumkett und Lyonel, sind über den Verlust der Mägde einigermaßen hinweggekommen, sind eher betrübt, daß sie die beiden hübschen Mädchen nicht mehr sehen – sie scheinen gemerkt zu haben, daß das keine Diensttrampeln waren, sie scheinen verliebt. Sie sehen ihre beiden Mägde wieder: Die Königin hält in der Nähe eine Jagd ab, ihre Ehrendamen und deren Vertraute sind deshalb dabei, und Plumkett und Lyonel erkennen sie genau. Das also sind die Mägde Martha und Julia in Wahrheit? Der junge Lyonel reagiert falsch. Er schreit Betrug und beschimpft „seine" Martha, die in Wahrheit eine Lady Harriet ist. Er wird deshalb auch sofort arretiert und kann gerade noch den bewußten Ring an Plumkett weiterreichen; jetzt ist er ja in Gefahr, jetzt muß sich der Sinn des Ringes erweisen.

Plumkett hat's einfacher getroffen: Erstens ist er ein reicher Mann, und zweitens scheint „seine" Julia gar nicht abgeneigt, wieder ins Haus zu ziehen, wenn auch jetzt nicht mehr als Magd. Lady Harriet aber ist betroffen. Der Ring hat seine Wirkung getan, Lyonel ist, was er selbst nicht wußte, der Sohn eines einst verbannten Grafen, somit aus bester Familie. Er wäre sogar zu heiraten – doch er ist entsprechend seiner aristokratischen Herkunft auch ein Dickschädel und will mit der geliebten Martha nichts zu tun haben, seit er weiß, daß sie eine kapriziöse Lady ist.

Wie kommt man da zu einem Ende? Die stolze Dame muß es arrangieren. Sie läßt eigens zu diesem Zweck den Markt von Richmond zur falschen Jahreszeit noch einmal eröffnen und bietet sich dem Herren Lyonel, jetzt Graf, wieder als Magd an. Da kann allerdings auch er nicht widerstehen. Und um 1700 waren die Ehegesetze noch anders, von einer raschen Scheidung nach der nächsten Laune junger Damen wollte man damals gar nichts wissen...

CHRISTOPH WILLIBALD GLUCK

Orpheus und Eurydike

Oper in drei Akten. Dichtung von Raniero di Calzabigi.

URAUFFÜHRUNG: Paris, 1774.
SOLISTEN: *Orpheus* (Italienische Fassung: Dramatischer Alt; Französische Fassung: Tenor) – *Eurydike* (Sopran) – *Eros* (Sopran). Schäfer und Schäferinnen, Furien, Höllengeister, selige Geister.

SCHAUPLÄTZE: Einsamer Hain von Lorbeerbäumen und Zypressen mit Eurydikens Grab – Schreckenerregende felsige Gegend jenseits des Styx – Ideale Landschaft in den Elysäischen Feldern – Finstere Höhle mit vielfach gewundenen Irrgängen – Prächtiger, dem Eros geweihter Tempel.
DAUER: 1 Stunde.

Das ist Vermessenheit; ich will versuchen, die Fabel von Orpheus zu erzählen. Sie ist in ihrer Einfachheit kaum darstellbar. Und entweder ganz leicht oder nie zu begreifen.

Orpheus ist nicht ein Sänger, er ist die personifizierte Musik. Wenn er um seine an einem Schlangenbiß verstorbene Eurydike trauert, dann tut er dies auf so grandiose Weise, daß um ihn herum die Welt zu trauern beginnt. Wenn er klagt, dann wird seine Klage zu unvergänglicher Kunst.

Kein Wunder also, daß seinetwegen auch ein Wunder geschieht. Die Götter erklären, Orpheus könne Eurydike ins Leben zurückholen. Er muß in die Unterwelt, in die Welt der Toten. Er hat nur eine Bedingung zu erfüllen, er darf seine Eurydike erst wieder sehen, wenn er mit ihr zurück ist, erst diesseits der Schwelle. In der Unterwelt darf er sie nicht sehen.

Welcher Lebendige sollte auch dazu imstande sein, mit einer Toten zu konversieren? Mit Geschöpfen der Unterwelt meinetwegen, doch nicht mit Verstorbenen.

Orpheus bezwingt durch seine Kunst, durch seinen Gesang, die Höllenhunde, die Wächter an der Schwelle. Das muß er auch, schließlich ist ihm ja zugesichert, daß er an den Ort gelangt, an dem Eurydike jetzt ist. In der ganz und gar unwirklich und gleichsam aus Schatten bestehenden Sphäre, in der einer der Schatten seine Eurydike ist, ist Orpheus immer noch der große Künstler, doch er hat merkbar an Bedeutung verloren. „Drüben" macht man sich nicht mehr so viel aus einem Musiker. Immerhin, man gibt ihm seine Eurydike, man stellt sie gleichsam aus bereits seliger entmaterialisierter Materie noch einmal her und läßt sie eine Hand nach Orpheus ausstrecken.

52

Und Orpheus beginnt seine Wanderung zurück. Er weiß, daß er seine Geliebte an der Hand führt, und er vergißt nicht, daß er eine Art Probe zu bestehen hat, daß er sie erst auf Erden wieder umarmen darf. Eurydike, die davon nichts weiß, stellt sich wie eine zwar verliebte, doch auch dumme Person an. Sie will, daß Orpheus sie sofort, auf der Stelle liebt. Sie begreift nicht, daß es etwas Außergewöhnliches ist, was da geschieht. Sie benützt schließlich einen ziemlich einfachen Trick, um ihren Willen zu haben: Sie erklärt, sie sterbe. Und Orpheus dreht sich zu ihr um – worauf Eurydike, wie es vereinbart war, noch einmal stirbt. Sie hat es nicht anders verdient.

Gluck uns ahnen, daß menschliche Leidenschaften dort keinen Platz mehr haben.

Die zweite Klage des Orpheus, der jetzt Eurydike nicht nur durch einen unglücklichen Schlangenbiß, sondern durch Eurydike und sich selbst verloren hat, ist machtvoller als die erste. Sie besteht aus Selbstanklage und dem Willen, selbst auch zu sterben. Soll Orpheus allein zurück auf die Erde? Ist es nicht besser, in dieses Nichts zu gehen, aus dem Eurydike nicht zurückzuholen war?

Wiederum eine „Kennmelodie". Und doch sollte man bewundern, wie sie aus der Handlung wächst.

Als man dergleichen noch als eine Frage ansah, war man auch der Ansicht, es gehöre zur Moral einer Geschichte, daß sie eine Antwort gibt. Die Mode der unbeantworteten Fragen gab es noch nicht. Erst eine Antwort machte ein Stück aus.

Darum erhält Orpheus auch eine Antwort auf seine zweite selbstzerstörerische Frage. Die Götter geben ihm seine Eurydike ohne weitere Bedingung wieder. Sonst bekäme er sie nie, und der Inbegriff der Kunst ginge zugrunde. Orpheus allein hat Eurydike erlöst und kann mit ihr auf Erden bleiben. Die Götter haben begriffen, daß man die Liebe über alles stellen muß, auch über harte Bedingungen, die man vorher selbst gestellt hat. Orpheus und Eurydike feiern – nicht die Götter, den Gott der Liebe. Er ist der Mächtigste von allen.

Die Praxis, den Opernabend mit einem Ballett zu schließen, scheint uns „unmodern", ist aber im vorgegebenen Fall die einzig denkbare – man muß vor Freude über den positiven Ausgang tanzen. Was sonst?

53

Leoš Janáček

Jenufa

Oper aus dem mährischen Bauernleben in drei Akten.
Dichtung von Gabriele Preiß.

Uraufführung: Brünn, 1904.
Solisten: *Die alte Buryja,* Ausgedingerin und Hausfrau in der Mühle (Alt) – *Laca Klemen* (Tenor) – *Stewa Buryja* (Tenor), Stiefbrüder, Enkel der alten Buryja – *Die Küsterin Buryja,* Witwe, Schwiegertochter der alten Buryja (Sopran) – *Jenufa,* ihre Ziehtochter (Sopran) – *Altgesell* (Bariton) – *Dorfrichter* (Baß) – *Seine Frau* (Spielalt) – *Karolka,* ihre Tochter (Soubrette) – *Eine Magd* (Mezzosopran) – *Barena,* Dienstmagd in der Mühle (Sopran) – *Jano,* Schäferjunge (Sopran) – *Tante* (Alt) – *1. Stimme* (Sopran) – *2. Stimme* (Bariton).
Ort: Der I. Akt spielt in der Mühle der Buryja, der II. und III. Akt in der Stube der Küsterin.
Schauplätze: Einsame Mühle im Gebirge, rechts vor dem Haus ein Vorbau aus Holzpfählen, gefällte Baumstämme, hinten die Bachrinne – Slowakische Bauernstube, Ofen, Bett mit hochaufgeschichteten Federbetten.
Zeit: Ende des 19. Jahrhunderts. Zwischen dem I. und II. Akt liegt ein halbes Jahr, zwischen dem II. und III. Akt sind zwei Monate vergangen.
Dauer: 2½ Stunden.

Das einzige, das dem Leser zuletzt an diesem Drama erstaunlich sein darf, ist, daß es außer einem erregten Drama auch eine Oper geworden ist – die Handlung selbst liest sich wie ein grausiger Kriminalbericht „aus dem mährischen Bauernleben".
Bei einer einsamen Mühle leben Menschen zu dicht beieinander. Da ist die alte Küsterin Buryja mit zwei sehr verschiedenen Enkeln, da ist die junge Jenufa, eine Ziehtochter der Buryja. Die beiden Burschen sind in sie verliebt, der wilde Stewa hat ihr ein Kind gemacht, der ruhige Laca betet sie an. Von dem Kind, das da unterwegs ist, weiß vorläufig nur Jenufa, die jetzt hoffen

muß, daß man ihren Stewa nicht zum Militär verpflichtet und daß er sie heiratet – mit einem unehelichen Kind wäre sie geächtet.

Stewa wird nicht eingezogen, er macht trotzdem keine Anstalten, Jenufa zu heiraten. Vom Kind weiß er nichts, und ansonsten ist er ein zu oft betrunkener Bursche, dessen Großmutter sogar erklärt, er habe erst einmal ein Jahr nüchtern zu bleiben, bevor er Jenufa überhaupt um ihre Hand bitten darf: Auch diese Großmutter weiß halt nicht, daß es anders sehr viel besser wäre. Der schüchterne Laca, der nicht begreifen kann, daß sich Jenufa an einen Mann hängt, der augenscheinlich nicht zu heiraten ist, macht Unsinn, wie er nur Schüchternen gelingt. Er will Jenufa mit Gewalt für sich einnehmen, sie mit Gewalt küssen. Sie reagiert mit Schlägen, er zieht sein Messer und zerschneidet ihr die Wange – der schüchterne Verliebte.

Jenufa muß ihrer Ziehmutter, der alten Küsterin, von dem Kind erzählen. Die reagiert, wie alte Frauen reagieren. Sie versteckt Jenufa und läßt sie heimlich das Kind zur Welt bringen. Dann aber sieht sie die Situation härter und grausamer als die junge Mutter – in einer gräßlichen Nacht versucht sie, Ordnung in der Welt zu schaffen. Sie gibt Jenufa einen Schlaftrunk und nimmt ihr somit einmal die Verantwortung. Dann versucht sie, Stewa dazu zu bringen, Jenufa zu heiraten. Der lehnt ab. Er spürt keine Liebe mehr zu der Frau. Bleibt noch Laca. Die alte Küsterin bittet auch ihn, er möge Jenufa heiraten. Sie habe zwar ein Kind zur Welt gebracht – im letzten Moment bringt die Küsterin allerdings auch noch die gräßliche Lüge über die Lippen, dieses sei aber gestorben, Jenufa sei also ganz, ganz frei.

Und muß darauf tun, was sie bis dahin zwar vorgehabt hat, wovor aber sogar sie Angst hatte. Sie muß das Kind rasch töten. Sie tut's und erklärt der erwachenden Jenufa, das Baby habe Fieber gehabt, sei krank gewesen; und in dieser Zeit sei es gestorben; Stewa habe sich verlobt – aber Laca sei immer noch da und wäre bereit, sie jetzt zu heiraten.

Was tut eine Frau, der man all dies berichtet? Wird sie

Etwas Prinzipielles: Janáčeks Melodien, aber auch die langen, komplizierten Folgen, entstehen aus dem Sprachrhythmus – selbst in der Übersetzung merkt man das noch. Und Janáček hat ununterbrochen notiert, wie auch Wasser und Wind und alle Naturerscheinungen ihm einen charakteristischen Rhythmus suggerieren. Die uns zuerst sogar monoton klingenden Aneinanderreihungen von Schreien oder Seufzern – sie sind die in Musik gefaßte mährische Sprache, nichts weiter.

Die Partie der Küsterin: Wie geschaffen für eine erfahrene, ausdrucksstarke Altistin, wie jedes große Opernhaus sie im Ensemble hat.

Seltsamerweise ist auch die Jenufa nicht auf gefährliche Töne, sondern Intensität komponiert, auch sie aber kann von reifen Frauen gesungen werden.

wahnsinnig? Jenufa ist immerhin stark genug, nicht ganz wahnsinnig zu werden. Sie erklärt Laca, warum er mit ihr keine Freude haben werde. Dann aber ist sie bereit, ihn dennoch zu heiraten. Er muß nur wissen, daß er eine sehr unglückliche Frau bekommen wird. Er bekommt eine viel unglücklichere. Am Hochzeitstag will man sich versöhnen, der wilde Stewa ist mit seiner Braut da und murmelt so etwas wie „nichts für ungut", Jenufa ist so teilnahmslos, wie man das von einer Person in ihrer Situation annehmen darf. Da kommt der Skandal wieder ins Haus. Man hat den Leichnam des Kindes gefunden. Jenufa erkennt, daß es ihr Baby ist, die Hochzeitsgäste verstehen ganz rasch, daß nur Jenufa es umgebracht haben kann, um doch noch zu einem Mann zu kommen.

Die Küsterin aber tut noch einmal ihre Pflicht. Sie erklärt, wie es wirklich war. Daß sie den lieben Gott spielen wollte. Daß sie das Hindernis aus der Welt schaffte. Daß sie alle Strafe verdient hat. Über dieser starken Erklärung einer alten Frau vergessen die anderen, was geschehen ist. Begreifen alle, daß jetzt sie außerordentlich stark sein müssen. Jenufa verzeiht ihrer Ziehmutter. Laca hat genug Liebe im Leib, um bei Jenufa zu bleiben. Die Nachbarschaft wird helfen. Alle haben genug gelitten. Das Leben wird weitergehen. Es muß ja weitergehen. Es können sich ja nicht alle rundum umbringen. Vielleicht wächst aus der Ehe Jenufas mit dem schüchternen Laca wieder neues Leben?

Wenn man's genau nimmt, gibt es in diesem Spiel wie im Leben zuletzt nur hart getroffene Menschen. Und doch nehmen sie alle ihr Schicksal auf sich und beschließen, weiterzuleben. Und das ist das Erschütternde, das Wahre. Die Wahrheit: Daß es immer weitergehen muß.

WILHELM KIENZL

Der Evangelimann

Musikalisches Schauspiel in zwei Aufzügen. Dichtung vom Komponisten.

URAUFFÜHRUNG: Berlin, 1895.
SOLISTEN: *Friedrich Engel,* Justiziär im Kloster St. Othmar (Baß) – *Martha,* dessen Nichte und Mündel (Dramatischer Sopran) – *Magdalena,* deren Freundin (Alt) – *Johannes Freudhofer,* Schullehrer zu St. Othmar (Bariton) – *Matthias Freudhofer,* dessen jüngerer Bruder, Aktuarius im Kloster (Tenor) – *Xaver Zitterbart,* Schneider (Tenor) – *Anton Schnappauf,* Büchsenmacher (Baß) – *Friedrich Aibler,* ein älterer Bürger (Baß) – *Dessen Frau* (Mezzosopran) – *Frau Huber* (Sopran) – *Hans,* ein junger Bauernbursch (Tenor) – Die Stimme des *Kegelbuben* (Sopran) – Die Stimme des *Nachtwächters* (Baß) – *Eine Lumpensammlerin* (Mezzosopran) – *Ein Knabe* (Sopran) – *Ein alter Leiermann* (Stumme Rolle).
ORT: Der I. Aufzug spielt im Benediktinerkloster St. Othmar in Niederösterreich, der II. Aufzug in Wien.
SCHAUPLÄTZE: Klosterhof zu St. Othmar; im Hintergrund rechts die Stiftskirche, links durch einen offenen Kreuzgang verbunden das Kloster; Vordergrund: links das Klosterwirtshaus, rechts mit Weinlaub umrankter Spielerstand einer Kegelbahn, hinter dem Spielerstand hohe Tenne – Ein Hof, von den Rückseiten verschiedener Häuser gebildet, im Hintergrund rechts ein altgeschwärzter „Durchgang", im Hause rechts vorn offener Eingang zu einer Küche, in der Mitte Linde mit herbstlich gefärbten Blättern, links davon ein Brunnen – Großes Wohnzimmer eines wohlsituierten Junggesellen, links vorn freistehendes Ruhebett, links seitwärts Fenster, gegenüber und im Hintergrund je eine Tür.
ZEIT: Das 19. Jahrhundert (1820–1850). Zwischen dem I. und II. Aufzug liegt ein Zeitraum von dreißig Jahren.
DAUER: 2½ Stunden.

Ausgerechnet dann, wenn man mir von einer Oper erklären möchte, die sei wahrlich absurd erfunden, habe ich die schönste aller Antworten parat: Sie basiert auf einer ganz und gar realen Begebenheit. Sie ist dem Leben nachgebildet, und dieses ist halt so absurd, daß man, wenn man nichts Näheres weiß, die Geschichte für sehr künstlich halten kann. Ich habe das Beispiel schon zur Hand.

Matthias Freudhofer ist Amtsschreiber im Kloster St. Othmar in Niederösterreich. Das heißt, er hat einen sehr bescheidenen Posten und kann es sich nicht leisten, die schöne Martha zu heiraten – sie ist die Nichte des Justiziärs Friedrich Engel und hat daher bessere Aussichten. Johannes Freudhofer ist Lehrer und gleichfalls in Martha verliebt – er wiederum hat keine Aussichten, weil Martha den bescheideneren Bruder liebt, wenn der auch angeblich an sie gar nicht denken darf.

Der böse Bruder wird nicht gern zurückgestoßen, er verrät zuerst Matthias Freudhofer an den strengen Onkel, worauf dieser den Amtsschreiber entläßt. Und er macht sich darauf noch einmal an Martha heran – worauf diese ihn wieder abblitzen läßt.

Damit ist das Repertoire des bösen Johannes Freudhofer keineswegs erschöpft. Er hört, wie sich die Liebenden noch einmal treffen wollen, um Abschied voneinander zu nehmen, er legt zu diesem Zeitpunkt Feuer im Stift, und er erreicht, was er erreichen will: Man vermutet, der aus dem Amt gejagte Matthias Freudhofer sei ein Brandstifter und sperrt ihn ein. Daß der böse Bruder dadurch keineswegs ans Ziel seiner Wünsche kommt, kann man nicht ausgleichende Gerechtigkeit nennen: Martha geht aus Verzweiflung ins Wasser und ist somit für jeden der beiden Brüder verloren. Für den guten wie den bösen.

Sehr viele Jahre später gibt es das absurd erscheinende Wiedersehen. Ausgerechnet in das Wiener Haus, in dem der böse Freudhofer krank und unglücklich lebt, kommt sein Bruder. Er ist ein Evangelimann geworden, das ist kaum etwas anderes als ein Bettler – ein Mann, der sich seine Groschen damit verdient, daß er

Ein Liebesduett „Wir halten uns umfangen", das nicht so populär geworden ist wie die Hauptmelodie der Oper, ist immerhin wunderschön. Da haben Sopran und Tenor beinahe italienisches Format.

Stimmt: In dem Wiener Hinterhof hört man einen Walzer, der nicht von Kienzl ist. Ein erlaubtes Zitat.

58

durch die Gassen geht und nicht weltliche Lieder, sondern fromme Bibelverse singt.

Magdalena, die vor den sehr vielen Jahren in St. Othmar eine Freundin der unglücklichen Martha war und nie an die Brandstiftung des Matthias Freudhofer geglaubt hatte, erkennt in ihm den Evangelimann. Sie riskiert viel, denn sie bittet ihn zu einem kranken Sünder – sie bittet ihn zu dem, der am Unglück seines Bruders schuld ist.

Der arme Evangelimann erfährt erst von seinem todkranken Bruder, wie das damals war. Daß sein eigener Bruder der Brandstifter war und daß sein eigenes Unglück und der Tod der geliebten Martha auf das Konto dieses Mannes gehen, der jetzt von ihm Verzeihung haben will. Der Evangelimann verzeiht.

Das ist sehr rührend und sehr unwahrscheinlich, wird man sagen. Ja, sage ich. Aber so ungefähr hat es sich nachweislich abgespielt. Denn manchmal ist das Leben auch rührend und beinahe unwahrscheinlich. Das macht es erst zum Leben.

Und jetzt kommen, ganz rasch aufeinander, gleich zwei große musikalische Szenen. Die herrliche Altarie von den schönen Jugendjahren und dann der große Auftritt des Evangelimanns – die Szene mit Kinderchor und dem Versuch, diesem das Evangeliensprüchlein zu lehren, hat noch jeden Opernbesucher gerührt. Man überlege, wie reizvoll es ist, wenn auf der Opernbühne Musik gelehrt wird. Der dritte Akt, die Auseinandersetzung der Protagonisten, fällt da durchaus ab. Der Jubel wird nur im zweiten Bild errungen.

RUGGIERO LEONCAVALLO

Der Bajazzo

Drama in zwei Akten und einem Prolog. Dichtung vom Komponisten.

URAUFFÜHRUNG: Mailand, 1892.
SOLISTEN: *Canio,* Haupt einer Dorfkomödiantengruppe; in der Komödie: Bajazzo (Tenor) – *Nedda,* sein Weib; in der Komödie: Colombine (Koloratursopran) – *Tonio,* Komödiant; in der Komödie: Taddeo (Bariton) – *Beppo,* Komödiant; in der Komödie: Harlekin (Tenor) – *Silvio,* ein junger Bauer (Bariton) – *Ein Bauer* (Baß).
ORT: Bei Montalto in Kalabrien.

59

SCHAUPLÄTZE:Platz vor der Dorfmauer, rechts eine aus Brettern aufgebaute Bühne.
ZEIT: 15. August 1865.
DAUER: ca. 1 Stunde.

Dies ist noch eine der ganz besonderen und wirklich an den Fingern einer Hand abzuzählenden Ausnahmen: eine aufwühlende Geschichte nämlich, die ganz und gar nicht erfunden ist, sondern sich vor den Augen desjenigen zugetragen hat, der Jahrzehnte später begriff, daß sie mehr als erzählenswert sei.

Wen wundert es, wenn der Erzähler das eigens erwähnt, wenn er mit Nachdruck darauf hinweist, wenn er einen Stellvertreter vorschickt, der uns alle darauf aufmerksam macht, daß nicht die Dichtung, sondern die Wahrheit gezeigt wird? Einen, der in der Welt des Scheins und des Trugs daheim ist, kann es nicht wundern.

Wir alle werden mit der Welt des Theaters bekannt gemacht. Mit einer Welt, von der wir entweder gar keine oder sehr übertriebene Vorstellungen haben – wir setzen uns entweder vor eine Bühne und denken nicht darüber nach, wie es denn möglich ist, daß auf dieser plötzlich Personen auftauchen, die uns Liebe und Tod vorspielen. Oder wir kommen bereits mit der Hoffnung ins Theater, es werde sich vor unseren Augen Betörendes ereignen, irgendwo hinter der Szene aber Geheimnisvolles, Verruchtes, Sündhaftes abspielen.

Die Wahrheit liegt zumeist irgendwo in der Mitte. Nur dieses eine Mal ist sie nicht in der Mitte, sondern ganz und gar auf der Seite der Sensationshungrigen. Auf dem Theater spielen sich sowohl Unterhaltendes als auch gräßliches Leben ab.

In ein kleines italienisches Dorf zieht eine wandernde Truppe ein. Sie hat ihr aufklappbares Theater mit, sie kommt mit Wohnwagen und Kulissenwagen, sie besteht aus nur wenigen Herrschaften, die Ausrufer, Bühnenarbeiter und Schauspieler zugleich sind. Der Unterschied zu einem Wander-Circus ist kaum mehr erkennbar. Nur die gezähmten Tiere fehlen.

Der berühmte Prolog vor dem Vorhang endet mit einem vom Komponisten nicht geforderten hohen A. Wenn der Sänger es allerdings korrekterweise nicht singt, meint man im Publikum, um einen Höhepunkt betrogen zu sein.

60

Vielleicht gerade deshalb ist die Faszination, die die wandernden Schauspieler ausstrahlen, enorm. Sie bringen Abwechslung und Aufregung in den Alltag. Die Vorstellung am Abend wird ohne jeden Zweifel gut besucht sein, der Andrang aber „hinter der Bühne", das Interesse zum Beispiel, erst einmal mit dem Prinzipal der Truppe ein Glas Wein zu trinken, ist noch größer. Seine Bekanntschaft muß man gemacht haben, wenn man im Dorf für die nächsten Wochen etwas gelten will.

Die Truppe, deren Prinzipal Canio heißt, besteht aus ganz wenigen Personen. Vor allem aus Nedda, der Frau Canios, die jung und verführerisch wirkt, wie alle Schaustellersfrauen. Dann noch aus Tonio, dem nebstbei die schwere Arbeit zugeteilt ist und im Stück die Partie des Komikers oder des Dummkopfs. Und aus Beppo, dem jungen Burschen, der die leichteren Arbeiten zu erledigen hat und ein wenig tanzen kann.

Mit dieser Art von Truppe kann man, selbst bei einigen Verkleidungen, keine großen Theaterstücke aufführen. In Italien hält man sich, sofern man nur zu viert ist, an die alten Theaterformen und nennt sich – ich bleibe in der Reihenfolge – Bajazzo, Colombine, Taddeo und Harlekin.

Mit vier Menschen, die auf engem Raum zusammenleben und arbeiten müssen, kann man allerdings ein Drama hinter den Kulissen erleben, dafür brauchen sie allesamt gar keine Namen, man könnte sie – wieder in der Reihenfolge – einfach Ehemann, Ehefrau, verschmähter Liebhaber und freundlicher Junge bezeichnen. Beppo oder Harlekin oder freundlicher Junge wäre allerdings auch um der Geometrie willen als glücklicher Liebhaber zu führen, doch das Drama besteht ja ausdrücklich nicht aus Geometrie, sondern aus Leben. Also gibt's zwar die Ehefrau Nedda, die sich von der Komödiantengruppe wegsehnt, und den häßlichen Burschen Tonio, der Nedda liebt, aber nicht bekommt. Derjenige aber, der Nedda glücklich liebt – und ihr die Aussicht auf eine Flucht in ein anderes Leben schenkt –, ist nicht der kleine Komödiant Beppo, sondern ein junger Mann namens Silvio. Ein junger

Der Aufzug der Komödianten mündet, wie es sein muß, in die erste große Szene des Bajazzo – gleichsam zum Aufwärmen lädt er das Publikum für den kommenden Abend ein. Der Opernfreund weiß nach dieser ersten Szene schon, ob es ein guter Bajazzo sein wird . . .

Nedda wird sehr oft von einem einstigen Koloratursopran gesungen: eine dankbare Partie, weil man mit einer vor allem gut angelegten Arie sich den Beifall holen kann. Auch ältere Sängerinnen hängen an ihrer Nedda.

61

Silvio dagegen ist zumeist unterbesetzt. Man bedenke: Er hat kaum eine Szene und soll sich dazu hergeben, neben dem Bajazzo um jeden Beifall umzufallen. Wer macht das schon?

Man würde glauben, die große Bajazzo-Arie sei schwer: Kaum anderswo gibt es so viele Gelegenheiten zu schwindeln. Jeder schlimme Ton kann auch mit einem Seufzer vertuscht werden. Und zuletzt hat der Tenor eine lange Orchesterpassage, in der er traditionsgemäß laut weinen darf – unnachahmlich waren darin alle die Italiener, die vorher auch herrlich sangen.

Mann, wahrscheinlich ein Bauer aus der Umgebung: Er folgt der reisenden Truppe seit Tagen und will Nedda für sich haben.

Silvio und Nedda, die beide nicht bedenken, daß sie nicht zusammenpassen, verabreden gemeinsame Flucht, werden dabei von Canio überrascht, den der verschmähte Tonio rechtzeitig aus dem Wirtshaus geholt hat. Silvio kann allerdings davonlaufen, und Nedda verrät den Namen ihres Idols nicht, obgleich ihr Mann sie mit dem Tod bedroht: Doch das Publikum, das langsam zur „Vorstellung" kommt, besänftigt den Prinzipal der Komödianten nicht, sondern zeigt ihm nur sehr deutlich, was seine einzige Aufgabe ist. Er muß um sehr wenig Geld die anderen zum Lachen bringen, und niemand hat zu wissen, was er gerade jetzt lieber täte.

Hätte er Zeit, seine Eifersucht und seine starken Gefühle an Nedda auszulassen, vielleicht käme sie mit einer Tracht Prügel davon. Aber Canio muß sich schminken, muß sich in Bajazzo, in einen weißen, traurigen Clown verwandeln; das besänftigt ihn nicht, das bringt ihn zur Raserei.

In der „Komödie", die man aufführt, ist allerdings ein perfektes Abbild der Tragödie verborgen, die man nicht aufführt, sondern erlebt. Colombine hat ihre unschuldigen Freuden mit Harlekin, denn ihr Mann Bajazzo ist nicht daheim. Taddeo, der gleichfalls in Colombine verliebte häßliche Mensch, wird von dem glücklichen Liebespaar verlacht. Alle werden sie von Bajazzo überrascht.

Von Bajazzo? Selbstverständlich fällt der alte Komödiant aus seiner Rolle, spielt er die viel aufregendere und auch ihn befriedigendere Partie des wirklich verlachten Ehemanns, spielt er sich selbst als Bajazzo, und das so intensiv, daß das Publikum nicht mehr amüsiert, sondern gerührt ist und die Mitspieler begreifen, daß sich ihr Prinzipial längst vom Text fort zur Wahrheit gesteigert hat: Nedda, schließlich auch eine Schauspielerin, vergißt gleichfalls den einstudierten Text und antwortet auf die Frage nach dem Namen ihres Liebhabers nicht mehr mit Worten aus der Komödie, son-

dern mit einem Liebesschwur an ihren jungen Liebhaber, den sie nie verraten wird.

Unerhört, einfach erschreckend. Auf der Bühne wird
plötzlich so heftig und wahrhaftig gesprochen, daß
alle, auch die im Publikum, begreifen, daß von Schau-
spielerei nicht mehr die Rede sein kann. Da ist wirklich
ein rasender Ehemann, da ist wirklich eine Frau, die
weg will von ihm, und sei es auch in den Tod.

Bajazzo ersticht Nedda. Canio ersticht sie, mit einem
wirklichen Messer. Ihr allerletzter Schrei gilt Silvio.
Der rast auf die Bühne und läuft Canio ins Messer.
Auch in das ganz und gar wirkliche, tödliche Messer.
Canio aber ist plötzlich wieder Bajazzo, Komödiant,
Prinzipial einer Truppe. „Die Komödie ist zu Ende",
ruft er ins Publikum, das jetzt wenigstens einen Herzschlag lang nicht weiß, ob es einem Schauspiel oder
dem Leben in die Karten gesehen hat.

Man höre einmal genau hin, wenn man dazu die Kraft hat: Bis zuletzt können im „Ba-jazzo" mit Ausnahme des Komödianten Beppo alle In-terpreten ihren Erfolg auch durch Urlaute erringen. Das Drama ist stark genug.

ALBERT LORTZING

Der Wildschütz

Komische Oper in drei Akten. Dichtung vom Komponisten.

URAUFFÜHRUNG: Leipzig, 1842.
SOLISTEN: *Graf von Eberbach* (Bariton) – *Die Gräfin,*
seine Gemahlin (Alt) – *Baron Kronthal,* Bruder der
Gräfin (Tenor) – *Baronin Freimann,* eine junge Witwe,
Schwester des Grafen (Koloratursopran) – *Nanette,* ihr
Kammermädchen (Mezzosopran) – *Baculus,* Schulmei-
ster auf dem Gut des Grafen (Baß) – *Gretchen,* seine
Braut (Soubrette) – *Pankratius,* Haushofmeister auf
dem gräflichen Schloß (Baß).
ORT: Der I. Akt spielt in einem eine Stunde vom
Schloß gelegenen Dorf, der II. und III. Akt im Schloß
selbst.

63

SCHAUPLÄTZE: Ländliche Gegend, seitwärts das Haus des Schulmeisters, diesem gegenüber Gretchens Wohnung, im Hintergrund das Wirtshaus – Eleganter Salon mit Billard im Schloß zu Ebersbach – Eleganter Park mit Gittertor im Hintergrund, links ein Pavillon, rechts Eingang zum Schloß und Laube.
ZEIT: Anfang des 19. Jahrhunderts.
DAUER: ca. 3 Stunden.

Ich bitte – wieder einmal – um Vergebung. Partienweise läßt sich zu dieser Oper wenig sagen. Nur: Wie in allen deutschen Opern sind die Szenen mit Chor, vor allem diejenigen, bei denen ein Vorsänger die anderen zum Nachsingen animiert, besonders erfolgreich. Gleich zu Beginn also der ABC-Chor des Baculus zum Beispiel. Und zur Introduktion des zweiten Aktes, nur geringfügig abgewandelt, der Chor der Dienerschaft bei der vorlesenden Gräfin.

Um nicht zu bemerken, es handle sich auch hier um eine Geschichte voll Widersinn, muß man wenigstens einen Augenblick daran denken, daß es einmal eine Zeit gegeben hat, in der Standesunterschiede noch sehr viel deutlicher waren als heutzutage, wo sie – unter uns – ja noch keineswegs überwunden sind. Soll doch einmal einer versuchen, als einfacher Arbeiter in eine Familie von Akademikern einzuheiraten...
Daß somit ein zwar nicht mehr junger, aber in fixer Position befindlicher Dorflehrer für ein junges, aber unerhört armes Mädchen eine gute Partie darstellt, müssen wir einfach glauben. Baculus ist der Schulmeister, Gretchen ist die Braut, und ein ganzes Dorf feiert die bevorstehende Hochzeit des an Jahren so ungleichen Paares.
Der alte Bräutigam hat, nicht reich genug, um eine Hochzeit teuer ausrichten zu lassen, im Gehege des reichen Grafen gewildert, hat einen Rehbock geschossen und glaubt, dabei erwischt worden zu sein – er fürchtet sich, er zittert um seine Stellung, er hat den typischen Lakaiengedanken, seine junge Braut aufs Schloß zu senden, damit sie um Gnade bitte. Typisch, denn er weiß einerseits, daß der junge Graf junge Mädchen gerne sieht, und er ist andererseits seiner Stellung wegen eher besorgt als der Unschuld seines Gretchens wegen.
Um eine einfache Geschichte zu komplizieren, müssen an dieser Stelle wenigstens zwei als Männer verkleidete Frauenspersonen her. Die Schwester des Grafen und ihr Kammermädchen sind aufs Schloß eingeladen, ganz offensichtlich soll bei dieser Gelegenheit die Schwester einen Bräutigam und späteren Ehemann erhalten; sie

64

ahnt das, und deshalb ist sie verkleidet. Sie hat ihren Bruder seit ihrer Kindheit nicht gesehen und hofft, daß ihr absurdes Inkognito wenigstens ein paar Tage halten wird.

Fazit? Die beiden verkleideten Weibsbilder werden vom Schulmeister Baculus in dessen Pläne eingeweiht, erkennen, daß sich hier noch eine bessere Chance bietet, und vereinbaren etwas ganz Einfaches. Sie werden sich als „Mädchen" rückverkleiden, die Schwester des Grafen wird als Gretchen aufs Schloß gehen und versuchen, um Gnade für Baculus zu bitten – sie kommt so sehr viel einfacher zu ihrem Bruder, Baculus wiederum ist jetzt der (halb dummen, halb vernünftigen) Ansicht, so könne man verhindern, daß sich der Graf seine Gnade zu handgreiflich abkaufen läßt.

Und um die jetzt schon genügend komplizierte Geschichte zur Farce zu machen, gibt's eine weitere „Verkleidung". Denn der Baron, der als zukünftiger Ehemann für die allen unbekannte Schwester des Grafen angekündigt ist, ist gleichzeitig der Schwager des Grafen, hat sich aber auch seit undenklicher Zeit nicht in der Familie sehen lassen und ist jetzt als „Stallmeister" eingeritten, hat sogar seiner eigenen Schwester den Hof gemacht und fühlt sich herrlich – er will die Heiratskandidatin erst einmal sehen, bevor er sich zu erkennen gibt.

Daß also jetzt füreinander bestimmte Adelige sich zuerst einmal als „Stallmeister" und „Gretchen" sehen, ist äußerst ungewöhnlich, gehört aber zu den immerhin möglichen absurden Situationen, die man sich ja ausdenken kann. Sie mißtrauen einander, sie wollen, einer im anderen, die adelige Herkunft beinahe bemerken – sie finden einander überaus sympathisch und sagen sich, daß da wirklich nur der Standesunterschied abgeschafft sein müßte, dann würden sie sehr aneinander hängen. Und das ist wirklich nicht absurder als die Idee von den verschiedenen Klassen von Menschen – oder?

Völlig naiv und von dem Versteckspiel unbetroffen ist nur eine Dame. Die Gräfin auf dem Schloß, die ihrer Dienerschaft Vorlesungen hält und sowohl an die

Die zweite mögliche Anmerkung: Die besten Arien sind wieder einmal den Männern vorbehalten. Die große 10.000-Taler-Arie des Baculus ist immer Anlaß zu großen Hervorrufen für den leicht gealterten Darsteller, und die wirklich jugendlich frische Arie des Grafen gibt dann im letzten Akt einem bis dahin blassen Mann Gelegenheit, seine Stimme zu erproben.

Der Sinn für Proportionen kommt im Finale noch einmal hübsch hervor. „So hat mich nicht getäuschet/die Stimme der Natur" ist eigentlich eine Anspielung auf den Untertitel der Oper und ein Rückfall in alte Singspielpraxis.

Treue ihres Mannes wie auch an ihre unantastbare Position glaubt. Daß ein junger Stallmeister sie verehrt, kann sie beim besten Willen nicht ernst nehmen – sie begreift nur, daß ihre besondere Persönlichkeit und ihre Bildung sogar für sie zu junge Menschen überwältigen. Und damit ist sie einverstanden.

In ihrem Schloß geht es daher ausnehmend wild zu. Der Schulmeister kommt, um vom Grafen Verzeihung zu erbitten, die zweifach verkleidete Schwester des Grafen wird vom Grafen und vom ihr in Wahrheit zugedachten Schwager des Grafen umworben – und während jeder Mann dem anderen mißtraut und also immer einer zu viel im Zimmer bleibt, damit nur ja keiner Gelegenheit hat, mit dem hübschen „Gretchen" allein zu sein, weiß auch keiner, mit wem er flirtet. Daraus wird eine lange Nacht, und keiner geht befriedigt zu Bett. Immerhin geht's am nächten Tag rasch, und alle Knoten und Verwirrrungen lösen sich sofort. Denn man kommt drauf, daß jedermann nur „der Stimme der Natur" gefolgt ist. Daß also jedermann von dem Stand ist, den der entsprechende Partner erwarten darf: Am Abend hat der „Stallmeister" dem Schulmeister Geld für das „Gretchen" geboten, und Baculus, der nicht nur geldgierig, sondern auch dumm ist, bringt jetzt seine wirkliche Braut, um den Verkauf in die Wege zu leiten. Das ist als auslösendes Moment genug, Baron und Baronin können einander mögen, Graf und Gräfin bleiben, wie sie bereits sind, beieinander. Und Baculus kann sein Gretchen und seine Stellung behalten. Erstens, weil bei einer allseitigen Versöhnung auch der niedrige Stand glücklich gemacht werden soll, und zweitens, weil er keinen Rehbock, sondern seinen eigenen Esel geschossen hat und somit straffrei ist: Über dem Jubel aber vergißt man allzuleicht, wie grausam die Geschichte immerhin ist. Denn das wirklich unschuldige junge Gretchen erhält den wirklich gierigen alten Schulmeister, und dieser wiederum wird nicht einmal den Schaden ersetzt erhalten, den er sich selbst zugefügt hat.

Aber wer kümmert sich in einer gewissen, längst überwundenen Zeit um die kleinen Leut'?

PIETRO MASCAGNI

Cavalleria rusticana

Melodram in einem Aufzug. Dichtung von G. Targioni-Tozzetti und G. Menasci.

URAUFFÜHRUNG: Rom 1890
SOLISTEN: *Santuzza,* eine junge Bäuerin (Sopran) – *Turiddu,* ein junger Bauer (Tenor) – *Lucia,* seine Mutter (Alt) – *Alfio,* ein Fuhrmann (Bariton) – *Lola,* seine Frau (Mezzosopran).
ORT: Sizilianisches Dorf.
SCHAUPLÄTZE: Hauptplatz des Dorfes, im Hintergrund rechts eine alte Kirche, links das Wirtshaus und das Haus der alten Lucia.
DAUER: ca. 1 Stunde.

Daß es auf Sizilien blutig und grausam zugeht, weiß man. Und keineswegs erst, seit der Tourismus den Einheimischen neue Opfer gebracht hat – seit altersher ist's blutig und grausam unter der heißen Sonne.
Und außerdem ist's noch streng patriarchalisch. Das heißt, die Geschlechter sind noch ziemlich getrennt und haben ziemlich genaue Vorstellungen von etwas, was anderswo nicht mehr so genannt wird. Ehre ist der Begriff, selbstverständlich. Er bedeutet nach sizilianischer Auffassung, daß der Mann der Herr im Haus ist, daß die Frau ihm treu zu sein hat und daß jeder Verstoß gegen diese einfachen Regeln geahndet wird. Und zwar nicht vom Gesetz, sondern vom jeweiligen Mann. Ohne uns allzulang damit aufzuhalten: Wir werden, so wir es riskieren, Zeugen eines für sizilianische Begriffe zwar nicht alltäglichen, aber doch ziemlich häufigen Ereignisses. Es passiert an einem Ostersonntag auf dem Hauptplatz eines Dorfes. Der Name der Ortschaft tut nichts zur Sache.
Die Frauen und Männer gehen zur Kirche. Nur die junge Bäuerin Santuzza nicht – die besucht die Mutter ihres Mannes und erklärt, sie könne nicht mehr in die Kirche, denn sie sei ihrer Ehre beraubt.
Jeder im Dorf weiß, was das bedeutet. Santuzza

Schon das Vorspiel hat den Charakter äußerster Berühmtheit – man begreift kaum, daß Mascagni außer dieser einen Oper kein Welterfolg gelang.

67

glaubt, weiß, daß ihr Mann Turridu bei der Frau des Fuhrmanns Alfio mehr Spaß hat als daheim. Die Schande darüber gehört Santuzza allein. Turridu ist nur ein flotter Bursche, der insgeheim des Erfolges wegen gelobt wird.

So ist es auch wieder nicht, denn Alfio, der zu Ostern nach Hause gekommen ist, hat natürlich noch viel mehr der Schande zu ertragen. Allerdings weiß er es erstens nicht und hat zweitens die Möglichkeit, sein Teil dagegen zu tun, wenn er es einmal erfährt.

Die Auftritte – nicht die auf einer Bühne, sondern die innerhalb der Verwandtschaften – gestalten sich dramatisch. Die Mutter Turridus wird wahnsinnig vor Angst, als sie von den Eskapaden ihres Sohnes hört. Turridu leugnet alles, als er von seiner Frau zur Rede gestellt wird. Alfio wird rasend, als Santuzza auch ihm erklärt, was vorgefallen ist. Und in genau dieser Situation endet die heilige Messe; das Dorf versammelt sich zum Tratsch, zum Umtrunk, zur notwendig freudigen Feier der Ostern. Man muß sich vorstellen, wie das zusammenpaßt. Da das, was man eine heilige Ruhe nennt, und zwischendrin die Menschen, in denen es vor Eifersucht oder Haß brodelt.

Alfio macht's rasch. Er beleidigt Turridu und fordert ihn zum Zweikampf. Turridu kann sich nur noch von seiner Mutter verabschieden, nicht mehr von seiner Frau. Santuzza, die Minuten zu spät auf den Platz vor der Kirche, vor dem Haus der Mutter Lucia eintrifft, erfährt immerhin gleichzeitig mit dieser, daß Alfio Turridu rasch und endgültig getroffen hat.

Die Ehre ist damit allseits wieder intakt. Sogar Lola, die Frau des Alfio, hat nichts mehr zu befürchten. Ihr Mann hat ja Turridu getötet und ist der ehrenvolle Held. So ist das in Sizilien.

Nach nur berühmten Arien, einem Zwischenspiel und nicht minder berühmten Chören der Abschied Turridus: Auf einer Schallplattenaufnahme hat Benjamino Gigli ihn unter Leitung des Komponisten gesungen. Und zwar doppelt so langsam, wie man ihn sonst hört – Mascagni hat recht, so klingt er noch viel aufregender. Vielleicht versucht ein Dirigent einmal das „originale" Tempo?

68

WOLFGANG AMADEUS MOZART

Die Entführung aus dem Serail

Singspiel in drei Aufzügen. Dichtung nach Bretzner, frei bearbeitet von Stephanie d. J.

URAUFFÜHRUNG: Wien, 1792.
SOLISTEN: *Selim,* Bassa (Sprechrolle) – *Konstanze,* Geliebte des Belmonte (Koloratursopran) – *Blondchen,* Mädchen der Konstanze (Soubrette) – *Belmonte* (Tenor) – *Pedrillo,* Bedienter des Belmonte und Aufseher über die Gärten des Bassa (Tenor) – *Osmin,* Aufseher über das Landhaus des Bassa (Baß) – *Klaas,* ein Schiffer (Sprechrolle) – *Ein Stummer* (Stumme Rolle).
ORT: Auf dem Landgut des Bassa.
SCHAUPLÄTZE: Platz vor dem Palast des Bassa am Ufer des Meeres – Garten am Palast des Bassa – Platz vor dem Palast des Bassa mit der Wohnung Osmins – Halle im Palast des Bassa.
ZEIT: Mitte des 16. Jahrhunderts.
DAUER: 2$^{1}/_{2}$ Stunden.

Das ist eine kurze, einprägsame Geschichte, und im Gegensatz zu vielen anderen ist sie auch äußerst moralisch. Ich erzähle sie rasch: Wir dürfen uns vorstellen, daß alle handelnden Personen zwischendurch Gelegenheit haben, ihre Gefühle dadurch auszudrücken, daß sie sehr deutlich und ausführlich singen, was sie denken.
Einem jungen spanischen Adeligen, Belmonte, sind von den Türken oder anderen Seeräubern die Geliebte, deren Dienerin und sein eigener Diener geraubt worden. Was soll er anderes tun, als in der Türkei nach ihnen suchen?
Seine Geliebte heißt Konstanze und wurde von einem reichen Mann, der aus Spanien fliehen und in der Türkei Unterschlupf suchen mußte, gekauft. Der reiche Bassa Selim hat, was ein Muselman nur haben kann: also auch ein Landhaus am Meer, in dem er von Wachen die Europäer, die jetzt seine Sklaven sind, gefangenhalten läßt. Längst könnte er Konstanze als sein

Wir alle wissen es: Türkenopern waren beliebt, die entsprechenden Einsprengsel in der Ouvertüre beweisen, wie ein Mozart die Mode seiner Zeit zeitlos macht. Vorsicht bei zu eigenwilligen Dirigenten: Sie differenzieren in der Ouvertüre bis zur Maßlosigkeit, was effektvoll, aber falsch ist.

69

An dieser großen „Mar-
tern"-Arie, die noch jeden
Regisseur in Verzweiflung ge-
stürzt hat, kann man etwas
Erstaunliches ablesen: Mozart
hat direkt für ein ihm vorher
bekanntgegebenes Ensemble
komponiert. Die halsbreche-
rische Arie, die so voll
Schwierigkeiten gar nicht sein
müßte, paßte zur Premieren-
besetzung. Und seither gibt's
Besetzungsschwierigkeiten.

Was die Duette und Arien in
bunter Folge anlangt: Sie er-
müden den modernen Hörer
nur aus einem Grund: Weil
sie ihn immer wieder vor Anfang und Ende stellen. Seit
Wagner aber ist er gewohnt,
endlos lang nur einen einzigen
dramatischen Bogen nachzu-
vollziehen. An einem Abend
mehrere oder gar über zwei
Dutzend solcher emotioneller
Schwünge mitzumachen, das
hält er kaum noch aus.

Die ganz komisch „Baumei-
ster-Arie" genannte Tenor-
Arie wird manchmal gestri-
chen. Allerdings nur, wenn
der Sänger es erbittet.

Haremsweib genießen, doch er hat zu lange in der
Nachbarschaft der Europäer gelebt, er ist nach türki-
schem Standpunkt geradezu verdorben, er will, daß
Konstanze ihn freiwillig liebt.
Der junge, eben ankommende Belmonte erfährt all dies
von seinem Diener Pedrillo, den er entdeckt. Und erfährt auch, daß er, wenn er sich als Baumeister ausgibt,
bei Bassa Selim aufgenommen werden kann; als wirkliche Gefahr für ihn gelte nur der Befehlshaber der Wache, ein Riese namens Osmin.
Bevor Belmonte sich noch in die Dienste des Bassa Se-
lim schwindeln kann, versucht dieser wieder einmal,
Konstanze zu umwerben. Er tut's nicht zu geschickt,
er weist darauf hin, daß er immerhin befehlen könnte.
Er erreicht damit nur, daß Konstanze heldisch ihrer
Liebe gedenkt, die sie ausschließlich Belmonte schenken will. Trotz angedrohter Martern.
Bassa Selim ist immerhin impressioniert; wenn er diese
Frau einmal dazu bringen wird, ihn zu lieben, dann
wird's wohl außerordentlich sein.
Die Dienerin der Konstanze ist mit dem bedrohlichen
Osmin nicht weniger unfreundlich, auch sie verweigert
sich und hat ein probates Mittel, nämlich Erpressung,
in Händen. Wenn sie sich über Osmin bei Konstanze
beschwert, dann wird Bassa Selim seinen treuen Diener
zweifellos peitschen lassen.
Pedrillo, der von der Ankunft Belmontes berichten
kann, verschafft Konstanze auch das erste Wiedersehen
mit ihrem Geliebten; zuerst ist da Mißtrauen zwischen
den Herrschaften, ob sich auch nichts an den einstigen
Verhältnissen geändert hat. Aber nach wenigen Augenblicken wissen Belmonte und Pedrillo, daß Konstanze und Blondchen treue Europäerinnen sind und
auf ihre Männer warten.
Sie beschließen, sofort zu fliehen. Osmin wird betrunken gemacht; er ist ja als Mohammedaner verpflichtet,
keinen Alkohol zu trinken, und darum rascher betrunken als andere. Und die Flucht wäre gar nicht ausge-
schlossen, wären nur die beiden Damen rasch genug.
Unglücklicherweise aber gibt's einen stummen Diener
im Haus, der eine Leiter vor dem Fenster des Serails,

70

des Frauenhauses, entdeckt und Osmin aus dem Rausch weckt. Bevor die Europäer noch bei ihrem Schiff sind, hat man sie wieder eingefangen.

Bassa Selim, wild vor Zorn, entdeckt einen Grund mehr, jetzt gnadenlos alle töten zu lassen: Belmonte ist der Sohn ausgerechnet jenes Spaniers, der Bassa Selim einst grausam verfolgte. Die Liebenden haben gerade noch Zeit, sich für den Tod vorzubereiten.

Da zeigt der europäisierte Muselman, wie er sich das Ende vorstellt. Er entläßt alle in die Freiheit und will nichts weiter, als daß man überall von ihm erkläre, er sei gerechter, gnädiger, edler als sein einstiger Gegner. Konstanze, Belmonte, Blondchen und Pedrillo versichern, daß sie das in aller Welt laut erklären werden. Und reisen rasch, sehr rasch ab. Bassa Selim aber meint zum gar nicht zufriedenen Osmin, man müsse sich vom Hals schaffen, was einen nicht möge. Er hat also nicht nur edel gehandelt, sondern auch klug. Er bleibt zwar ohne die schöne Europäerin zurück, aber ganz gewiß auch ohne die Probleme, die sie ihm vielleicht bereitet hätte.

Auch für die unerhört tiefe Partie des Osmin gilt, was für Konstanze erwähnt wurde – da hatte Mozart ausnahmsweise einen berühmt tiefen Baß zur Verfügung, und seither mühen sich die Nachfolger...

Vorsicht: Bassas werden immer öfter mit sehr bedeutenden Schauspielern besetzt. Diese stechen erstens durch ihr Talent und zweitens der ungezählten Regieeinfälle wegen gegen ihre Sängerkollegen ab und verwirren den Opernfreund. Und sprechen (man höre einmal genau hin) ganz anders als Sänger, mit denen sie ja immerhin Dialoge haben. Also: Keine zu prominenten Bassas, bitte.

WOLFGANG AMADEUS MOZART

Le nozze di Figaro (Figaros Hochzeit)

Opera buffa in vier Akten. Dichtung von Lorenzo da Ponte.

URAUFFÜHRUNG: Wien, 1786.
SOLISTEN: *Graf Almaviva* (Bariton) – *Gräfin Almaviva* (Koloratursopran) – *Susanna*, deren Kammermädchen, Braut des Figaro (Sopran) – *Figaro*, Kammerdiener des Grafen (Baß) – *Cherubin*, Page des Grafen (Sopran) – *Marcellina* (Alt) – *Basilio*, Musikmeister (Tenor) – *Don Curzio*, Richter (Tenor) – *Bartolo*, Arzt aus Sevilla (Baß) – *Antonio*, Gärtner des Grafen, Onkel der Su-

71

sanna (Baß) – *Barbarina,* seine Tochter (Soubrette) –
Zwei Mädchen (Sopran und Alt).
ORT: Das Schloß des Grafen Almaviva.
SCHAUPLÄTZE: Ein noch nicht vollständig möbliertes
Zimmer – Ein prächtiges Zimmer mit einem Alkoven –
Ein reicher, zur Hochzeitsfeier geschmückter Saal mit
zwei Thronsesseln – Kabinett (schmaler Korridor) –
Dichter Garten mit zwei praktikablen Lauben.
ZEIT: Um 1780.
DAUER: ca. 3 Stunden.

Gerade bei der Ouvertüre dieser Oper darf man sich Gedanken über die richtigen
Tempi bei Mozart machen –
wenn die längerdienenden
Musiker recht haben, dann
werden sie immer schneller
und verhetzter. Zumindest
ein Dirigent wie Richard
Strauss erklärte dies am Ende
seines Lebens. Und Karl
Böhm assistiert ihm jetzt
noch. Rasch heute ist viel rascher als zu Mozarts Zeit.

Wenn es eine Geschichte gibt, die unerhört kompliziert und denkbar einfach zugleich ist, dann zweifellos
die vom tollen Tag auf dem Schloß des Grafen Almaviva. Im vorhinein muß man allerdings auf einige Pointen aufmerksam machen, die man dann, in der rasen-
den Eile, mit der alles vor sich geht, gar nicht mehr erwähnen kann.
Da ist die Liebe des Erzählers zur Symmetrie, zum ste-
ten Gleichgewicht von Spieler und Gegenspieler, wobei es ziemlich gleichgültig ist, ob es sich um einen
Mann oder eine Frau handelt – immer sind zwei einander ebenbürtig, und alle Auseinandersetzungen gehen
zugunsten keines Konkurrenten aus.
Dann ist da, wenigstens für Kenner, die Tatsache, daß
alle handelnden Personen – in einer anderen, nicht
minder turbulenten Geschichte – bereits ihren Part gespielt haben, daß sie also nicht erst auftreten, wenn sich
für diesen Abend der Vorhang hebt. Und man zuletzt
mit viel Hoffnung annehmen, sogar wissen kann, daß
sie alle demnächst auch noch eine dritte und vierte er-
zählenswerte Geschichte miteinander absolvieren.
Schließlich wäre für Theaterwissenschafter oder andere
gebildete Menschen darauf hinzuweisen, daß sich alles,
was hier ausführlich dargestellt wird, wirklich an einem einzigen Tag, vom Morgengrauen bis in die
Nachtstunden, ereignet. Und ausschließlich in den diversen Räumen eines einzigen Schlosses. Man muß
weder durch die Zeit noch durch verschiedene Gegenden, man kann sehr angenehm zum Beispiel in der
Vorhalle sitzen bleiben oder, wie Asmodi, nur ein ein-

ziges Dach abdecken und hineinsehen und erlebt alles, alles mit.

Wenn diese Nebenbemerkung noch gestattet ist, so kompliziert das alles auch erscheinen kann, so unerhört einfach und genial ist die Geschichte vom tollen Hochzeitstag des Kammerdieners Figaro. Sie ist nur sehr schwer zu erzählen. Vor allem wahrscheinlich sehr ausführlich.

Graf Almaviva, der einst mit tatkräftiger Unterstützung eines freischaffenden Friseurs Figaro das hübsche Mündel Rosina eines dümmlich-eitlen Apothekers namens Bartolo zu seiner Frau machte, ist unumschränkter Herr auf seinem Schloß und trotz einer zweifellos glücklichen Ehe weiter damit beschäftigt, den Mädchen rundum nachzustellen. In seinem Revier, wenn der Ausdruck gestattet ist, gibt es allerdings auch Nachwuchs, der ihm nacheifert: den Pagen Cherubin zum Beispiel, der dort zu flirten beginnt, wo der Graf bereits sehr souverän verführt.

Figaro, jetzt Kammerdiener, ist drauf und dran, Susanne, das Kammermädchen der Gräfin, zu heiraten. Allerdings hat auch der Graf sehr intensives Interesse für Susanne; und auch der Page, vor allem dann, wenn er nicht gerade für die Gräfin schwärmt oder für Barbarina, die Tochter des Gärtners. Oder für ein anderes Mädchen, versteht sich.

Figaro, bisher Vertrauter des Grafen und immerhin in einer Position, die einige Vorteile mit sich bringt, müssen ihm doch Graf und Gräfin als Ehestifter von dereinst dankbar sein, erfährt relativ spät, am Hochzeitstag erst, daß er diesmal in eine andere Partie gedrängt wird, daß er sich jetzt seinen Herrn als Nebenbuhler vorzustellen hat. Das nennt man eine Herausforderung, die angenommen sein will. Man könnte glauben, es sei auch eine Herausforderung des absolut regierenden Grafen gegenüber dem vifen Vertreter des dienenden Standes – es ist aber, unter uns gesagt, vor allem doch eine Auseinandersetzung zwischen zwei Männern.

Am frühen Morgen entsteht der Knoten aus Hoffnungen und Intrigen. Cherubin ist bei Susanne, der er

Cherubins Arie, wahllos aus der Fülle an Ensembles und Arien herausgegriffen, ist ein Meisterwerk. In der Musik hört man, was im Text steckt, und wie immer die Arie gesungen wird, sie provoziert Beifall. Mozarts „Trick": Keine Arie wird ins Publikum gesungen, jede hat einen Adressaten auf der Bühne. Das hilft dem Sänger und dem jeweils stummen Partner.

In Figaros Arien entdecken Revolutionäre immer wieder „das Grollen der Revolution". Mozart hat es nicht hineinkomponiert. Man höre einmal aufmerksam – man wird nur die Gefühle Figaros entdecken.

seine Zuneigung für alle, alle Weiblichkeit gesteht. Der Graf tritt ein, um Susanne sein intensives Interesse an ihr zu gestehen; der versteckte Cherubin hört's und ist Sekunden später in einer delikaten Situation, denn auch der Graf muß sich verstecken, als der Musikmeister Basilio, ein nicht ausdrücklich zu diesem Zweck engagierter Intrigant, bei Susanne erscheint, um nachzusehen, wer denn außer Figaro bei ihr noch Chancen habe.

Es ist nur eine Frage der Routine. Der Graf kann aus seinem Versteck hervor und hat kaum zu fürchten, daß Basilio mehr tut, als sich höflich zu verbeugen. Aber auch der Page wird entdeckt, und der hat sehr viel zu fürchten: Denn der Graf, auch als er begreift, daß er den Buben schon im Zimmer hatte, als er selbst sein Spielchen spielte, kann immerhin ganz rasch reagieren. Cherubin wird einfach Offizier beim Regiment des gnädigen Herrn, wird befördert, an die Luft gesetzt, aus dem Revier des souveränen Wilderers verbannt. Glaubt wenigstens der Graf.

Figaro aber will es anders. Er will nicht nur seine Susanne in Ehren heiraten, er will dem gnädigen Herrn auch beweisen, wer Menschen gegeneinander ausspielen kann. Daß nebstbei auch für ihn noch eine böse Überraschung vorbereitet ist, nämlich Marcelline, die Haushälterin des Apothekers Bartolo, die angeblich ein Heiratsversprechen von Figaro in Händen hat, das weiß der Kammerdiener noch nicht.

Mit der Gräfin wird eine Komödie verabredet. Die Arme ist sehr viel schwieriger dran als die Herren im Spiel; auch sie würde unter Umständen gerne noch ein wenig flirten und hat gar nichts dagegen einzuwenden, daß ein so hübscher Bub wie der Page Cherubin sie anbetet. Zugleich aber verbietet ihr die Würde – und die Liebe zum Grafen – eine wirklich aktive Teilnahme an dem populärsten aller Gesellschaftsspiele.

Immerhin: mit einem fingierten Brief den Grafen eifersüchtig zu machen; den Cherubin in Frauenkleidern als Lockvogel zu nützen – das sind so die Ideen Figaros, für die sie sich schon erwärmen kann. Wie sich vorher im Zimmer der Susanne so gut wie alle Bewoh-

Was die Partie des Bartolo anlangt: Es muß die, obleich's nur eine Arie gibt, ein voluminöser Baß singen, sonst ist das Gleichgewicht dieser Oper gestört. Mozart zu besetzen – etwas Schwierigeres gibt es nicht.

ner des Schlosses irgendwann getroffen haben, so ergeht es jetzt auch der Frau Gräfin. Mitten in der Anprobe der Frauenkleider – Cherubin soll als „Dame" am Schlosse verbleiben – erscheint der Graf. Nur dank der komplizierten Anlage der Türen – links und rechts und in den Garten – kann man ihn so verwirren, daß er zuletzt als ein sinnlos Eifersüchtiger dasteht, und recht albern – kämen nicht gerade in diesem Augenblick Marcelline und Bartolo mit ihrem Eheversprechen in Sachen Figaro. Es geht auf Mittag zu, und langsam weiß man, wie sich die Herrschaften gruppieren. Die Gräfin protegiert das Paar Figaro und Susanne, der Graf hat Marcelline und Bartolo auf seiner Seite. Müßte man jetzt schon bilanzieren, wäre da noch Cherubin bei der Frau Gräfin, ein Gärtner auf der Seite des Grafen – und der Musikmeister irgendwo zwischen allen Fronten.

Wir müssen, um die weiteren Begebenheiten einigermaßen zu genießen, zwei heute nicht mehr gültige Regeln zur Kenntnis nehmen: Dem Grafen stehen ziemlich viele Rechte zu. Er ist auch bei Streitigkeiten, wie gegebene oder gebrochene Eheversprechen sie darstellen, die oberste Gerichtsbarkeit. Und er hat ein – seither allgemein als barbarisch bezeichnetes – „Recht der ersten Nacht", das heißt, er könnte nach Belieben bei jeder Hochzeit noch vor dem Ehemann einmal mit der Braut ins Bett. In unserem speziellen Fall allerdings ist's nuancierter – Graf Almaviva hat großzügig und für immer auf dieses Vorrecht seiner Stellung verzichtet; schließlich ist er ja auch ohne diese offizielle Legitimation und wahrscheinlich viel amüsierter dabei, dort einzubrechen, wo er Gusto hat. Immerhin, vor ihm müssen Marcelline mit ihrem Beistand und Figaro erscheinen, um zu erörtern, ob Figaro entweder auf Susanne verzichten oder sich von Marcelline freikaufen muß. Noch vor der Verhandlung versucht Susanne, den Grafen mit der Hoffnung, er käme doch noch zu seinem „Recht", zugunsten Figaros zu beeinflussen. Da sie gleich drauf aber ihrem Verlobten erklärt, jetzt sei alles in bester Ordnung, steht's ganz im Gegenteil nicht gut für die beiden. Gäbe es da nicht eine völlig

Apropos zu rasch: Das kurze Duett Susanna–Cherubin wird immer prestissimo geplappert; es soll selbstverständlich gehetzt klingen, wird dabei aber meist verhetzt, und niemand versteht es – in keiner Sprache.

Sehr persönlich: Dies ist eines der schönsten Finali, die ich kenne. Wenn die handelnden Personen sich formieren, die feindlichen Parteien erkennbar werden, die Liebenden hoffen und in den Hörnern der bald fallende Vorhang angekündigt wird...

unvorhersehbare Szene: Denn es stellt sich heraus, was immerhin auch Kenner der Geschichten aus dem bewußten anderen Stück nicht wissen können: Figaro ist der illegitime Sohn von Marcelline und Bartolo. Von gegebenem oder gebrochenem Eheversprechen kann also nicht mehr die Rede sein; die Partei der Gräfin hat Unterstützung erhalten. Am späten Nachmittag würde kaum noch jemand auf den Grafen Wetten annehmen. Außer ihm selbst, denn Susanne steckt ihm ein Billett zu, das ihr die Gräfin diktiert hat und das ihn für den späten Abend, gleich nach der Hochzeitszeremonie, in den Park bestellt. Und der Graf nimmt das ernst.

Weshalb sich also in der Dunkelheit die Komödie der Verkleidungen fortsetzt; ein toller Tag endet zweifellos erst gegen Mitternacht. Figaro weiß von dieser allerletzten Intrige der Damen nichts und erfährt durch Barbarina, die Tochter des Gärtners, von einem Rendezvous. Der Graf weiß noch viel weniger und sucht den Park nach Susanne ab. Die hat zwischendurch noch Zeit und Gelegenheit, in einem Kleid der Gräfin ihren Figaro zu narren und zu beschämen, während die Gräfin in einem Kleid der Susanne ihrem eigenen Mann immer wieder entkommt. Und durch den Park geistern Cherubin und Barbarina und der Musikmeister und Bartolo und Marcelline und, um der Symmetrie willen, auch der Advokat, der vorhin notwendig war, um den Rechtsspruch des Grafen zu untermauern. Alle sind zwischen Hecken und Pavillons miteinander beschäftigt, und nicht alle erkennen einander in der Dunkelheit.

Der Graf immerhin glaubt, etwas Unglaubliches entdeckt zu haben – seine Frau in einer Umarmung mit Figaro. Und brüllt die Leute herbei und will ein einziges Mal der strenge Richter sein und etwas darstellen an diesem für ihn nicht gerade erfolgreichen Tag. Sie kommen alle mit Lichtern, und da sieht man es. Figaro hat seine junge Frau umarmt, der Page Cherubin hat Barbarina in den Armen gehalten, die beiden Alten sind einander wirklich nicht mehr untreu geworden. Nur der Graf hat seine Frau mit seiner Frau betrogen. Er weiß, was sich gehört. Er kniet vor der Gräfin nie-

Wieder ein Prüfstein für Dirigenten und deren Kenntnisse von Mozart. Wenn die Relation zwischen Vorspiel und Arie der Susanna nicht stimmt, dann ist der letzte „Figaro"-Akt verhaut.

Für alle, die es noch nicht wissen: Der Vorhalt, den der Graf bei seinem Kniefall singt, bedeutet, daß weder er noch Mozart an die Echtheit der Bitte um Pardon glauben.

76

der. Er bittet um Verzeihung. Und dann gehen alle schlafen. Ganz so, wie es sich gehört.

Nur: Was am nächsten oder übernächsten Tag oder in ein paar Wochen passiert, das bleibt höchst ungewiß. Und das ist der besondere Spaß, den sich derjenige leistete, der uns diese verwirrende Geschichte erzählte.

Was dann noch folgt, ist ein konventioneller Schluß, wie ihn Mozart immer wieder und ohne Scheu am Meisterwerk setzt. Er hat alles gesagt, also macht er einen allgemein anerkannten, konventionellen Punkt.

WOLFGANG AMADEUS MOZART

Don Giovanni

Dramma giocoso in zwei Akten. Dichtung von Lorenzo da Ponte.

URAUFFÜHRUNG: Prag, 1787.

SOLISTEN: *Don Giovanni*, sein sehr leichtfertiger junger Edelmann (Bariton). – *Donna Anna*, Verlobte des Don Ottavio (Sopran) – *Don Ottavio* (Tenor) – *Komtur* (Baß) – *Donna Elvira*, Dame aus Burgos, von Don Giovanni verlassen (Koloratursopran) – *Leporello*, Diener Don Giovannis (Baß) – *Masetto*, Bräutigam der Zerlina (Baß) – *Zerlina*, Bäuerin (Koloratursoubrette).

ORT: Eine Stadt in Spanien.

SCHAUPLÄTZE: Garten – Straße – Garten mit zwei Pforten – Ballsaal – Straße – Dunkle Vorhalle mit drei Türen – Umfriedeter Kirchhofsplatz mit Standbild des Komtur – Düsteres Gemach – Saal.

ZEIT: Mitte des 18. Jahrhunderts.

DAUER: 3 Stunden.

Wie sehr viele heute altmodisch erscheinende Auseinandersetzungen hat auch diese etwas mit dem Problem der Ehe zu tun. Vor allem aber mit den Problemen, die sich einem älter werdenden Mann auf den Rücken setzen, wenn er vor der Ehe zurückscheut, sein Vergnügen bei Frauen aber nur dann haben kann, wenn er diesen die Ehe entweder verspricht – oder zerstört, in dem er sich als aufregender denn die jeweiligen Ehekandidaten oder Ehemänner vorstellen will.

Der Musikgeschichte nach komponierte Mozart die Ouvertüre in allerletzter Minute und so schnell, wie Strauß Vater seine Walzer schrieb. Dergleichen hat nichts zu bedeuten. Wenn Mozart einmal Noten niederschrieb, war die Komposition längst vollendet, er konnte (wie andere Komponisten auch) mechanisch schreiben und dabei andere Musik „erfinden".

77

Don Giovanni, reich und immer noch unabhängig, hat bei Donna Anna eine halbe Nacht verbracht. Sie ist verlobt, allerdings mit einem wahrscheinlich etwas zu seriösen jungen Mann, sie erwartet die Ehe demnächst; Don Giovanni ist für sie so etwas wie eine große Aufregung vor einer vielleicht nicht aufregenden Ehe.

Ob Don Giovanni in dieser halben Nacht Donna Anna wirklich besitzt? Man will es beinahe annehmen, doch man hat keinerlei Beweise dafür. Man sieht nur, was auch Leporello, der geduldige Diener Don Giovannis, sieht: daß dieser nämlich plötzlich davon will und daß Donna Anna das Haus zusammenschreit, um ihn bei sich zu behalten. Steckt vielleicht dahinter, daß sie hofft, nach einem Skandal werde sich der aufregende, von ihr immer noch nicht erkannte Mann – Giovanni ist maskiert – als der bessere Ehemann hergeben müssen?

An dieser Stelle eine persönliche Erinnerung: Wilhelm Furtwängler fragte bei einer Probe, ob jetzt Giovanni bei Donna Anna Glück gehabt habe oder nicht und warum sie ihn eigentlich zurückhalte. Furtwängler war der Ansicht, dies könne man auch aus der Musik leider nicht erfahren...

Don Giovanni, davor ganz gewiß auf der Flucht, wird vom Vater Donna Annas gestellt, muß als Edelmann ein Duell ausfechten und tötet, weil er jünger und in Form ist, den Komtur – Donna Annas Vater – in aller Eile. Viel zu spät kommt der Bräutigam Donna Annas zu Hilfe; er kann sich nur noch um ein Riechfläschchen für seine Braut kümmern und dann den Schwur hören, mit der Hochzeit wäre es vorbei, bis der Tod ihres Vaters gerächt sei. Man hat den Eindruck, der Bräutigam verstehe, billige das, mehr noch, er sei bereit, recht lang zu warten.

Don Giovanni, einer Versuchung zur Ehe entkommen, ist nervös. Anders ist nicht zu erklären, daß er auf offener Straße eine Dame anspricht und nicht sofort erkennt, daß es sich um Donna Elvira handelt, gleichfalls eine Frau, die sich Hoffnungen auf eine Ehe mit ihm gemacht hat, der er entflohen ist wie allen anderen auch, die aber zäh genug ist, ihm zu folgen. Don Giovanni weiß gar keinen Ausweg, er muß sich auf seinen ihm ergebenen Diener Leporello verlassen, der ein seltsames Mittel versucht: Er will Donna Elvira trösten, indem er alle diejenigen aufzählt, die Giovanni bisher nicht geheiratet hat.

Im Gegensatz zur hinzukomponierten zweiten kann man diese erste Elviren-Arie unter keinen Umständen auslassen – sie hat dramaturgische Bedeutung. Daß sie um Nuancen leichter ist, hat mit Mozarts Klugheit zu tun.

Weiter auf der Flucht vor Donna Anna und Donna Elvira, stört Don Giovanni ein junges Paar, das auf dem Weg zur Hochzeit ist. Zerline und Masetto sind im Grunde keine Gesprächspartner für ihn, gehören einem anderen Stand an. Doch Routine und der Wunsch, wenigstens für kurze Zeit mit sicherem Vergnügen zu verbringen, verleiten Don Giovanni dazu, es wieder einmal mit einer ganz jungen Person zu versuchen. Er hat freilich auch in diesem Fall nur das eine Verführungsmittel zur Hand: Er erklärt Zerline, sie sei viel zu gut für Masetto, er selbst werde sie heiraten. Dies ist zwar ganz und gar unglaubwürdig, doch es hilft. Auch Zerline wird für Minuten beinahe schwach. Käme nicht Donna Elvira vorbei, vielleicht hätte Don Giovanni seinen Spaß. Die nicht Geheiratete aber warnt jene, die ganz gewiß nicht geheiratet werden soll, und Don Giovanni fürchtet, solange verlassene Frauen um ihn sind, werde er nicht zur Ruhe kommen. Er hat recht. Denn er kann zwar Donna Anna, die mit ihrem Bräutigam zur Messe geht, ein Kompliment machen und ihr versichern, er sei untröstlich über das Unglück, das ihr in der vergangenen Nacht zugestoßen sei – dann aber hat er schon alle Hände voll zu tun, denn Donna Elvira ist wieder da und will auch Donna Anna vor Don Giovanni warnen. Sie sei wahnsinnig, beteuert Don Giovanni und kommt mit dieser Behauptung für den Augenblick davon. Dann aber küßt er Donna Anna die Hand, und das ist zuviel. So nah bei ihm spürt sie, wer Don Giovanni wirklich ist: der Mann, der in der Nacht bei ihr war. Die Gefahr, die sie herbeisehnte, von der sie um Hilfe schrie. Don Giovanni, ein paar Straßen weiter, ahnt nicht, daß er erkannt ist. Don Ottavio, der Bräutigam Annas, weiß noch nicht, wie er jetzt zu reagieren hat. Besser, er will es gar nicht wissen. Er wird kämpfen müssen.

Don Giovanni hat immerhin sein eigenes Haus erreicht. Er hofft auf seinen kleinen, ruhigen Triumph. Er hat das Bauernpaar und dessen Freunde bei sich, er wird Zerline verführen, das Leben wird weitergehen, wie es bisher immer weitergegangen ist. Man kann ja trinken und sich amüsieren.

Daß sich vor seinem Palazzo Beleidigte formieren,

Man begreife, wenn hier die Duette und Arien nicht alle angeführt werden: Man müßte wirklich alle anführen.

In unseren Breiten heißt die meist zu resch genommene Arie „Champagner-Arie". Das ist Unsinn. Don Giovanni singt vom Wein und vom Blut in den Adern...

79

Die wenigen Takte von der Einladung Leporellos zum Terzett der Masken sind es, die Richard Strauss so hoch schätzte, daß er erklärte, er gäbe eine ganze Oper von sich dafür her, so etwas Geniales geschrieben zu haben.

Für Ballettliebhaber die Gegenüberstellung verschiedener Tanzformen und für Musiker die Gelegenheit, einmal nachzuprüfen, wie effektiv die Bühnenmusik ist: Verschiedene Taktarten werden zugleich gespielt, und trotzdem darf kein Tohuwabohu entstehen. Entsteht aber meist trotzdem.

weiß er nicht. Donna Elvira, Donna Anna, Don Ottavio haben sich maskiert und sind auf dem Weg zu ihm. Sie werden von Leporello, dem nichtsahnenden Diener, zum Fest Don Giovannis geladen.

Auch dieses Fest mißlingt selbstverständlich. Der plumpe Versuch, in einem Nebenzimmer Zerline rasch zu verführen, wird von Don Giovanni zu routiniert, vielleicht auch zu nervös unternommen. Plötzlich sieht er sich in seinem eigenen Haus umstellt. Jetzt sind es drei Frauen, die nach Rache schreien, und ein furchtsamer Mann, der sie immerhin unterstützt. Und ein Bauer; aber der zählt selbstverständlich für den Edelmann Don Giovanni nicht.

Tut sich die Erde auf, um ihn zu verschlingen? Keineswegs, sie zittert nur leicht. Sie grollt nur. Don Giovanni ist an diesem Tag schon so oft auf der Flucht gewesen, daß er auch jetzt keinen anderen Ausweg findet: Er flüchtet vor den Zornigen aus seinem eigenen Haus.

Erst auf der Straße wird er wieder ruhig und beinahe souverän. Er spielt noch einmal alle seine Tricks aus, er singt eine Serenade für Donna Elvira und überläßt diese dann seinem hoffnungslos treuen Diener Leporello. Er hilft in einer Vermummung und mit der Stimme Leporellos dem beleidigten Bauern bei der Suche nach sich selbst und verprügelt Masetto dabei auf Kavaliersart. Und er nützt die Verkleidung, um rasch noch ein Abenteuer mit einer Freundin seines Leporello hinter sich zu bringen. Das immerhin gelingt, er hat offenbar nur Pech, wenn er als Don Giovanni auftritt.

Zur gleichen Zeit formiert sich die Gruppe derjenigen, die ihm nicht verzeihen wollen, erneut. Donna Elvira muß erkennen, daß sie schon wieder auf Don Giovanni hereingefallen ist – jetzt allerdings ist er zu weit gegangen, hat sie mit Leporello gefoppt, wird keine Verzeihung mehr finden. Donna Anna ist ruhiger geworden und weiß, daß das Ende des Don Giovanni nicht mehr weit sein kann. Don Ottavio sorgt sich nicht mehr, denn vor einem Edelmann, der sich auf der Flucht befindet, fürchtet er sich nicht.

Auf dem Friedhof, vor dem Familiengrab des Komtur, tauschen der entkommene Leporello und der wieder übermütig gewordene Don Giovanni die Überkleider. Es ist noch einmal gutgegangen. Man kann hoffen, daß der allgemeine Spaß sich fortsetzten läßt.

Don Giovanni ist so übermütig, sich sogar in ein Zwiegespräch mit dem steinernen Komtur einzulassen: Man wundere sich nicht, daß dieser erst kürzlich Ermordete bereits in Stein gehauen ist; bedeutende Männer haben ihr Grabmal fix und fertig, bevor sie noch gestorben sind. Und schließlich ist der Komtur ja tot.

Ob er, der sinnlos Erstochene, nicht zu einem Festmahl mit Don Giovanni kommen wolle? Das ist so eine von den Ideen eines wieder gutgelaunten Edelmannes. Die Statue nickt. Leporello und Don Giovanni jedenfalls haben den Eindruck, sie nicke. Don Giovanni freut auch das. Leporello, der nicht völlig abnormale Diener, kann vor Schrecken kaum noch reden.

Don Giovanni ißt. Er hat Tafelmusik, er hat Dienerschaft, er hat Luxus um sich – ist wieder er selbst. Daß Donna Elvira abermals bei ihm eindringt und ihn, jetzt durchaus fromm und ekstatisch, zu retten versucht – Don Giovanni begreift es nicht. Er glaubt, sie will ihn heiraten; er will das keineswegs, er will lieber zur Hölle fahren.

Daß die Statue des Komturs tatsächlich erscheint und ihm die Höllenfahrt erleichtert – dafür gibt es Donna Elvira und Leporello als Zeugen. Aber wie Don Giovanni, sind auch sie nicht mehr unbeeinflußt. Alle leiden bereits an Hysterie. Alle warten auf den Ausgang der Tragödie mit leise komischem Anflug. Wird Don Giovanni sich wie in einer Posse plötzlich für bekehrt erklären und mit einer der unzähligen Frauen vor den Altar treten, oder wird er – ja, was kann er sonst eigentlich noch tun?

Er soll zur Hölle fahren, ist die allgemeine Ansicht, und die Statue des Komtur, die das auch fordert, ist Don Giovannis einziger ebenbürtiger Widerpart. Er wolle und könne sich nicht ändern, schreit er. In höchster Erregung erklärt er, daß er nicht daran denke, sich

Wieder eine legendäre Situation: Die Posaunen, die den aus dem Grab singenden Komtur begleiten, kommen in der Literatur immer wieder vor. In der Aufführungstradition der Oper gibt's übrigens die absurdesten Versionen, die man früher hier einschob, um zu erklären, weshalb der Komtur bereits bestattet ist. Sogar neue Szenen mit unpassender Mozartmusik wurden gezeigt. Am besten ist es, sich an das Original zu halten.

Noch einmal etwas für Ballettfreunde: Die Tafelmusik zitiert „Figaro" und „Una Cosa Rara", eine Oper, in der erstmals in der Musikgeschichte ein Walzer auf der Bühne getanzt wurde. Man muß das nicht wissen. Doch es ist vielleicht nett, es zu wissen.

Eine szenische Anmerkung. Immer wieder gibt es Regisseure, die versuchen, die Statue nicht erscheinen zu lassen. Dann aber ist die Oper auch beim Teufel. Der Darsteller des Don Giovanni und das Publikum brauchen die unausdenkbare Situation leibhaftig auf der Bühne.

Ein Opernschluß, der alles einschließt: Erst charakteristische Äußerungen der noch vorhandenen Personen, und dann das schon mehrfach erwähnte schablonenhafte Abschiednehmen vom Publikum.

den Gesetzen unterzuordnen. In höchster Erregung stirbt er.

Die Zurückgebliebenen, alle ernüchtert und plötzlich wieder mit sich selbst beschäftigt, ziehen die Moral aus den Ereignissen. Donna Anna heiratet den immerhin treuen Don Ottavio. Zerline und Masetto haben keine Schwierigkeiten, miteinander auszukommen. Donna Elvira spricht davon, sich in ein Kloster zurückzuziehen. Leporello ist erschüttert und findet kaum Worte. Er beschließt, in ein Wirtshaus zu gehen und sich mit Essen und Trinken aufzuheitern. Das ist alles, was die Hinterbliebenen angesichts einer Höllenfahrt zu tun wissen. Nun, sie sind ja auch keine Don Giovannis.

WOLFGANG AMADEUS MOZART

Così fan tutte

Opera buffa in zwei Akten. Dichtung von Lorenzo da Ponte.

URAUFFÜHRUNG: Wien, 1790.
SOLISTEN: *Fiordiligi* (Koloratursopran) und *Dorabella* (Alt), Damen aus Ferrara und Schwestern, in Neapel wohnend – *Guglielmo*, Offizier, Liebhaber Fiordiligis (Bariton) – *Ferrando*, Offizier, Liebhaber Dorabellas (Tenor) – *Despina*, Kammermädchen der Damen (Koloratursoubrette) – *Don Alfonso*, ein alter Philosoph (Baß).
ORT: Neapel.
SCHAUPLÄTZE: Kaffeehaus – Garten am Meeresstrand – Vornehmes Zimmer – Ziergärtchen – Zimmer/Garten am Ufer – Zimmer – Äußerst festlich erleuchteter Saal.
ZEIT: ca. 1780.
DAUER: ca. 3 Stunden.

Selten hat es eine kompliziertere, scheinbar konstruierte Tragikomödie gegeben – sie ließe sich wie ein billiges Lustspiel erzählen oder wie ein griechisches Drama, sie ist extrem einfach, sozusagen mathematisch darstellbar, wenn man wirklich will, aber auch als äußerst sublime Geschichte zu bezeichnen.

Die einfache Story ist die: Zwei junge Italienerinnen lieben zwei junge Italiener. Zu ihrem Personal gehört eine gleichfalls noch junge Zofe, zu ihrem ständigen Umgang ein keineswegs mehr junger Philosoph, soll heißen, ein weltweiser Italiener, der etwas zynisch geworden ist.

Die beiden jungen Herren, Guglielmo und Ferrando, sind glücklich, geliebt zu werden, und halten den alten Philosphen Don Alfonso, der meint, so sehr würden sie wiederum nicht geliebt, für dumm. Dieser schlägt ihnen eine Wette vor: Sie sollten für sehr kurze Zeit tun, was er ihnen sagt, und sie würden begreifen, daß von aufrichtiger Liebe bei den jungen Damen nicht die Rede sein könne. Man wettet um Geld selbstverständlich.

Der Plan des alten Italieners ist simpel: Die jungen Herren müssen erklären, sie hätten in den Krieg zu ziehen – sofort sind beide junge Damen extrem traurig und erleben einen Abschiedsschmerz, der die jungen Herren bereits von ihrer ewigen Liebe überzeugen würde. Nicht aber den alten Philosophen, der bei den diversen Küssen ungeniert zusieht und Taschentücher austeilt, wenn geweint werden muß.

Kaum sind die Liebhaber fort, führt er zwei neue vor – selbstverständlich sind es die alten in entsprechender Verkleidung, aufgeregt und neugierig, was geschehen wird. Sie werden ungnädig aufgenommen, was sie erfreut, zugleich aber doch reizt, denn jetzt sind sie ja ihrer beiden Damen sicher und können, um die Wette vollständig gewonnen zu haben, etwas wagen.

Sie versuchen die Verführung sozusagen übers Kreuz. Also bemüht sich der feurigere Guglielmo um die pikantere Dorabella und der etwas blassere Ferrando um die sehr empfindsame, innige Fiordiligi. Mit allen Kräften, versteht sich – und mit der Unterstützung der Zofe, die allerdings nicht die jungen Herren von einst erkennt, sondern der sehr viel realistischeren Ansicht

Diese Oper wird in den seltensten Fällen ungekürzt gegeben. Und obgleich es kaum eine Ausrede dafür geben kann und man als Musikfreund für den „ganzen" Mozart eintreten muß, ist es im Fall „Cosi" nahezu unvermeidlich, daß man Arien ausläßt.

Aus diesem Grund ist es allerdings auch schwierig, auf besondere Arien in der richtigen Reihenfolge aufmerksam zu machen. Und dennoch nicht noch mehr zu verwirren. Also versuchen wir es anders. Hören Sie bitte die Arien immer so, als würden sie den Sängerinnen und Sängern kein Wort glauben. Dann erfahren Sie aus der Musik, daß alle wirklich ununterbrochen lügen. Sie belügen aber nicht nur einander, sondern auch sich selbst. Sie heucheln nicht nur Liebe, sondern sie versetzen sich selbst künstlich in Liebe.

An einigen Stellen aber kommt das „echte" Gefühl durch. Auch das merkt man, wenn man sich einmal eingehört hat, sofort. Und bewundert Mozart über alle Maßen. Was noch und gerade bei dieser Oper zu sagen wäre: Sie kann nur von einem aufeinander gut abgestimmten und eingespielten Ensemble gesungen werden. An ihr läßt sich am besten überprüfen, wie gut ein Opernhaus ist. Und zwar ohne jede Einschränkung. Eine Aufführung von „Cosi fan tutte" ohne miteinander – mit dem Dirigenten und dem Orchester – vertraute Darsteller kommt vor, ist aber eine große Schande für ein Opernhaus.

ist, sie müsse einfach ihren jungen Damen neue Liebhaber zuführen, damit es ihnen wieder besser gehe.
Der erste Versuch ist plump. Die beiden Liebhaber erklären, sie hätten aus Gram über verschmähte Liebe Gift getrunken; die als Doktor verkleidete Zofe rettet ihnen das Leben, läßt sie aber sehr geschwächt zurück – sie können so rasch nicht aus dem Haus, sondern wollen auch noch gepflegt werden. Die beiden Damen gehen auf das Spiel kaum ein. Dorabella würde allenfalls ein wenig daran denken. Fiordiligi aber ist heroinenhaft treu.
Der zweite Versuch ist etwas klüger. Die beiden Liebhaber bringen den Damen ein Ständchen und machen Konversation. Dagegen ist erstens nichts einzuwenden, und dafür spricht zweitens, daß man sich ja auch als treue Frau einmal unterhalten kann: Dorabella geht etwas zu weit und nimmt von Guglielmo ein Geschenk an, verliebt sich sogar ein wenig. Das würde Fiordiligi zweifellos nicht gleichfalls untreu werden lassen – der stete Meinungsaustausch der Wettenden aber hat den bereits halb betrogenen Ferrando wahnsinnig aktiv werden lassen, und er setzt jetzt zu einer Art von Sturm an.
Da passiert, was allgemein in solchen Situationen passiert: Die tapfere Fiordiligi will nicht untreu werden, spricht sich selbst Mut zu, will ihrem fernen Geliebten ins Feld folgen und ist auch schon dem neuen Liebhaber verfallen. Die Paare haben, was die Damen vorläufig nicht wissen, getauscht.
Die jungen Herren aber sind belehrt, daß ein alter Philosoph recht hatte und nicht sie. Allerdings haben sie noch eine Frage an ihn: Was sollen sie jetzt tun, da sie beide betrogen sind? Und Don Alfonso hat darauf auch eine Antwort. Sie wollen beruhigt heiraten. So oder so, von Bestand ist die Sache ja sowieso nicht. Irgendwann werden sie einander wieder andersrum anziehender finden...
Dieser Ausgang einer Wette wäre bereits aufregend genug. Um aber nicht mit einer einfachen Aufregung zu schließen, beschließen die Verlierer, sich zu rächen. Sie lassen ihre Hochzeit vorbereiten – und kehren als „ur-

sprüngliche" Geliebte wieder heim. Die Zofe, die den
Notar gespielt hat, ist ebenso überrascht wie die so
rasch untreu gewordenen jungen Damen.
Und alle fassen sich erstaunlicherweise noch rascher,
nehmen zur Kenntnis, daß es sich nur um eine Wette
gehandelt hat, und verzeihen einander. Zum Zeitpunkt, den wir als vorläufiges Ende des Stückes bezeichnen, sind wieder jene Paare beisammen, die es zu
Beginn waren. Gewähr dafür, daß sie klüger geworden
sind, würde der um 100 Zechinen reicher gewordene
weise alte Italiener gewiß keine übernehmen. Und
wenn sie nicht gestorben sind, dann wechseln sie jetzt
gerade wieder einmal alle den Gegenstand ihrer Liebe...

Wolfgang Amadeus Mozart

Die Zauberflöte

Deutsche Oper in zwei Aufzügen. Dichtung von
Emanuel Schikaneder.

Uraufführung: Wien, 1791.
Solisten: *Sarastro* (Baß) – *Tamino* (Tenor) – *Sprecher*
(Baß) – *1. Priester* (Tenor) – *2. Priester* (Bariton) – *3.*
Priester (Sprechrolle) – *Die Königin der Nacht* (Koloratursopran) – *Pamina*, ihre Tochter (Lyrischer Sopran) – *1. Dame* der Königin (Sopran) – *2. Dame* der
Königin (Mezzosopran) – *3. Dame* der Königin (Alt) –
1. Knabe (Sopran) – *2. Knabe* (Mezzosopran) –
3. Knabe (Alt) – *Papageno* (Bariton) – *Ein altes Weib*
[Papagena] (Soubrette) – *Monostatos*, ein Mohr (Tenor) – *1. geharnischter Mann* (Tenor) – *2. geharnisch-*
ter Mann (Baß).
Ort: Ägypten.
Schauplätze: Rauhe Felsengegend – Sternenhimmel,
in der Mitte der mit Sternen gezierte Thron der Königin der Nacht – Reich ausgestattetes Zimmer der Pa-

mina in Sarastros Palast in ägyptischem Geschmack –
Hain, in dessen Mitte drei Tempel, durch Kolonnaden
verbunden, mit der Aufschrift: „Tempel der Weisheit"
(Mitte), „Tempel der Vernunft" (rechts), „Tempel der
Natur" (links) – Palmenwald, auf jeder Seite neun mit
Sitzen versehene Pyramiden, in der Mitte die größte
Pyramide – Kurzer Vorhof des Tempels – Garten mit
einem See im Hintergrund, in dessen Mitte eine große
Sphinx – Eine kurze Halle – Zwischen den Pyramiden,
in der Mitte eine große Pyramide mit Hieroglyphen
geziert – Kurzer Palmengarten – Wilde Felsengegend
mit einem eisernen Mitteltor, im Hintergrund Felsen-
höhlen zu beiden Seiten des Mitteltors, in der einen
(rechts) brausende Wasserflut, in der anderen (links)
hellflammende Feuerglut – Breiter Eingang in einen
Tempel – Kurze Gartendekoration, rechts ein Baum
mit einem verdorrten Ast – Kurze Felsengegend –
Sonnentempel.

Die in der Ouvertüre und bei
vielen anderen Gelegenheiten
bemerkte Anwendung von
drei Akkorden, drei Trompe-
tenstößen etc. wird als Mozarts und Schikaneders Ver-
herrlichung der Freimaurerei
gedeutet. In der Tat hat das
Dreiersymbol für Freimaurer
und „Zauberflöte" Bedeu-
tung.

Das also ist ein Märchen. Daß es tieferen Sinn hat, wird
für diejenigen, die sonst nur einfach eine Märchen-
handlung sehen, immerhin deutlich gesagt – oder gesungen. Damit auch sie begreifen, daß man ein Märchen auf mehr als eine Art erzählen und auf sehr viele
Arten verstehen kann.
Irgendwo auf der Welt existieren zwei Reiche. Über
das eine herrscht eine Frau, eine Königin, die nach dem
Tod ihres Mannes die Herrschaft übernahm und mit
kriegerischen „Damen", mit etlichem Zauber und mit
ziemlich harter Hand regiert. Das andere Reich wird
von einem Männerbund geleitet, an dessen Spitze ein
weiser Mann, Sarastro, steht. Auch in diesem anderen
Reich gibt es Sklaven und Untertanen, doch nach allgemeiner Ansicht herrscht mehr Gerechtigkeit als drüben bei der Königin.
Ein junger Mann, von der gesellschaftlichen Stellung
her ein Prinz, ist auf Abenteuer aus und erlebt sie auch.
Er wird von einem wüsten Geschöpf, Schlange oder
Drachen, verfolgt, bis er vor Angst in Ohnmacht fällt.
Als er wieder erwacht, ist dieses Biest tot, und ein
munterer Bursch in der Nähe, von dem wenigstens der

Prinz annimmt, er habe die Gefahr abgewendet. Der Bursch heißt, wie er selbst gern zugibt, Papageno, fängt Vögel, tauscht sie gegen täglich gegebene Nahrung und ist mit der Welt zufrieden. Er schwindelt aus Spaß gern und gibt sich, als er sich versichert hat, daß der Drachen tot ist, als dessen Bezwinger aus. Und wird dafür auch gleich bestraft: Diejenigen, die wirklich mit ihren Speeren das Untier erlegten, sind aus dem Gefolge der bewußten bösen Königin, haben den Prinzen errettet, überreichen ihm das Bild eines wunderschönen Mädchens und kündigen ihm, als er sofort in Liebe fällt, eine in der wüsten Gegend gewährte Audienz der Mutter dieses Mädchens an. Diese erscheint, bezeichnet sich als Königin der Nacht, der man die Tochter und die Insignien der Macht gestohlen hat; sie habe ausgerechnet auf den Prinzen gewartet, auf diesen einen jungen, tapferen Mann, um ihm die Rettung der Tochter zu überlassen.

Der Prinz ist hingerissen und will sofort in das Reich nebenan, wo der vorgeblich grausame Tochterräuber Sarastro herrscht. Die kriegerischen Damen der Königin aber geben ihm noch rasch einige Verstärkung mit: Er erhält eine Zauberflöte, die in Gefahren Wunder wirken soll; er erhält den Burschen Papageno als Diener, obgleich dieser in Gefahren wenig Hilfe ist; dieser aber erhält, zur Verlockung oder Belohnung, ein Glockenspiel, das auch einige Zauberkunststücke können soll. Und damit Prinz und Papageno die Richtung nicht verfehlen, sind auch noch drei Buben in einer Gondel oder auf einer Wolke bei ihnen, die ihnen den Weg zeigen werden. Was soll da noch Natürliches geschehen?

Sarastro hält – die Königin hat also nicht gelogen – wirklich deren Tochter gefangen. Und ist auch im Besitz des Symbols der Macht, das einmal seinem Freund, dem Vater der jetzt „gefangenen" Pamina, gehörte. Da wir uns nicht nur in einer Märchenwelt, sondern auch in einem anderen Jahrhundert befinden, ist jedermann der Ansicht, die Männer allein seien imstande zu regieren. Und jedermann ist einverstanden damit, daß Sarastro sich der Tochter und des Reiches seines alten

Papageno wird manchmal auch von einem Schauspieler gegeben – das ist legitim, denn der erste Papageno war es auch. Mozart aber hat ihm auch heikle Passagen geschrieben (Duett mit Pamina). Und die singt ein Schauspieler dann (fast) immer falsch...

Die drei Damen sind der Tradition nach mit allererste Sängerinnen des Ensembles zu besetzen. Wie überhaupt die Einschätzung dieser Oper ein Opernhaus charakterisiert. Alle kleinen Partien mit großen Sängern – oder man läßt die Hände von der „Zauberflöte".

Manchmal gibt es keine singenden Knaben. Wo solche aber engagierbar sind, dürfen unter keinen Umständen junge Sängerinnen genommen werden.

Hier ist ein großer Dialog mehrerer Sklaven, der von Puristen unbedingt verlangt wird. Er hilft allerdings nur, wenn man partout beweisen will, daß dies kein Märchen, sondern ein logisch durchdachtes Drama ist.

Freundes annimmt – ausgenommen die Königin und heutzutage vielleicht einiger emanzipierter Betrachterinnen, die „die Zauberflöte" wegen gräßlicher Spruchweisheiten allerdings hassen müssen.

Pamina, die nicht weiß, daß sie sich gleichsam in Schutzhaft befindet, ist unglücklich und will nach Hause. Ihr Wärter ist ein Mohr, der auch unglücklich ist, weil er Pamina gern besitzen möchte – er weiß, daß er aber – als Sklave, als Wärter und als Farbiger – Pamina nicht lieben darf; schließlich gibt es in diesem Märchen nicht nur keine Emanzipation, sondern auch keine Liga gegen Rassendiskriminierung. So altmodisch ist man noch in der Zeit Sarastros, des sonst sehr gerechten Mannes.

Pamina, die zu ihrer Mutter fliehen wollte, vom Mohren Monostatos aber im letzten Moment entdeckt wurde, sieht als zweite den Burschen Papageno. Erst sah ihn Monostatos – der Schwarze erschrickt vor Papageno, der als Vogelfänger und -händler immer voll Federn ist und also wenigstens so ungewöhnlich aussieht wie ein „Mohr". Pamina erfährt, daß ein junger Prinz zu ihrer Befreiung unterwegs ist, und sie ist a tempo in diesen verliebt. Warum? Nun, weil sie erfährt, daß der junge Mann sie liebt, und weil im Märchen Prinzessinnen gern geliebt werden.

Der Sprecher ist die Lieblingspartie fauler, aber genialer Sänger. Sie sind noch vor der Pause wieder daheim. In aller Welt hört man herrliche Sänger als Sprecher...

Prinz Tamino also hat eine Auseinandersetzung mit einem Sprecher des Sarastro. Er erfährt, daß dieser Sarastro zwar Pamina bei sich habe, deshalb aber noch kein Räuber sei. Er hört, daß dieser Sarastro Idealen nachhänge und – der Sprecher ist Diplomat – Pamina für Tamino aufbewahrt habe. Der Prinz ist rasch entschlossen, sich auch mit dieser Situation abzufinden. Wenn Sarastro ihm Pamina gibt, wird er vielleicht gar nicht mehr an die angeblich traurige Königin denken? Der Prinz ist nur sehr untüchtig, er findet Pamina nicht. Auch seine Zauberflöte lockt nur wilde Tiere an, die sich als zahm erweisen. Pamina lockt sie nicht.

Dem armen Sklaven Monostatos, dem Mohren, bleibt es überlassen, Pamina und Tamino zusammenzuführen – erst entdeckt er Papageno auf der Flucht mit Pamina und wird nur durch das Glockenspiel davon abgehalten, die zwei zu massakrieren. Dann aber findet er auch noch Tamino und kann ihn vor Sarastro schleppen. Vernünftigerweise müßte er jetzt belohnt werden, denn Eindringlinge aufzuspüren und Flüchtlinge einzufangen, das ist doch seine Aufgabe. Sarastro aber läßt ihn bestrafen. Und alle Umstehenden preisen Sarastro dafür – vergessen wir nicht, in diesem Märchenzeitalter können Herrscher tun, was sie wollen; irgendwann muß sich zuletzt herausstellen, daß sie recht gehabt haben, und wenn's nicht anders geht, dann mit Gewalt.

Sarastro erweist sich immerhin als an dem jungen Prinzen interessiert. Er übergibt ihn – und nebstbei auch den armen Papageno – einer Prüfungskommission. Erweist sich Tamino als edel, furchtlos und verschwiegen, muß er nur noch erklären, daß er die Gesetze im Reich Sarastros anerkennt, und er kann Pamina haben. Die Prüfungen, denen sich Tamino freiwillig und Papageno nur mit sehr viel Aufmucken unterziehen, sind für uns schwer verständlich. Die Prüflinge müssen sich als schweigsam erweisen – plötzlich sind die Kriegerinnen der Königin der Nacht da und wollen Tamino zu Plaudereien verführen, werden aber abgewiesen; dann kommt sogar Pamina und ist unendlich traurig, weil Tamino und Papageno nicht mit ihr sprechen. Immerhin, Selbstüberwindung gehört zu den Tugenden, und Tamino beweist, daß er das zuwege bringt. Papageno kann das freilich nicht; mitten auf dem Weg in den Kreis der Eingeweihten gibt er auf und ist mit Speis und Trank zufrieden.

Irgend jemand muß der Königin verraten haben, daß es um ihre Sache schlecht steht. Sie erscheint unter Gefahren mitten im Reich Sarastros, reicht ihrer Tochter einen Dolch und befiehlt ihr, diesen Tyrannen zu morden. Pamina, die selbst weiß, daß sie das nicht kann, ist überaus glücklich, von Sarastro zu erfahren, daß sie ein schwaches Weib ist und sich nicht fürchten muß. Ihr wird nichts geschehen, sie wird Tamino lieben.

Am Ende der Prüfungen für Tamino steht etwas, was die „Feuer"- und „Wasserprobe" heißt. Es klingt und kann gräßlich sein: Der Prinz muß ohne Angst wa-

Die weiteren Prüfungen sind alle nach den Ritualen der Freimaurer deutbar: Allerdings muß der Zuhörer das nicht wissen, um aufmerksam zu bleiben.

Mit der noch schwierigeren zweiten Arie kann die Königin der Nacht gutmachen, was sie aus Nervosität bei der ersten verdarb. Am besten ziehen sich in Aufführungen junge, der Gefahr noch nicht bewußte Sängerinnen aus der Affäre.

berndes Feuer und tödliche Wasserfälle durchschreiten – natürlich tun ihm Feuer und Wasser nichts, und die Erklärung dafür ist märchenhaft und vieldeutig. Erstens hat er die Flöte bei sich, und die ist ein Zauberinstrument. Zweitens geht jetzt bereits Pamina mit ihm, und der kann ja gar nichts passieren. Drittens aber verbrennt Feuer den nicht, der keine Furcht hat, und erdrückt Wasser den nicht, der ohne Zögern gegen die Gefahr loszieht; wir haben es wieder einmal mit symbolischen Prüfungen zu tun. Tamino besteht sie, und die Aufnahme in das Reich Sarastros ist ihm sicher. Papageno dagegen merkt, daß er doch einen Fehler begangen hat, als er auf die Ablegung aller Prüfungen verzichtete. Er hat zu essen und zu trinken, aber sein größter Wunsch ist nicht in Erfüllung gegangen, eine Papagena, eine Geliebte nach seinen Vorstellungen – die hat man ihm nur gezeigt, nicht gegeben. Papageno möchte sich umbringen vor Ärger und Trauer; doch da sind plötzlich die drei Buben wieder da, sagen ihm, daß er sein Glockenspiel spielen lassen solle, und ebenso plötzlich gibt es eine Papagena für ihn. Aus keinem anderen Grund als dem: In einem Märchen dürfen nur Bösewichte bestraft werden.
Und wo haben wir Bösewichte? Monostatos, der arg geschlagene Nigger, hat sich zur Königin der Nacht begeben und will gemeinsam mit ihr in das Allerheiligste Sarastros eindringen. Er kennt einen geheimen Pfad, und die Königin hat ihm versprochen, Pamina solle seine Frau werden, wenn er es zuwege bringe, daß das Symbol aller Macht nur ihr in die Hände fiele. Da haben wir also die notwendigen Bösewichte. Sie werden ohne Schwierigkeiten im vorletzten Augenblick von den Priestern um Sarastro entdeckt und zur Hölle geschickt. Damit zum guten Schluß, der aus der Hochzeit und der großen Reverenz vor dem jungen Brautpaar besteht.
Tamino hat seine schöne Prinzessin und ist außerdem der neue König. Das Reich der bösen Königin regiert er – und Sarastro überläßt ihm auch das andere; es ist gut so, daß ein junger, starker Herrscher alle Macht in Händen hat.

Hat die Geschichte auch eine Moral? Also, wenn man nach neuesten Maßstäben mißt, eigentlich nicht; denn wir sind für Emanzipation, und wir sind gegen Tyrannen; und wir haben es auch nicht gern, wenn man Farbige als Sklaven hält und einzig auf die Rache verzichtet, wenn man eindeutig der Gewinner ist. Und warum erzählt man die Geschichte immer noch? Weil sie ein altes Märchen ist und der Schluß ein Moment enthält, das vorläufig immer noch als Happy-End bezeichnet wird: Ein Liebespaar heiratet. Erst wenn eindeutig das als ein Mißstand angesehen werden wird, dann wird es schwierig, etwas für das Libretto der „Zauberflöte" zu sagen.

MODEST MUSSORGSKI

Boris Godunow

Musikalisches Volksdrama in vier Aufzügen und einem Prolog. Dichtung (nach Puschkin und Karamsin) vom Komponisten.

URAUFFÜHRUNG: St. Petersburg, 1874.
SOLISTEN: *Boris Godunow* (Bariton) – *Feodor* (Mezzosopran) und *Xenia* (Sopran), seine Kinder – *Xenias Amme* (Alt) – *Fürst Wassilij Iwanowitsch Schujskij* (Tenor) – *Andrej Schtschelkaloff*, Geheimschreiber (Bariton) – *Pimen*, Chronikschreiber, Mönch (Baß) – *Grigorij Otrepjew*, später *Dimitrij*, der falsche Demetrius genannt (Tenor) – *Marina Mnischek*, Tochter des Wojwoden von Sandomir (Sopran) – *Rangoni*, geheimer Jesuit (Baß) – *Warlaam* (Baß) und *Missaïl* (Tenor) – *Lowitzkij* (Baß) und *Tschernjakowskij* (Baß), Jesuiten – *1. Bäuerin* (Sopran) – *2. Bäuerin* (Alt) – *1. Bauer*, Mitjuch, (Baß) – *2. Bauer* (Tenor).
SCHAUPLÄTZE: Hof des Nowodiewitsch-Klosters bei

Moskau, in der Klostermauer ein Tor mit einem Türmchen – Platz im Moskauer Kreml, im Hintergrund die rote Freitreppe des Zarenpalastes, Uspenski- und Archangelskikathedrale – Zelle im Kloster Tschudow – Schenke in der Nähe der litauischen Grenze mit Tür und Fenster – Inneres eines prunkvollen Zarengemaches im Moskauer Kreml zu Moskau – Eine Waldlichtung bei Kromy, rechts ein Abhang mit einem Baumstumpf, dahinter die Stadtmauer.
ZEIT: 1598–1605.
DAUER: 3 1/2 Stunden.

Wer in Verona zum Balkon der Julia pilgert, der weiß, daß er sich an einer vom Tourismus geheiligten Stelle und sonst einfach in einem malerischen veronesischen Innenhof befindet. Ganz anders fühlt derjenige, der das Grab des Zaren Boris Godunow besichtigt – nichts von Ansichtskartenindustrie, nichts von anheimelndem Kommerz blüht um die Grabstelle, aber sie enthält wahrhaftig den Leichnam der Hauptfigur einer Oper. Wahrhaftig.
Der Autor allerdings hat sich zu einer anderen Bezeichnung bekannt; er nannte sein Werk ein musikalisches Volksdrama – wir verstehen vielleicht Handlung und Ideen des Komponisten wirklich besser, wenn wir nicht den gräßlich mordenden und gräßlich sterbenden Zaren, sondern das unter allen Umständen geknechtete Volk, die Masse, als Hauptperson der Handlung begreifen.
Wie aber läßt sich das erzählen?
Das arme, geschundene Volk von Moskau hat einen Auftrag besonderer Art. Es hat darum zu beten, daß der Bojar Boris Godunow die Würde eines Zaren annimmt – er hat vorzeitig dafür gesorgt, daß er allein als Zar in Frage kommt; ein männlicher Erbe, der ihm im Weg hätte sein können, ist rechtzeitig ermordet worden. Und jetzt läßt er trotzdem das Volk in Moskau beten, daß er die Würde annimmt, nach der er unter allen Umständen drängt. Und das Volk, das nicht weiß, was es sonst tun sollte, kniet und betet.
Und jubelt, als man ihm verkündet, Boris sei bereit, er

lasse sich zum Zaren krönen. Wieder gibt man Anweisungen, wieder kommt aus der Menge der Schrei, den Boris wünscht. Jubel und Dankbarkeit für den neuen Zaren.

Der alte Mönch Pimen weiß es besser. Er schreibt Geschichte, und er kennt die Untaten des Boris Godunow. Er zeichnet sie auf, damit wenigstens die Nachwelt die reine Wahrheit erfahren kann, wenn sie diese einmal wird wissen wollen. Der junge Grigorij, sein Schüler, träumt ehrgeiziger als Pimen. Der Lehrer kann sich nur vorstellen, daß nach seinem Tod Grigorij diese Chronik der grausamen Wahrheit weiterschreiben wird. Grigorij aber, ungefähr so alt wie der von Boris ermordete legitime Erbe der Macht, kann sich eine ganz andere Wendung der Geschichte vorstellen – und er will selbst Geschichte machen.

Er verläßt das Kloster und versucht, sich nach Polen durchzuschlagen. Nahe der Grenze gerät er in Gefahr, denn man sucht nach dem entflohenen Mönch: Bei einer Wirtin hat er nach einer durchlässigen Stelle an der Grenze geforscht, Soldaten will er dadurch täuschen, daß er seinen eigenen Haftbefehl so vorliest, als würde einer von zwei zufällig auch anwesenden Bettelmönchen gesucht. Dann ist er fort. Im allerletzten Moment dem Reich des Zaren Boris entronnen. Er will Geschichte machen.

Boris Godunow herrscht im Kreml und ist unglücklich, wie man das von einem Mörder annehmen darf. Das Land wird von Plagen heimgesucht, der Zar vermutet, daß Gott, an den er immerhin glaubt, ihn strafen will. Fürst Schuiskij berichtet, daß in Polen ein Mann aufgetaucht sei, der von sich behauptet, er sei Dimitrij, der gar nicht ermordete Thronfolger. Boris muß sich zur Beruhigung noch einmal in Erinnerung rufen lassen, daß aufgrund seiner Anordnungen wirklich Dimitrij ermordet wurde. Dergleichen kann auch für einen Mann mit starken Nerven nicht beruhigend wirken. Schuiskij sieht das Ende des Boris voraus.

Um aus seinem Wissen und seiner abenteuerlichen Behauptung, er sei der wahre Zarensohn, Kapital schlagen zu können, braucht der falsche Dimitrij Geld und

Daß mitten in einem Drama die Komikerszene mit den beiden Bettelmönchen steht, ist notwendig. Zur Erholung und um ein Bild des unendlich vielfältigen Rußland zu zeichnen.

Der sogenannte Polenakt wird zu oft verstümmelt wiedergegeben: Sowohl Rangoni als auch der Festestrubel bei Mnischeks paßt Regisseuren nicht ins Konzept, ist aber musikalisch unerhört richtig plaziert und sollte vollständig gespielt werden. Die große Liebesszene stellt zwar einen Fremdkörper in der Oper dar, ist aber verführerisch erfunden.

Nicht erschrecken, wenn an dieser Stelle nicht Boris auftritt, sondern plötzlich das Volksbild hinter dem Vorhang erscheint: Die meisten Opernhäuser stellen die Szenen um, wenn ein „Star" wünscht, als Boris im Finale zu sterben.

Die letzte Szene also, wenn es nach dem Willen des Komponisten geht: Eine Serie von musikalischen Stimmungsbildern und ganz zuletzt der weinende Narr, der aus einem Shakespeare-Stück sein könnte.

Soldaten. In Polen hat er die Chance, beides zu finden – Marina Mnischek, Tochter eines reichen Adeligen, will Zarin werden. Ein Jesuit drängt sie geradezu, doch hat er auch eine Bedingung – die katholische Kirche wird das junge Paar unterstützen, dann aber muß der neue Zar die Einheit der Kirche wiederherstellen, Moskau muß sich vor Rom neigen.

Marina und der falsche Dimitrij finden einander. Es ist ein ziemlich gräßliches Paar, das da ineinander verliebt ist – beide Partner wollen Macht und bewundern aneinander vor allem, daß auch der andere nach Macht strebt. Marina wird „gefügig", weil sie den starken Willen des Thronanwärters spürt.

In Moskau hat Boris zwar die Macht fest in Händen, der falsche Dimitrij wird von der Versammlung der Duma als Verräter in Abwesenheit zum Tod verurteilt – aber Schuiskij hat den Zaren Boris dem Wahnsinn nah gesehen und ist schon bereit, ihn zu opfern. Er erzählt, daß Boris unzurechnungsfähig ist, und Boris, der wirklich nicht mehr weiß, was er glauben soll, erscheint vor seinen Ratgebern als irrer, gefährlicher Mann. Man führt ihm den alten Mönch Pimen zu, der von Wunderheilungen am Grab des ermordeten Dimitrij berichtet – Boris ist damit zwar wieder als der starke Mörder bestätigt, gleichzeitig aber in Gottesfurcht seinem Ende nahe. Er läßt seinen Sohn holen und beschwört die versammelten Bojaren, dieser sei ihr nächster Zar. Dann stirbt er, ein Herzanfall rafft ihn an den Stufen seines Throns weg. Schuiskij aber wartet auf seine Stunde.

In der Nähe der Stadt Kromy ist Rußlands Volk wiederum unwissentlich die Hauptfigur des Geschehens. Es revoltiert gegen einen Bojaren. Es ist bereit, zwei katholische Mönche aufzuhängen, die den aus Polen eingedrungenen Dimitrij als neuen Zaren propagieren. Es fällt auf die Knie, als dieser mit seinen Soldaten vorüberzieht und nebstbei den Bojaren begnadigt. Ganz ohne Sinn ist es glücklich, daß die Stadt Kromy brennt und demnächst in Moskau ein neuer Zar gekrönt werden wird – er wird seinem Volk kein milder Fürst sein, aber das weiß die Menge aus zerlumpten Bauern und Bettlern nicht.

Oder doch? Ein Narr, ein Schwachsinniger, beweint das große Rußland, das unter immer neuen Tyrannen stöhnt oder jubelt.

Wer das Grab des Boris Godunow besucht, der kann die Geschichte weiterstudieren. Schuiskij wurde nach dem grausamen falschen Dimitrij selbst Zar und war seinem Volk ein harter Herrscher. Das Drama aber ist, wenn man es recht bedenkt, bis auf den heutigen Tag nicht zu Ende. Man könnte es immer fort und fort komponieren.

JACQUES OFFENBACH

Hoffmanns Erzählungen

Phantastische Oper in drei Akten, einem Vor- und einem Nachspiel. Dichtung von Jules Barbier.

URAUFFÜHRUNG: Paris, 1881.

SOLISTEN: *Olympia* (Koloratursopran) – *Giulietta* (Dramatischer Sopran) – *Antonia* (Sopran) – *Stella* (Sprechrolle) – *Andreas* (Tenor) – *Cochenille* (Tenor) – *Pitichinaccio* (Tenor) – *Franz* (Tenor) – *Lindorf* (Bariton) – *Coppelius* (Bariton) – *Dapertutto* (Bariton) – *Mirakel* (Bariton) – *Niklaus* (Alt) – *Eine Stimme* (Mezzosopran) – *Hoffmann* (Tenor) – *Spalanzani* (Tenor) – *Nathanael* (Tenor) – *Crespel* (Baß) – *Luther* (Baß) – *Hermann* (Bariton) – *Schlemihl* (Baß).

ORT: Vor- und Nachspiel: In Luthers Keller zu Nürnberg. I. Akt: In Spalanzanis physikalischem Kabinett. II. Akt: Im Palast Giuliettas zu Venedig. III. Akt: Im Haus Crespels.

SCHAUPLÄTZE: Das Innere einer altdeutschen Schenkstube mit großen und kleinen Fässern, Weinflaschen usw. – Reich ausgestattetes physikalisches Kabinett, im Hintergrund eine Galerie mit verhängten Türen, ebenfalls an den Seiten verhängte Türöffnungen – Festlich geschmückte Galerie eines Palastes mit Aussicht auf den Canale grande, rechts eine Flügeltür – Zimmer mit Türen, verhängte Fensternische, an der Wand große Gemälde einer Frau.

ZEIT: ca. 1800.

DAUER: ca. 3 Stunden.

Und gleich noch einmal Vorsicht: Da die Oper nicht zu Lebzeiten des Komponisten auf die Bühne kam, ist eine autorisierte Reihenfolge der Bilder nicht gegeben. Sie bleibt den Regisseuren und Dirigenten vorbehalten. Und diese erfinden immer neue Versionen.

Wenn ein genialischer Dichter und ein durchaus nüchterner Beamter versuchen, eine gefeierte Sopranistin zur Geliebten zu haben, ist zwar eine Art von Konflikt gegeben, doch das Ende unschwer abzusehen. Der Beamte, der eine gesicherte Position hat und Geschenke machen kann, wird auf die Dauer über den vorwiegend schwärmerischen, jedoch unbemittelten Literaten triumphieren. Dieser aber wird die Möglichkeit haben, sich selbst einzureden, er sei Spuk und Zauberei zum Opfer gefallen. Zuletzt wird er Verse schreiben und behaupten, von der gefeierten Sopranistin das bessere Teil, nämlich ihre Seele, besessen zu haben.

Und ganz so entsteht ein Gedicht, manchmal sogar ein ziemlich ausgedehntes, eines in mehreren Akten und Handlungen, eine Folge von Träumen oder Gleichnissen, die alle Niederlagen und Siege des Dichters zum Inhalt haben. Es bleibt dabei ganz nebensächlich, in welcher Reihenfolge da geträumt wird. Der Dichter heißt Hoffmann: Wir kennen ihn als eine reale Person, als E. Th. A. Hoffmann, und wissen von ihm, daß er in Nürnberg gelebt und gewisse Weinstuben besucht hat. Der Beamte heißt Lindorf und ist Stadtrat, worunter man sich eine einflußreiche Persönlichkeit vorstellen mag.

Ob das gelingt? Nehmen wir an, es hat zu Hoffmanns Zeit tatsächlich einen Stadtrat Lindorf gegeben. Lindorf, Hoffmann und ganz gewiß Luthers Weinkeller in Nürnberg also existieren; der Weinkeller liegt direkt neben dem Opernhaus und wird in der Pause von Opernbesuchern, zwischendurch von Komparsen, manchmal auch von Studenten, besucht. In diesem Keller kann man einen langen Abend verbringen und eine ganze Welt erleben.

Das Genie Offenbachs beweist sich, in dem er nur kurz Mozart zitiert, wenn von der Sängerin einer Mozartaufführung die Rede ist.

96

Lindorf, der in Luthers Weinkeller kommt, um nach der Vorstellung des „Don Giovanni" die Sopranistin Stella auszuführen und später auch zu verführen, trifft auf den Poeten Hoffmann, der bereits Stellas Geliebter war oder sein wollte – jedenfalls sind die Fronten klar. Lindorf ist der reiche Mann, der den Kampf gewinnen wird, Hoffmann der arme Schlucker, der sich und seinen Freunden erklärt, warum er verlieren muß. Wie anders als in Gleichnissen, in denen alle, alle vorkommen und das Spiel um und von der Liebe spielt? Hoffmann erzählt.

Er erzählt von einer Puppe, einer lebensgroßen Kunstfigur, in die er verliebt war – ein alter Mechaniker hat sie konstruiert, ein alter Erfinder hat einen wesentlichen Bestandteil der Puppe, die nahezu lebensechten Augen, geliefert. Hoffmann selbst hat von dem alten Mechaniker Aussichten auf die „Hand" der Puppe gewährt bekommen und von dem alten Erfinder die Brillen, die ihn erst zu einem blinden Menschen machten, der Maschinen und Menschen nicht mehr unterscheiden kann.

Hoffmanns Mißgeschick bei der Puppe ist gräßlich, aber nicht von ihm verschuldet: Die beiden „Väter" betrügen einander, der Erfinder zerstört die Kunstfigur, Hoffmann begreift, wieder ohne Brille, daß er imstande war, sein Herz an ein seelenloses Wesen zu hängen.

Er erzählt von einer Kurtisane, einer sündteuren Prostituierten also. Auch in die war er verliebt. Sie aber war, wie alle käuflichen Frauen, von einem bösen Menschen abhängig, der sie ausnützte. Sie mußte ihm nicht Geld, sondern die jeweiligen Geliebten ausliefern, ihre Schatten, ihre Spiegelbilder, ihre Persönlichkeiten also. Hoffmann war nahe daran, seine Angebetete dermaßen zu betören, daß sie seinetwegen auf ihren bösartigen Beschützer vergaß. Aber nur beinahe. Er lieferte ihr sein Spiegelbild und mußte, weil er sich wie wahnsinnig aufführte und sich in ein Duell einließ, fliehen. Die käufliche Frau blieb für ihn unerreichbar.

Er erzählt von einer Geliebten, die schwindsüchtig war: Sie wollte Künstlerin werden, Sängerin, was ihrer

Das Lied von Klein-Zack gehört zu den schönsten musikdramatischen Erfindungen: Wie da aus einem Strophenlied plötzlich in eine ganz andere Stimmung und Erzählung übergeleitet wird und Hoffmann zu spät zurückfindet zu Klein-Zack – das ist unübertroffen.

Die erste Episode muß, entgegen der vorherigen Anmerkung, die der Puppe sein. Denn der komponierte Übergang nach „Der Name meiner Ersten war: Olympia" ist von unvergänglicher Schönheit. Offenbach hätte da nichts geändert.

Daß eine Sopranistin alle drei Partien singt, muß nicht Regel sein – immerhin ist die Olympia eine Koloraturpartie, die außergewöhnliche Schwierigkeiten zu bewältigen hat.

Innerhalb dieses Bildes gibt es, wieder aus den oben erwähnten Gründen, ungeahnte Möglichkeiten, verschieden zu gruppieren. Als Sicherheit für Opernliebhaber: Die Barcarole muß vorkommen, und der „Böse" muß eine Arie mit einem abschließenden hohen A singen, die manchmal Spiegel-, dann wieder Diamanten-Arie heißt. Alles andere ist ziemlich willkürlich den Auffassungen der Herren „Vorstände" überlassen.

Um niemanden zu langweilen: Auch hier gibt es die verschiedensten Versionen, aber kein Regisseur läßt sich das Couplet des alten Dieners entgehen, und die große, kräftezehrende Arie der Antonia endet auf einem hohen Cis, einem wirklich fatal hohen Ton. Und ist keine Arie, sondern ihr Schlußgesang. Und dieser kommt in einem Terzett vor...

Ob das Nachspiel überhaupt gegeben wird, ist eine Frage, die auch denjenigen vorbehalten bleibt, die das Stück aufführen. Ob es eine eigene Darstellerin der Stella gibt oder ob es eine Muse gibt, die sich als der vorher nur „verkleidete" Niklas präsentiert – alles hat Offenbach durch seinen Tod offen gelassen.

Gesundheit keineswegs angemessen war. Seinetwegen wollte sie sogar auf den Gesang verzichten. Aber ein bösartiger, unheimlicher Doktor betörte sie und erklärte ihr, sie habe das Zeug zu einer Künstlerin in sich. Worauf sie sich in einer einzigen brillanten Arie zu Tod sang, das arme Kind einer deutschen Kleinstadt.

Mehr kann Hoffmann nicht erzählen. Er hat zuviel getrunken, er hat sich in Selbstmitleid dargestellt. Er hat den Rivalen Lindorf immer wieder mit ins Spiel gebracht. Er hat verloren. Die Sopranistin Stella, die Hoffmann nach der Vorstellung abholen will, sieht nicht den Dichter, sondern den Trunkenbold Hoffmann und entscheidet sich für den Herrn Stadtrat.

Hoffmann aber ist nicht unglücklich. Er hat eine Muse, die ihm bleibt. Und er hat Geschichten, die er erzählen kann. Er wäre zweifellos unglücklicher, wenn er plötzlich eine Geliebte hätte, und ganz und gar irdische Befriedigung.

HANS PFITZNER

Palestrina

Musikalische Legende in drei Akten. Dichtung vom Komponisten.

URAUFFÜHRUNG: München, 1917.
SOLISTEN: *Papst Pius IV.* (Baß) – *Giovanni Morone*, Kardinallegat des Papstes (Bariton) – *Bernardo Novagerio*, Kardinallegat des Papstes (Tenor) – *Kardinal Christoph Madruscht*, Fürstbischof von Trient (Baß) – *Carlo Borromeo*, römischer Kardinal (Bariton) – *Der Kardinal von Lothringen* (Baß) – *Abdisu*, der Patriarch von Assyrien (Tenor) – *Anton Brus von Müglitz*, Erzbischof von Prag (Baß) – *Graf Luna*, Orator des Königs von Spanien (Bariton) – *Der Bischof von Budoja*,

italienischer Bischof (Tenor) – *Theophilus*, Bischof von Imola, italienischer Bischof (Tenor) – *Avosmediano*, Bischof von Cádix, spanischer Bischof (Baß) – *Giovanni Pierluigi Palestrina*, Kapellmeister an der Kirche St. Maria Maggiore in Rom (Tenor) – *Ighino*, sein Sohn, 15 Jahre (Sopran) – *Silla*, sein Schüler, 17 Jahre (Mezzosopran) – *Bischof Ercole Severolus*, Zeremonienmeister des Konzils von Trient (Baß) – *1. Kapellsänger* von St. Maria Maggiore in Rom (Baß) – *2. Kapellsänger* (Baß) – *3. Kapellsänger* (Tenor) – *4. Kapellsänger* (Tenor) – *5. Kapellsänger* (Baß).

ORT: Der I. und III. Akt in Rom. Der II. in Trient.

SCHAUPLÄTZE: Zimmer im Wohnhaus Palestrinas, nicht groß, einfach, fast ärmlich, in der Mitte Arbeitstisch mit sehr großem Armlehnstuhl, Mitte hinten eine Tür nach einem Vorraum und dann eine zweite größere Eingangstür nach dem Freien, links eine kleine Hausorgel (Portativ), links vorne eine kleine Tür ins Hausinnere, an der linken Hinterwand großes Bild Lukretias, rechts großes Fenster mit Blick auf das ziemlich entfernte Rom – Eine große, hohe, saalartige Vorhalle; im Hintergrund, etwas tiefer, die Straße, im Vordergrund ein kleines Gärtchen; auf beiden Seiten, die ganze Tiefe der Bühne beschreibend, zwei schwache Halbkreise von Stühlen und Bänken, in mindestens vier Abstufungen amphitheatralisch ansteigend; linker Halbkreis zweimal durch Treppen unterbrochen, die durch zwei Türen in Höhe der höchsten Bankreihe in den Palast führen – Zimmer Palestrinas wie zu Anfang, ohne Arbeitstisch.

ZEIT: Die Handlung spielt im November und Dezember 1563, dem Jahr der Beendigung des Tridentinischen Konzils. Zwischen dem I. und II. Akt liegen etwa acht Tage, zwischen dem II. und III. etwa 14 Tage.

DAUER: ca. 4 Stunden.

Denjenigen, die etwas dichten oder komponieren, ist immer auch das Rätsel wichtig, woher kommt, was und daß sie dichten und komponieren. Es gibt darüber nicht nur unzählige Briefe oder Reflexionen – vor al-

Selbstverständlich „schwindelt" der Komponist. Was er an einfacher Musik im Vorspiel angibt, ist nicht von Palestrina, sondern soll nur die

Zeit suggerieren – immerhin ist ja auch musikgeschichtlich nicht ganz richtig, was später in der Oper gezeigt wird. Die herbe Tonsprache Pfitzners hat bei der Uraufführung allerdings Furore gemacht.

Das große Zwiegespräch Borromeo – Palestrina ist traditionsgemäß auch eine Auseinandersetzung zwischen zwei bedeutenden Protagonisten: Man setzt diese Oper nur an, wenn man ausgezeichnete (und beliebte) Interpreten für diese beiden Partien hat.

lem Musiker sind beinahe nie imstande, zu erklären, wann ihnen etwas eingefallen ist, und diese Unfähigkeit ist keineswegs nur damit zu erklären, daß sie nicht schreiben, sondern komponieren. Dichter und Musiker haben zu allen Zeiten Stücke geschrieben und komponiert, in denen sie das Unerklärbare erklären wollten. Da diese Erklärungen wiederum nur diejenigen interessieren, die auch an den Stücken Interesse haben, sind es nicht unbedingt die überlaufensten Opern, die davon handeln, wie eine Oper – oder ein anderes Werk – zustande kommt.

Immerhin, ein Beispiel darf man auch hier erzählen. Es handelt ja von keiner Oper.

Im November 1563 ist es in Rom nicht kalt – die beiden Knaben Ighino und Silla, Schüler und Sohn des Kirchenkomponisten Pierluigi Palestrina, können bei offenem Fenster miteinander musizieren und tratschen. Der Sohn Ighino ist traurig, weil auch sein Vater still und vor der Zeit alt geworden ist. Der Schüler Silla ist übermütig und will demnächst aus der Lehre austreten. Er findet Palestrina veraltet und will nach Florenz, wo man mehr mit der Mode geht und er Aufregenderes lernen wird.

Mit Palestrina kommt ein Kardinal ins Haus. Und selbstverständlich eine Mahnung, weil jetzt auch schon bei Palestrina modisch, nach der Avantgarde musiziert wird; Kardinal Borromeo macht den Vorwurf, nicht der Komponist, der zu klug ist, um einem Schüler den Fortschrittsglauben zu rauben. Er war ja zu seiner Zeit auch einmal ein wilder Musiker und hat sich Sympathien für die Neuerer bewahrt. Borromeo ist nicht zu Palestrina gekommen, um über theoretische Fragen zu diskutieren. Er hat einen Auftrag in der Tasche. Der Papst will, was angesichts der letzten Sitzungen des Tridentinischen Konzils einer nebensächlichen Reform gleichkommt, die Figuralmusik aus der Kirche verbannen und den gregorianischen Choral wieder einführen. Borromeo, ein Kunstfreund, hat opponiert. Der deutsche Kaiser Ferdinand hat zu erkennen gegeben, daß er gleichfalls keine Freude am Choral fände. Der Papst hat erklärt, wenn man ihm eine neue Messe vorlege, die edel und einfach geschrieben ist, werde er seine Forderung zurückziehen. Borromeo will von Palestrina diese Messe.

Der Musiker lehnt den Auftrag ab. Nicht nur, weil er seit dem Tod seiner Frau nichts mehr komponiert hat. Sondern auch, weil er an sich und seinem Auftrag zweifelt. Und weil er somit an Gott und der Welt zweifelt – im Gespräch mit Borromeo wird das deutlich; der Kardinal sieht allerdings nur, daß sein Schützling in Gefahr ist, ein Ketzer zu werden, und ist erbost, weil man ihm nicht sofort gehorcht. Und verläßt Palestrina äußerst unwillig, wie nur ein Kirchenfürst das zustande bringt.

Palestrina aber bleibt sitzen und denkt nach. Er soll eine Messe schreiben, und an deren Qualität soll das Schicksal von unendlich viel bereits geschriebener Musik hängen? Im Geist sieht er die Komponisten vor sich, die ihn dazu drängen, weiterzuarbeiten und mit seiner Kraft auch ihr Werk zu retten. In seiner Ekstase sieht er seine Frau wieder und glaubt, die Engel diktieren ihm ein neues Werk. In einer Nacht, von der er später nie erzählen kann, komponiert er die von ihm verlangte Messe. Wie? Er könnte es niemandem erklären. In einem heiligen Rausch. Unter Diktat. Besinnungslos. Aber mit der Meisterschaft, die er in einem langen Leben erworben hat.

Am frühen Morgen finden die Buben Ighino und Silla Palestrina eingeschlafen. Und eine ganze neue Messe.

Das Konzil tagt zu Trient. Es befaßt sich vor allem mit recht weltlichen Fragen, es hat Meinungsverschiedenheiten zwischen dem Papst und dem deutschen Kaiser zu schlichten, es hat die Frage der Protestanten im Nacken – ganz am Rande wird erwähnt, was in Rom eine menschliche Tragödie darstellt: Die Mustermesse, die der Heilige Vater verlangt, wird von Palestrina zu schreiben sein, denn Borromeo hat den Komponisten einfach gefangensetzen lassen, und seine Kardinalskollegen meinen, man werde den kleinen Musiker, wenn es sein muß, auf der Folter zwingen, das gottgefällige Werk so zu schreiben, wie der Papst es verlangt. Die Sitzung, während der in drei Sätzen auch Palestrina

Hier endlich sind Kirchentonarten mit im Spiel; die alten Meister singen ungefähr nach ihrer eigenen Weise. Und die Engel singen wirklich die Missa Papae Marcelli. Pfitzner aber endet den ersten Akt mit der symphonischen Dichtung „Rom".

An kleinen Bühnen hat es Aufführungen des zweiten Aktes ohne Musik gegeben. Dem Opernfreund allerdings wäre das fatal – bei einer prächtigen Aufführung findet er das gesamte Herrenensemble seines Hauses auf einmal auf der Bühne. Und alle Sänger sind geistliche Herren.

Eines der besten Beispiele für die Notwendigkeit, ganz kleine Partien ganz großartig zu besetzen: Der Papst muß, obgleich er am Ende einer langen Oper ganz wenig zu singen hat, vom gewaltigsten Baß des Ensembles gesungen werden. Siehe auch den Eremiten im „Freischütz".

erwähnt wird, geht in Krawall auseinander. Allerdings hat man über ganz andere Dinge gestritten. Ein Komponist kommt da wirklich nur am Rande vor.

Palestrina hat die Messe ja geschrieben. Sein Sohn hat sie dem Kardinal übergeben, als der Vater gefesselt abgeführt wurde. Jetzt wird sie gesungen. Palestrina ist freigelassen und wartet, einige treue Mitglieder seines Chores sind bei ihm. Wie wird der Heilige Vater entscheiden?

Er ist weise. Er läßt sich durch Rom tragen und kommt zu Palestrina. Er hat begriffen, daß er ein Meisterwerk gehört hat und daß es selbst dem Papst in seiner Würde zusteht, zu einem Meister zu kommen. Er segnet Palestrina, den neuen Leiter der Sixtinischen Kapelle auf Lebenszeit.

Somit wäre alles in Ordnung, denn im Gefolge des Papstes ist auch Kardinal Borromeo, der sich bei Palestrina entschuldigt und erklärt, er habe Unrecht getan. Ist alles in Ordnung? Der Schüler Silla ist schon bei den Avantgardisten in Florenz, der Sohn Ighino läuft glücklich durch die Straßen, Palestrina bleibt mit seiner Musik allein. Findet er, daß alles in Ordnung ist? Er denkt darüber nicht nach. Er sieht es als von Gott auferlegte Bestimmung an, daß er zu komponieren habe. Die Frage, wie das geschieht, stellt er nicht. Er ist zu demütig, er ist ein Meister.

Ist somit die Frage beantwortet? Man wird mir zugeben, daß immerhin eine Antwort in der Geschichte steckt. Daß nämlich der Schöpfungsakt ganz und gar unerklärlich und unsezierbar bleibt. Und das ist ja eine sehr gute Antwort. Eine bessere hat bisher niemand gefunden.

GIACOMO PUCCINI

La Bohème

Szenen aus Henri Murgers „Vie de Bohème" in vier
Bildern. Dichtung von Giuseppe Giacosa und Luigi Illica.

URAUFFÜHRUNG: Paris, 1896.
SOLISTEN: *Rudolf,* Poet (Tenor) – *Schaunard,* Musiker
(Bariton) – *Marcel,* Maler (Bariton) – *Collin,* Philosoph
(Baß) – *Bernard,* der Hausherr (Baß) – *Mimi (Sopran)* –
Musette (Koloratursoubrette) – *Parpignol* (Tenor) –
Alcindor (Baß) – *Sergeant bei der Zollwache* (Baß).
ORT: Paris.
SCHAUPLÄTZE: 1. Bild: In der Mansarde; durch ein gro-
ßes Dachfenster übersieht man eine Menge von Gie-
beln, Dächern, Kaminen, alles im Schnee, hinten und
seitlich eine Tür – 2. Bild: Im Quartier Latin: Kreu-
zungspunkt mehrerer belebter Straßen, die hier einen
kleinen Platz bilden, Kaufläden aller Art, Wirtschaften,
an der einen Seite des „Café Momus" – 3. Bild: Die
Barrière d'Enfer; Jenseits der Zollschranke der äußere
Boulevard, ganz hinten die Chaussée d'Orléans, vor
der Zollbarriere links ein kleines Wirtshaus, davor ein
kleiner Platz, rechts der Boulevard d'Enfer, links der
Boulevard St.-Jacques; an der Kneipe Wirtsschild „Der
Zug durchs Rote Meer" mit dem Titel „Zum Hafen
von Marseille", auf die Türflügel sind ein „Turco" und
ein „Zuave" als Fresko hingemalt, beide mit großen
Lorbeerkränzen um den Fez. Die Mauer der Kneipe
hat ein Fenster im Parterre – 4. Bild wie 1. Bild.
ZEIT: Um 1830.
DAUER: 2½ Stunden.

Wenn man einmal länger darüber nachdenkt, wird man
unschwer begreifen, daß es nicht immer die großen
Konflikte sein müssen, die ergreifen oder Mitleid erre-
gen. Manchmal sitzt man auch ziemlich mitgenommen
da, wenn einem nur von einer entfernten Bekannten
erzählt wird, die jung gestorben ist und vor ihrem Tod
einen jungen Mann gekannt hat, den sie vielleicht sogar
heiraten wollte.

Die Oper beginnt sozusagen
atemlos: Nach wenigen Takten übernehmen es die beiden
Sänger, uns in die Stimmung
zu versetzen, die Puccini malen will – und sie geben in
Andeutungen (wie bei einer
Programmouvertüre alten
Stils) sogar schon an, was in
der Folge musikalisch geschehen wird. Ein feiner Einfall.

103

Sehr viel mehr passiert einer kleinen Pariser Stickerin mit Namen Mimi auch gar nicht. Daß alle Welt von ihr weiß, ist eher dem Milieu zu danken, in dem sie lebt und stirbt, und der Sehnsucht aller saturierten Menschen, einmal in einem so bescheidenen und so leichtfertigen Milieu leben und lieben zu dürfen. Einer verlogenen Sehnsucht übrigens.

„Unter den Dächern von Paris", in einer Mansarde also, wo junge Männer frieren, aber daran glauben, daß ihre Verse oder ihre Bilder einmal erkannt, anerkannt und gekauft werden – dort friert es sich pittoresker als anderswo, weil man erstens jung und zweitens in Paris ist und drittens in Gesellschaft von vielen anderen jungen Leuten, die alle ähnlich auf die Zukunft hoffen. Am Weihnachtsabend 1830 haben der Maler Marcel und der Dichter Rudolf wenig gearbeitet und viel gehungert. Der Philosoph Collin hat's kommentiert, der Musiker Schaunard aber hat, weil er an einen wahnsinnigen Engländer geraten ist, Geld. Man beschließt, es weder dem Hausherren zu geben noch auf die Bank zu legen, sondern damit auf die Straße zu gehen und sich zu amüsieren – ganz Paris tut das am Weihnachtsabend.

Mimi muß nur anklopfen, schon ändert sich im Orchester die Stimmung total. Die Liebe ist auf dem Plan, bevor sie noch auf der Bühne ist.

Nebenan wohnt die Stickerin Mimi, die noch nie mit einem der jungen Männer gesprochen hat. Sie klopft auch diesmal nur an, weil ihr die Kerze ausgegangen ist. Der Dichter Rudolf ist zufällig allein, er kann der kleinen, schwindsüchtigen Mamsell zufällig ein Glas Wein anbieten, und schon sind sie, ganz rasch und ohne jede Vorbereitung, ineinander verliebt. Es ist kalt ringsum, sie sind jung und arm, und es ist Weihnachten. Da schmiegt man sich halt zusammen.

Vielleicht unterbrechen wir wieder einmal, wenn's gestattet ist. Daß zwei junge Menschen einander an den Händen halten und sich ihre unscheinbare, gerade aus dem Nichts entstandene Liebe erklären, ist vielleicht nicht weltbewegend. Was aber, anderseits, ist für diese zwei weltbewegender als eben dieses herrliche Gefühl: zu lieben? Wer es je an sich selbst gespürt hat, wird zugeben, daß die Umwelt wahrscheinlich an seinem so privaten, eigenen Gefühl auch nicht besonderen Anteil

Bei der berühmten Rudolfo-Phrase vom eiskalten Händchen mixt Puccini völlig bedenkenlos Harfe und Flöte, die Liebesinstrumente, hinein – und alle Süße ist noch immer nicht zu dick verrührt, wir nehmen sie selig an.

genommen hat. Aber für ihn war es doch unvergeßlich schön. So ungefähr geht's der Strickerin Mimi und dem Dichter Rudolf.

Im Quartier Latin, dem Künstlerviertel, findet auch niemand etwas daran, daß der Kollege Rudolf plötzlich ein Mädchen hat. Die anderen aus der Mansarde sind zufrieden damit, der Musiker hat immer Liebschaften, der Philosoph erklärt sich selbst, daß er sich keine leisten kann. Der Maler Marcel findet, weil Weihnachten ist, seine Geliebte Musette wieder – eine junge Pariserin, die ihn zwischendurch mit einem reichen, alten Mann betrogen hat, aber an diesem besonderen Abend rasch und hemmungslos und ostentativ wieder zu Marcel zurückkehrt, weil ein junger Maler ganz gewiß ein besserer Liebhaber ist, und das mehr zählt als ein hübsches Kleid. Zuerst waren vier junge Männer hungrig und verfroren, plötzlich sind alle satt und gut aufgelegt, und zwei von ihnen haben sogar Geliebte. So rasch geht das in Paris.

Es geht – in Paris und anderswo – allerdings auch wieder rasch zu Ende. Mimi und Rudolf leben zusammen, sind aber nicht glücklich – Rudolf weiß, daß seine Geliebte schwindsüchtig ist und hält dieses Unglück nicht aus, flieht zu seinen Freunden. Marcel und Musette leben zusammen, sind aber mit allen Affektationen und Ekstasen belastet und machen sich das Leben nicht leicht.

Mimi, die sich bei Marcel Rat holen will, hört, wie Rudolf diesem erzählt, daß sie todkrank ist. Rudolf ahnt nicht, daß er mit dieser Erzählung seiner Geliebten den Abschied gegeben hat. Marcel und Musette streiten weiter. Weihnachten ist noch gar nicht so lange vorüber, aber alle sind wieder sehr arm und ganz und gar nicht glücklich. Kalt ist es noch immer.

Fazit? Die Herren Dichter, Maler, Philosoph und Musiker sind wieder in ihrer Mansarde. Die gerade noch Verliebten tun so, als hätten sie keinen Schaden genommen, als seien Mimi und Musette bereits vergessen. Zu viert werden der Hunger und die Kälte bekämpft.

Da kommt Mimi zurück. Musette bringt sie. Die bei-

Dies immerhin ist ein Liebesakt, in dem beide Sänger einmal zum hohen C müssen. Der Tenor bei seiner Arie, weil es der Komponist möglich gemacht hat und es noch jeder Tenor versuchte (er wäre allerdings ohne hohes C auch korrekt). Und Mimi im letzten Ton des Duetts, mit dem die beiden aus der Mansarde gehen. Und auch da gibt zumeist ihr Partner nicht nach und versucht's auch noch einmal. Obgleich ein c notiert ist.

Wieder ohne Vorspiel, wieder ist der große Chor derjenige, der Stimmung schildert und den Ton des Bildes angibt. Und niemand hat sich je gewundert, daß Trompeten so herrlich einen Weihnachtsabend charakterisieren.

Der Walzer der Musette ist eine Erfindung Puccinis, der an dieser Stelle diese Musik wollte – man mußte ihm nachträglich für Musette auch noch einen Text schreiben. Die Idee, in einem verführerischen Walzer vom alten zum jungen Mann zu finden, ist wie ein Kompliment an Wien.

Die Flöten und Harfen, die im ersten Bild Liebe signalisierten, sind jetzt plötzlich die Tupfen von Schnee und Winterkälte. Das dritte Bild der Oper ist (beinahe möchte man sagen wie bei Alban Berg) unerhört konsequent komponiert.

Um Wiederholungen zu vermeiden – die ganze Situation ist erst in dem Duett der beiden unglücklich liebenden Männer angedeutet, nicht schon mit den ersten Takten beim Aufgehen des Vorhangs.

den jungen Damen haben Liebhaber gehabt, oder auch nicht; dies ist bereits unerheblich. Mimi kommt, weil sie sterbenskrank ist, und Musette, weil sie ein gutes Herz hat und findet, daß Mimi unter Freunden sterben soll.

Und das geschieht dann auch ganz rasch. Der Philosoph versetzt noch seinen Mantel, um Geld für Medizin anbieten zu können. Musette gibt ihren Schmuck her, um den Arzt bezahlen zu können. Sie kommen und gehen und legen der kleinen Mimi einen Muff auf's Bett und wissen nicht, wo sie hinschauen sollen.

Rudolf ist die Ausnahme: Er glaubt plötzlich, es werde alles gut; Mimi werde wieder gesund und seine Geliebte. Aber da ist sie schon gestorben. So lange ist Weihnachten noch gar nicht vorbei – aber die Geschichte von einem kleinen Mädchen, das vor seinem Tod immerhin einen jungen Mann geliebt hat, die ist abgeschlossen. Außer den ganz wenigen, die sie gekannt haben, wird nie mehr jemand von Mimi sprechen.

Collin, bisher nur im Quartett der Herren, hat seine kurze Ansprache an den Mantel – so fängt man sich einen besseren Sänger für die Partie.

Mit leisen Geigen Abschied nehmen, auch das klingt außerordentlich banal, aber man verstehe einmal, wie schwer es einem Komponisten wird, all das Banale einzusetzen, dabei den erwünschten Effekt zu erreichen – und doch nie in die Nähe einer Geschmacklosigkeit zu geraten.

GIACOMO PUCCINI

Tosca

Musikdrama in drei Akten. Dichtung von Victorien Sardou, Luigi Illica und Giuseppe Giacosa.

URAUFFÜHRUNG: Rom, 1900.
SOLISTEN: *Floria Tosca*, berühmte Sängerin (Dramatischer Sopran) – *Mario Cavaradossi*, Maler (Tenor) – *Baron Scarpia*, Chef der Polizei (Bariton) – *Cesare Angelotti* (Baß) – *Der Mesner* (Baß) – *Spoletta*, Agent der Polizei (Tenor) – *Sciarrone*, Gendarm (Baß) – *Ein Schließer* (Baß) – *Ein Hirt* (Knabenstimme) – *Ein Kardinal* (Stumme Rolle) – *Der Staatsprokurator* (Stumme Rolle) – *Roberti*, Gerichtsbüttel (Stumme Rolle) – *Ein Schreiber* (Stumme Rolle) – *Ein Offizier* (Stumme Rolle) – *Ein Sergeant* (Stumme Rolle).

ORT: Rom.
SCHAUPLÄTZE: In der Kirche von Sant' Andrea della
Valle; rechts die Kapelle Attavanti, links ein Malgerüst,
darauf ein großes, mit einer Leinwand bedecktes Ge-
mälde – Palazzo Farnese; Scarpias Zimmer im oberen
Stockwerk, weites nach dem Hof des Palastes sehendes
Fenster – Auf der Plattform der Engelsburg, links eine
Kasematte, an der einen Wand ein Kruzifix mit einer
Leuchte, rechts die Öffnung für eine kleine Treppe zur
Plattform, im Hintergrund St. Peter mit dem Vatikan.
ZEIT: 1800.
DAUER: 2¹/₂ Stunden.

Das Erfolgsgeheimnis vieler illustrierter Zeitschriften
besteht darin, den Lesern zu berichten, daß auch an
Königshöfen oder in Kreisen der Geldaristokratie allgemein verständliche Gefühle, Liebe oder Eifersucht
denkbar sind. Das ist erstens wahr und läßt sich zweitens im Detail beinahe nie nachprüfen. Ganz gewiß
sind die Beziehungen zwischen zwei Menschen auch
dann stark und gefährlich, wenn diese zufällig nicht
unsere Nachbarn sind. Uns aber wird anderseits immer
verborgen bleiben, ob Prinz und Prinzessin einander,
wenn sie in Streit geraten, mit ungefähr den Ausdrük-
ken belegen, die wir selbst erfinden.
Große Leidenschaften sind erregend. Wenn sie vor
dem Hintergrund politischer Auseinandersetzungen
und in entsprechend attraktiven Kreisen passieren, gewinnen sie durchaus weiter an Interesse: die tödliche
Leidenschaft der römischen Sopranistin Floria Tosca
zum Beispiel. Floria Tosca ist verwöhnter Mittelpunkt
der römischen Gesellschaft, die allerdings selbst nicht
in bester Verfassung ist: Napoleon hat Europa umver-
teilt, eine brandneue Aristokratie geschaffen und die
alten Adelsgeschlechter entweder in den Kerker werfen
oder entmachten lassen. Und führt weiter Krieg. Baron Scarpia, Chef der Geheimpolizei Roms, ist ein
Emporkömmling, der Tosca vergöttert. Jedoch durchaus glücklos, denn sie liebt einen avancierten Maler,
Mario Cavaradossi.
Dieser hat einen Landsitz außerhalb Roms und den

Ganz allgemein gesprochen:
„Tosca" ist neben „Madame
Butterfly" deshalb eine der
beliebtesten Repertoire-
Opern, weil man mit drei guten Sängern auskommt und
diese selbst an schwächeren
Abenden das Stück zum Er-
folg tragen können. Puccinis
Meisterschaft in der „Sparsamkeit" ist bisher nie gewürdigt worden – und außer Sängern hat eigentlich auch noch
nie jemand dafür gedankt, daß
er die sichersten Erfolge für
Interpreten überhaupt komponierte.

Ein verheizter Auftritt von
Angelotti und das Kabinett-
stück des Stimmung machen-
den Mesners bereiten die
Oper vor. Es ist eine Oper der
großen Auftritte: Jeder der
Protagonisten kann eigentlich
Beifall haben, bevor er seine
erste Arie gesungen hat. Der
Tenor hat zudem sofort nach
seiner Ankunft seine erste
große Chance: „Wie sich die
Bilder gleichen."

Für langgediente Opern-freunde: Nach zwei Mario-Rufen hinter der Szene kommt die Darstellerin der Tosca so langsam auf die Bühne, daß sie allein aus ihrem Auftritt eine eigene Szene machen kann – Maria Jeritza war darin die Größte.

Im großen Liebeausbruch erinnert sich nur der Librettist, nicht Puccini, daran, daß wir in einer Kirche sind – die Leidenschaft ist italienisch und überwältigend.

Um Scarpia überraschend und drohend zugleich kommen zu lassen, muß ein Kinderchor her. In fröhliches Gezwitscher bricht ein Donnerwetter noch viel effektvoller als in eine spannungsgeladene Atmosphäre.

Auftrag, ein Altarbild in der Kirche Sant' Andrea della Valle zu malen. Er arbeitet an Ort und Stelle, er komponiert sein Bild in die ehrwürdige Umgebung, er ist ein attraktiver Mann in einer heiligmäßigen Dekoration – dergleichen findet man selten.

Cavaradossi hat Geschmack, er hat eine betende junge Frau beobachtet und sie als Modell für seine Maria Magdalena genommen; eine künstlerische Freiheit, die er teuer bezahlen muß. Denn diese junge Frau ist die Schwester des eingekerkerten einstigen Konsuls der römischen Republik und also eine Dame der geächteten Gesellschaft. Sie hat ihrem Bruder in der Kapelle ihrer Familie – gleich neben dem Altar – Fluchtkleidung bereitgelegt, sie hat die Flucht des Bruders vorbereitet; und sie hat gebetet, daß diese auch gelingen möchte.

Cavaradossi aber, den Floria Tosca in der Kirche besucht, wird von seiner Geliebten mit Eifersucht geplagt; sie hat in der Maria Magdalena die adelige Dame erkannt und meint, dies bedeute doch, daß ihr Maler ein Modell und also eine andere Geliebte habe. Wäre auch nur ein Gran Wahrheit dabei, könnte Cavaradossi Tosca nicht beruhigen. Doch er ist ja tatsächlich unschuldig und kann sie mit der Glut aufrichtiger Liebe – in der verlassenen Kirche ist diese zweifellos noch aufregender als im Atelier – überzeugen.

Er weiß nicht, daß in der Kapelle nebenan bereits der einstige Konsul wartet, aus seinem Kerker entkommen und auf der Flucht, ungeduldig, denn die Liebesbeteuerungen nehmen kein Ende. Er erfährt's aber, denn kaum ist Tosca gegangen, muß der Flüchtling hervor: Cavaradossi erkennt ihn zuerst nicht, hat als Künstler zwar Symphatie für ihn, jedoch wirkliches Interesse erst unter dem Eindruck eines einzigen Namens: Cesare Angelotti nennt seinen Kerkermeister, den Baron Scarpia. Den mächtigen Mann, der Tosca haben möchte. Und nicht die Vaterlandsliebe oder die Liebe zur Freiheit, zur Republik, sondern die Eifersucht bestimmt Cavaradossi, dem Flüchtling weiterzuhelfen. Er stellt ihm sein Haus zur Verfügung; mehr noch, er bietet ihm dort eine Zisterne als wirklich sicheren Unterschlupf; noch mehr, er führt ihn selbst hin, denn ein Kanonenschuß, den man über die Stadt hin dröhnen hört, läßt erahnen, daß der Ausbruch des Gefangenen bemerkt worden ist.

Und Zug um Zug beginnt die Tragödie. Scarpia ist der Allmächtige des Geheimdienstes, deshalb mit seinen Spitzeln selbst sofort auf der Spur Angelottis. Und ganz rasch bei der Kapelle, ganz instinktsicher – und mit Hilfe eines ahnungslosen Sakristans – in der Nähe Cavaradossis. Floria Tosca, die von Flüchtlingen und Freiheitskämpfern wahrlich keine Ahnung hat, ist schon mit im Spiel: Scarpia suggeriert ihr, was sie befürchten will: eine Verbindung ihres Geliebten mit der Schwester Angelottis. Er kann dabei nichts verlieren, aber alles gewinnen – Angelotti und vielleicht sogar Tosca. Ein wirklich ausgezeichneter Intrigant verbindet Politik mit persönlichem Nutzen, und diejenigen, denen er dient, gestatten ihm das gern.

Prompt geht ihm auch jedermann in die souverän gestellte Falle. Floria Tosca, gerade noch gefeierte Sängerin vor der Königin selbst, kommt auf seine Bitte zu ihm. Cavaradossi wird von der Polizei eingebracht. Die Frage, ob er Cesare Angelotti versteckt, erklärt sogar einer so weltfremden Frau wie Floria Tosca, daß es hier nicht um sie, sondern um Politik geht. Die Frage wiederum, ob Cavaradossi der Folter widerstehen kann, stellt sich nicht: Floria Tosca hört ihn aufschreien und verrät das Versteck. Cavaradossi ist damit freilich wenig geholfen. Er hat den Regimegegner versteckt und ist somit, ob er nun das Befreiungslied anstimmt oder nicht, verloren.

Der Trick, den Baron Scarpia anwendet, um jetzt noch eine Liebesbegegnung mit Tosca zu erzwingen, ist primitiv. Sie soll sich für das Leben und die Freiheit des Geliebten „verkaufen". Scarpia spricht von einer vorgetäuschten Hinrichtung, schreibt einen Paß aus und ist Minuten später tot. Tosca hat ihn erstochen. Scarpia ist tot, jedoch keineswegs überlistet. Cavaradossi, der die Hinrichtung erwartet, plötzlich Tosca vor sich sieht und erfährt, es werde alles nur Komödie sein – aber auch, welchen Preis Tosca hätte zahlen sol-

Ein Trick des Scarpia: Er singt um eine kaum spürbare Nuance ungleich gegenüber dem Chor, damit erreicht er, daß sich seine Stimme von der Masse abhebt, und der Opernfreund glaubt, er überdröhne in den letzten Takten mühelos Chor und Orchester. Was in der Praxis undurchführbar wäre.

Und noch ein Trick: Der Tenor kann hinter der Szene Schreckensschreie ausstoßen und sich so auf sein gefährliches „Vittoria" vorbereiten – dieses muß allerdings dann auf der Bühne sicher und fortissimo kommen, sonst hat er den Abend so gut wie verloren.

„Nur der Schönheit..." ist schwer zu singen, aber bei Sopranistinnen äußerst beliebt. Sie werden von Puccini zum Höhepunkt getragen. Und haben gleich nachher die Chance, in großem, stummem Spiel die Mordszene zu spielen – mit der sie dem getöteten Scarpia allen Effekt und Beifall stehlen.

Vom ersten Takt weg ist alles nur Ein- und Hinleitung auf die Tenorarie, die sogar heute noch manchmal wiederholt wird. „Es blitzten die Sterne" bringt jedenfalls den Beifall, den der Tenor zur Erholung für das große Duett zum Schluß braucht.

Was mir besonders gefällt: Da könnten Tosca und Cavaradossi bereits enden, aber Puccini fällt noch eine Melodie ein, und sie singen weiter, noch einmal von Liebe. Und so ist's wahrscheinlich im Leben auch.

len und wie sie sich der Bezahlung entzog – Cavaradossi wird erschossen, wie Scarpia das wollte. Der großen Sängerin, die plötzlich wieder ganz allein auf dem Dach der Engelsburg steht, bleibt kein Ausweg. Scarpia hat sie überlistet. Ihr Geliebter ist tot, und sie selbst ist eine Mörderin. Sie stürzt sich in die Tiefe. Von Gier, Leidenschaft und Liebe bleibt nichts als drei gräßlich zugerichtete Leichen.

GIACOMO PUCCINI

Madame Butterfly

Tragödie einer Japanerin in drei Aufzügen. Dichtung von Luigi Illica und Giuseppe Giacosa.

URAUFFÜHRUNG: Mailand, 1904.
SOLISTEN: *Cho-Cho-San,* genannt *Butterfly* (Koloratursopran) – *Suzuki,* Cho-Cho-Sans Dienerin (Alt) – *Kate Linkerton* (Mezzosopran) – *F. B. Linkerton* (Tenor) – *Sharpless,* Konsul der Vereinigten Staaten in Nagasaki (Bariton) – *Goro,* Nakodo (Tenor) – *Der Fürst Yamadori* (Tenor) – *Onkel Bonze* (Baß) – *Yakusidè* (Baß) – *Der kaiserliche Kommissär* (Bariton) – *Der Standesbeamte* (Baß) – *Die Mutter Cho-Cho-Sans* (Mezzosopran) – *Die Base* (Sopran) – *Die Tante* (Sopran) – *Das Kind* (Stumme Rolle).
ORT: Nagasaki.
SCHAUPLÄTZE: Ein Hügel bei Nagasaki, Japanisches Haus, Terrasse und Garten, im Hintergrund, tief unten, die Stadt mit Hafen – Inneres von Butterflys Häuschen.
ZEIT: In unserer Zeit.
DAUER: 2¹/₂ Stunden.

Deutlicher als bei allen anderen Werken ist es hier beweisbar: Puccini hat sich auch mit dem Lokalkolorit befaßt, es

Die Ehe ist eine Institution, um die man die aufregendsten und hübschesten Geschichten weben und erfinden kann. Solange es die Ehe gibt, gibt's die herrlichsten

110

Konflikte – und beinahe alle sind so beschaffen, daß wenigstens einer der Partner, meist aber beide, zu weinen und zu singen haben.

Anderseits aber gibt's den Krieg und die damit verbundenen Umstände, wie Besatzungsmächte und Fraternisierung mit besiegter Bevölkerung, und aus diesen Umständen sind immer wieder die hübschesten Kinder hervorgegangen; auch in Europa weiß man seit den Weltkriegen – nach denen bald fremdes Blut in unsere Adern geflossen ist – davon ein Lied zu singen. Anderswo kennt man diese Vorteile und Probleme schon länger.

Zum Beispiel in Japan.

Nagasaki ist ein ziemlich extremer, jedoch auch besonders hübscher Ort Japans. Dort stationierte amerikanische Streitmächte werden seit Generationen von Land und Leuten, vor allem aber von den Japanerinnen, bezaubert. Diesen so ganz und gar nicht emanzipierten Mädchen und unterwürfigen alten Frauen ist ein Reiz eigen, den die auf Partnerschaft und erfolgfreudige Witwenschaft erpichten Amerikanerinnen gänzlich vermissen lassen.

Der Marineleutnant F. B. Linkerton, von dem man nicht genau weiß, ob er nicht Pinkerton heißt, sich aber nicht so nennen läßt, weil ein angesehenes Detektivinstitut so heißt – F. B. Linkerton jedenfalls ist in Nagasaki stationiert und hat begriffen, wie man sich die Zeit am billigsten vertreibt. Gegen eine entsprechende Summe bietet einem ein alter Gauner und Zuhälter Namens Goro ein Haus, Dienerschaft und dazu auch noch die Hausfrau, die man nach japanischer Sitte heiraten kann, ohne deshalb nach amerikanischem Gesetz verheiratet zu sein. Das alles ist, wie gesagt, äußerst billig und komfortabel; ein einziger Agent erledigt alles. Man selbst muß nur genießen.

Linkerton ist immerhin ein Amerikaner mit Sinn für Zeremonien, er hat zu seiner japanischen Hochzeit auch den Konsul der Vereinigten Staaten geladen, dessen Anwesenheit der Ehe einen Hauch von Legitimität gibt – und außerdem wollen aus unerfindlichen Gründen seine Mannschaftskameraden nicht dabei sein.

gibt Anklänge an „Exotisches". Aber wenn er dann von Liebe oder Leid berichtet, dann sind eine Japanerin und ein Amerikaner in Wahrheit zwei Italiener.

In diesem Sinne: Japanisches bei Goro, Amerikanisches im Gespräch mit dem Konsul, noch einmal Japanisches beim Auftritt des Frauenchores, aber Italianita, wenn endlich Madame Butterfly zu singen anhebt.

111

Linkerton wäre also ganz allein unter den Japanern. Unter vielen Japanern: Der verwendbare Zuhälter hat nicht nur Dienerschaft und Braut, sondern auch Anverwandte und Hochzeitsgäste anzubieten, Freundinnen und Freunde der jungen Frau, einen richtigen kaiserlichen Kommissär und einen Standesbeamten, die nichts gegen eine derartige Hochzeit einzuwenden haben; schließlich verstößt man in Japan die Frau nicht nur als Europäer, wenn sie einem unverwendbar erscheint.

Damit wir einander recht verstehen, Pinkerton und Linkerton denkt nicht daran zu heiraten. Er denkt nur daran, sich auf die angenehmste Art in Japan zu unterhalten; wenn sein Dienst ihm Zeit läßt, möchte er in einem kleinen Haus mit Koch und Zofe und Geisha leben und sich verwöhnen lassen.

Die kleine Cho-Cho-San aber, die man ihm ausgesucht hat, möchte heiraten. Sie hat sogar einen Antrittsbesuch auf dem Konsulat gemacht, sie nimmt ihren Ehemann und ihren neuen Stand ernst, sie wird während der Zeremonie eine Amerikanerin, obgleich sie ja nur auf japanisch heiratet – ins Haus bringt sie Kleinigkeiten, Familienandenken und einen sehr scharf geschliffenen Stahl, mit dem sich ihr Vater „auf Geheiß des Mikados" umgebracht hat. Linkerton heiratet Cho-Cho-San.

Ihn stört der Auftritt eines dicken japanischen Priesters nicht, obgleich dieser Hochzeitsgesellschaft und Braut zu verdammen beginnt und ihn einen weißen Teufel nennt – das ist nur ein willkommener Anlaß, endlich alle, alle wegzuschicken. Linkerton hat eine ganz junge Frau bei sich, sogar dem alteingesessenen Konsul hat sie gefallen, um wieviel mehr gefällt sie dem jungen, von Nagasaki und ganz Japan noch erregten Marineleutnant.

Und was geschieht?

Linkerton ist mit „Butterfly" allein und verliebt sich. Aus der zur Bequemlichkeit gekauften Geisha wird in einer einzigen Nacht und durch den Zauber, der überall auf der Welt seine Wirkung tut, seine Geliebte – er tröstet sie, weil sie jetzt allein ist und nur ihn hat, doch

Eines der allerschönsten und zugleich sehr realistischen Liebesduette: Wie sich da Sopran und Tenor in einen Rausch steigern, wie beider Gefühle immer echter wer-

zugleich spürt er endlich auch, daß nur er sie hat. Und so weiter.

Und so weiter?

Linkerton ist Soldat, er wird zurückbeordert, er fährt heim, er läßt diesen japanischen Traum hinter sich zurück. Cho-Cho-San aber bleibt, wo sie ist. Sie ist nach ihrer Ansicht Amerikanerin, sie hat ein eigenes Heim, sie hat eine Zofe; sie hat selbstverständlich keinenKoch mehr, denn sie hat auch nur sehr wenig Geld.

Aber sie hat die Sicherheit, daß ihr Mann wiederkommt, er hat es ihr ja versprochen.

Und außerdem hat sie ein Kind. Ein Besatzungskind, es ist von Linkerton; kein japanisches Kind mehr, schon eines zwischen den Kontinenten und Rassen. Linkerton weiß nichts von ihm; für Cho-Cho-San aber ist es die Gewißheit, daß er zurückkehrt. Er muß doch zu seinem Kind kommen?

Das Problem ist dieses: Sie ist die einzige, die meint, nach amerikanischem Gesetz verheiratet zu sein; nach japanischem wäre sie längst frei, denn ihr Mann hat sie „verlassen" und ist drei Jahre nicht wiedergekommen. Wenn der verkauflustige Goro also neue Interessenten anschleppt und ein reicher Japaner sich für sie interessiert, ist alles in Nagasaki in bester Ordnung, doch für Cho-Cho-San alles in Unordnung, denn ihrer Meinung nach lebt sie als Ehefrau im Hause eines Amerikaners, und das ist doch etwas ganz anderes. Ob sie sich das nur einredet? Man könnte es glauben, gäbe es da nicht das Kind. Sie redet's dem ein, und daher glaubt sie es selbst bereits vollkommen.

Der Konsul, der einmal bei ihrer Hochzeit war, ist lang genug im Land, um verzweifelt zu sein: Er hat einen Brief, Linkerton ist demnächst wieder da, kommt aber mit seiner Frau, selbstverständlich, er hat längst geheiratet; ob die kleine Japanerin von damals noch an ihn denkt? Linkerton ist gar nicht sicher, er hat sie ja zwischendurch auch schon sehr vergessen gehabt. Der Konsul ist verzweifelt genug, um selbst zu Cho-Cho-San zu kommen: Er hat ja diesen gräßlichen Brief.

Nach drei Jahren Wartens hört Cho-Cho-San allerdings nicht mehr, was der Konsul sagt. Sie hört nur,

den, wie Puccini den Sängern hilft, immer breitere Passagen zu singen – das ist nicht nur eine geniale Ausdeutung der Szene, sondern auch Beweis für das Verständnis eines Komponisten für die menschliche Stimme und das, was man ihr zumuten darf. Und hier tatsächlich auch das berühmte C zum Schluß.

Puccini erinnert sich, daß er in Japan ist. Und er gibt seiner Neigung nach, der Frau alle Chancen über ihre Partner einzuräumen – jetzt hat nur noch die Sopranistin zu singen, und alles rund um sie bleibt Staffage.

Es hat nichts mit der musikalischen Substanz zu tun, sollte Opernbesucher aber zu denken geben: Obgleich Linkerton immer von einem schwarzhaarigen Italiener gesungen wird, präsentiert Butterfly immer ein blondlockiges Kindchen, um ihr Verhältnis mit ihm zu dokumentieren. Und niemand hat noch etwas dabei gefunden...

Das nennt man eine Genre-Szene. Der Versuch, den Brief vorzulesen, ist zugleich die musikalische Vorbereitung auf das Zwischenspiel zum letzten Akt der Oper. Puccini hatte übrigens ursprünglich mit einer „echten" dreiaktigen Version nicht genug Erfolg und brachte die Oper erst später in die Form, die jetzt in aller Welt Tränen provoziert.

was sie hören will. F. B. Linkerton, ihr Mann, der Vater ihres Kindes, kommt wieder. Andeutungen, er sei nicht mehr ihr Mann, will sie überhören. Die Gewißheit, er habe eine andere Frau, will sie nicht zu sich lassen. Sie ist bald zwanzig Jahre, aber sie ist eine Mutter und amerikanische Frau.

Sie kann leiden, sie kann eine Nacht durchwachen. Sie kann darauf warten, daß der Marineleutnant von dem Schiff im Hafen herauffindet in sein Haus zu Weib und Kind – alles ist vorbereitet, alles erwartet ihn, alles gehört ja ihm.

Ihm gehört allerdings auch seine neue amerikanische Frau, Kate Linkerton. Sie ist mitgekommen, man hat ihr gebeichtet, man hat ihr sogar von dem Kind erzählt, und sie ist bereit, sich mit diesem abzufinden. Sie will es zu sich nehmen, schließlich soll ein Junge im Haus seines Vaters aufwachsen.

Also muß man Cho-Cho-San berichten. Der Konsul, die Dienerin, sogar Kate Linkerton sagen es ihr. Nur der tapfere amerikanische Soldat ist zu feig, er läßt sich von allen anderen vertreten und wartet draußen, bis alles vorüber ist.

Alles vorüber? Aber selbstverständlich. Cho-Cho-San ist ja seine stolze Frau, keine Amerikanerin, sondern eine Japanerin, die stirbt, wenn man es von ihr wünscht. Sie hat immerhin den feingeschliffenen Stahl, mit dem sich ihr Vater umgebracht hat. Der wird für sie auch richtig sein.

Bitte beobachten: Linkerton kommt wieder und singt auch. Aber man merkt es kaum, denn der Tod der Madame Butterfly ganz allein überwältigt.

Und weil sie also die Gesetze zweier Kontinente verwechselt hat, ersticht sie sich. Weil sie ihren Irrtum einsieht, gibt sie das Kind her und gibt auf. Sie sieht F. B. Linkerton nicht mehr; der Feigling traut sich erst zum Haus, als alles vorbei ist.

GIACOMO PUCCINI

Turandot

Lyrisches Drama in drei Akten und fünf Bildern.
Dichtung von Giuseppe Adami und Renato Simoni.

URAUFFÜHRUNG: Mailand, 1926.
SOLISTEN: *Turandot,* eine chinesische Prinzessin (Dramatischer Sopran) – *Altoum,* Kaiser von China (Tenor) – *Timur,* entthronter König der Tataren (Baß) – *Der unbekannte Prinz* [*Kalaf*], sein Sohn (Heldentenor) – *Liù,* eine junge Sklavin (Sopran) – *Ping,* Kanzler (Bariton) – *Pang,* Marschalk (Tenor) – *Pong,* Küchenmeister (Tenor) – *Ein Mandarin* (Bariton) – *Der junge Prinz von Persien* (Stumme Rolle) – *Der Scharfrichter* (Stumme Rolle).
ORT: Zu Peking.
SCHAUPLÄTZE: Die Mauer der großen „violetten Stadt", der „Kaiserstadt", fast die ganze Szene im Halbkreis umschließend, rechts großer Laubengang voller Skulpturen und Schnitzereien, die Ungeheuer, Einhörner, Phönixe usw. darstellen, während die Pfeiler der Lauben auf den Rücken gewaltiger Schildkröten ruhen. Zu Füßen des Laubenganges großer bronzener Gong, auf den Zinnen Pfähle mit den Schädeln der Hingerichteten, links und im Hintergrund drei riesige Tore, in der Ferne die Stadt Peking – Ein von einem großen Zelt gebildeter Pavillon mit einem mittleren und zwei seitlichen Ausgängen – Der große Schloßplatz, fast in der Mitte eine riesige Marmortreppe, welche sich in der Höhe zwischen traforierten Bogen verliert, mit drei geräumigen Zwischenebenen – Der Schloßgarten, bestehend aus lauter wellenförmigen Bodenerhebungen, Gebüschen und Götterbildnissen in dunkler Bronze, rechts ein Pavillon, zu dem fünf Stufen führen und den eine reich bestickte Zeltwand abschließt – Die Außenseite des Kaiserpalastes, ganz in weißem, traforiertem Marmor, in der Mitte eine hohe Treppe.
ZEIT: In vergangenen Zeiten.
DAUER: ca. 3 Stunden.

Eine der schönsten und längsten Chorszenen, die Puccini komponiert hat. Bis auf kleine Einwürfe ist der ganze erste Akt nur Peking-Malerei und Schilderung eines grausamen Märchenreiches.

Auch richtige alte Märchen haben nicht nur einfach Unterhaltungswert. Wenn man sie einmal nachliest, sind sie zumeist eine Art Gleichnis für die Grundtatsachen des Lebens: Daß Frauen sich nach Männern sehnen und diese nicht immer wissen, welche Frau ihrer wirklich würdig ist.

Im alten China zum Beispiel gab es einmal eine Prinzessin, die vor allem dadurch bekannt war, daß sie so schön wie grausam war. Sie erklärte, es gäbe keinen Mann, der ihr ebenbürtig sei, alle wären sie einfach zu dumm für sie. Und sie bewies das, indem sie jeden Anwärter auf ihre Hand mit nur drei Fragen mundtot machte und, da sie diese Bedingung vorher stellte, anschließend auch köpfen ließ. Hätte einer alle drei Fragen beantworten können, wäre er ihr Mann und später einmal Kaiser von China geworden.

Aus dem einen oder anderen Grund fanden sich immer wieder Wagemutige, die diese Todesprobe versuchten: Die Macht über China war nicht zu verachten, die Prinzessin war ausdrücklich schön, und außerdem galt es für vornehme Menschen immer als erregend, alles oder nichts zu besitzen. Alle, die sich an Turandot herangewagt hatten, besaßen nachher nichts mehr.

Zum Chor und den nur mit kleinen Passagen hervortretenden Solisten kommt ein Knabenchor hinter der Szene, manchmal auch noch Ballett, jedenfalls eine wichtige stumme Figur, einen unglücklichen Prinzen darstellend.

Bis eines Tages ein Prinz kam, der Kalaf hieß und nur mit seinem alten Vater und einer treuen Sklavin in der Hauptstadt erschien. Er war überzeugt davon, die drei Rätsel der Turandot lösen zu können, und meldete sich für den gräßlichen Wettbewerb, obgleich sein Vater und die treue Sklavin Liù, die letzte Dienerin, die Kalaf und sein Vater hatten, ihn davon abhalten wollten. Er meldete sich, weil er ein Prinz war und also auch davon besessen, alles oder nichts zu besitzen – und außerdem hatte er Turandot gesehen und sich in sie verliebt.

Das Terzett der Minister, gleichsam „vor dem Vorhang" gesungen, ist das notwendige lyrische Intermezzo zwischen den Massenauftritten. Drei Buffos haben ihren Auftritt.

Die drei Minister des Kaisers von China, die weder mit dem Rätselspiel Turandots noch mit dem Verschleiß an auswärtigen Prinzen einverstanden waren, konnten die übliche große Zeremonie nicht verhindern: Kalaf wurde vorgelassen, Turandot stellte ihm unter großer Aufmerksamkeit aller Anwesenden die drei Fragen, und Kalaf beantwortete sie. Alle drei richtig. Einmal mußte schließlich auch das passieren. Das Volk jubelte, der Kaiser von China war glücklich, und nur Turandot glaubte, vor Scham sterben zu müssen. Denn jetzt gab es also doch einen Mann, der so klug war, wie sie es nie geahnt hatte. Und ihre Überlegenheit über das andere Geschlecht war schlagend und vor einer riesigen Menge widerlegt.

Nach allen von ihr selbst aufgestellten Regeln war sie jetzt zur Hochzeit verpflichtet. Nur nicht nach der von Kalaf, der sich mehr wünschte als Turandot und später das ganze China. Er wollte die Liebe dieser seltsamen Prinzessin und gab daher ihr ein Rätsel auf. Sie sollte seinen Namen erraten – gelänge ihr das innerhalb einer Nacht, wollte er das Spiel verloren haben und seinen Kopf so verlieren wie seine Vorgänger.

Die Prinzessin Turandot ließ darauf der ganzen Stadt Peking den Schlaf für diese Nacht austreiben. Jedermann sollte nach dem Namen dieses Prinzen forschen, niemand an etwas anderes denken. Sie selbst tat nichts anderes, als die anderen zu animieren, ihr zu helfen. Prinzessinnen sind einmal so.

Im Morgengrauen hatten die Minister des Kaisers Glück. Der Vater des Prinzen und die bewußte Sklavin waren gefunden und vor Turandot gebracht. Jetzt mußte man nur noch rasch eine Folterszene veranstalten, und der Name des Prinzen war kein Geheimnis mehr. Turandot triumphierte.

Da wußte die kleine Sklavin, die den Prinzen mit jeder Faser ihres Herzens liebte, daß das Leben für sie vorüber sei, und tat, was ihr als einzige Handlung noch sinnvoll schien: Sie entriß einem Folterknecht ein Messer und erstach sich. Aus Angst, auf der Folterbank zu sagen, was sie nicht sagen wollte – den Namen des geliebten Prinzen. Aus Liebe also.

Kalaf, der das mit allen anderen sah, war mit allen anderen erschüttert und bereit, seinen Namen selbst herauszuschreien. Denn vor der großen Liebe der kleinen Sklavin Liù waren seine Gefühle für Turandot sehr unbedeutend. Er war aber, wie ich schon sagte, wie alle anderen erschüttert – und zu allen anderen gehörte auch die Prinzessin Turandot, die auch begriff, was da vor sich ging. Sie wollte selbst den Namen des Prinzen

So leid es mir tut: Turandot muß eine überragende Stimme haben, vor allem aber eine überdimensionierte Schleppe an ihrem Kleid und viel Kraft, um diese zu tragen. Das verlangt die Tradition. Weit über ihr thront zumeist der älteste Tenor des Hauses, der noch in der Pension den Kaiser von China singen kann.

Alles, was die Solisten singen, geht im Wirbel des Kaisermarsches und der Volksbegeisterung unter. Man spricht von einer Oper, in Wahrheit aber ist's zuerst einmal zwei Akte lang ein Volksdrama wie „Boris".

Mit einer einzigen Arie sticht Liu den vor ihr triumphierenden Kalaf und selbstverständlich auch Turandot aus. An dieser Stelle unterbrach Toscanini die Uraufführung und erklärte dem Publikum, daß hier auch Puccini starb – Opernfreunde, die behaupten, das merke man dem „Rest" auch an, belügen zumindest sich selbst.

Liu stirbt mit einem hohen C. Das mehrfach vorgeschriebene C bleibt bei Kalaf und Turandot, die in der Rätselszene schon dauernd um A und H und C turnen mußten.

117

sagen und sagte ihn allen Chinesen: Er war ihr Mann. Der nächste Kaiser von China. Vor allem aber der Mann, von dem sie immer geglaubt hatte, daß es ihn nicht gäbe. Seither ist sie ganz glücklich und normal geworden – eine gute Frau. Und das nennt man ein Märchen.

GIOACCHINO ROSSINI

Der Barbier von Sevilla

Komische Oper in zwei Akten. Dichtung von Cesare Sterbini.

URAUFFÜHRUNG: Rom, 1816.
SOLISTEN: *Graf Almaviva* (Lyrischer Tenor) – *Bartolo,* Doktor der Medizin (Baß) – *Rosina,* dessen Mündel (Koloratursopran) – *Figaro,* Barbier (Bariton) – *Basilio,* Rosinas Musiklehrer (Baß) – *Fiorillo,* Diener Almavivas (Tenor, auch Bariton) – *Ambrosio,* Diener Dr. Bartolos (Baß) – *Marzelline* [Berta], alte Haushälterin Dr. Bartolos (Alt) – *Ein Notar* (Stumme Rolle) – *Ein Offizier* (Baß).
ORT: Sevilla.
SCHAUPLÄTZE: Straße mit dem Haus des Dr. Bartolo, an dem sich ein praktikabler Balkon befindet – Zimmer in Bartolos Haus.
ZEIT: Mitte des 17. Jahrhunderts.
DAUER: ca. 2½ Stunden.

Einmal muß man diese Oper auch unter folgendem Gesichtspunkt hören: Der Viel- und Raschschreiber Rossini hatte nicht einmal einen Monat, um den „Barbier" zu komponieren. Trotzdem ist das Werk nicht nur aus einem Guß, sondern auch unerhört nuanciert und genial. Der

Irgendwo in diesem Geschichtenbuch wird meditiert, die gerade geschlossene Ehe sei zwar als glückliches Ende einer Geschichte etwas problematisch, jedoch vorläufig immer noch sehr beliebt. Ich weiß nicht, ob ich mir mit solchen Gedanken die Freundschaft aller einstigen Hochzeiter verdiene, aber ich habe wenigstens ein Beispiel zu meinen Gunsten anzuführen. Denn dies ist die Geschichte, wie es zu einer Ehe kam, von der wir in einer anderen Geschichte eindeutig –

und überaus angenehm zu beobachten – erfahren, daß sie nicht nur glücklich war.

In Sevilla, der besonders heißblütigen und für jede Art von leidenschaftlichem Ereignis besonders geeigneten Stadt, lebt ein Doktor und Apotheker mit seinem jungen Mündel. Wir sind in einer Zeit, in der Doktoren noch gleichzeitig Apotheker und daher auch doppelt reich und Mündel junge Mädchen waren, die ihre Eltern verloren hatten, aber ältere Herren als Aufsichtspersonen anerkennen mußten, weil die Mädchen noch nicht alt genug waren, um zu heiraten und ihr Erbe selbst zu verwalten. Nicht nur in abenteuerlichen Geschichten waren diese und andere ältere Herren zumeist nur ungern Aufsichtspersonen, wollten sie doch alle viel eher Ehemänner der bewußten jungen Mädchen werden. Verständlich, nicht wahr?

Um Rosina, das hübsche Mündel, bemüht sich Graf Almaviva, ein junger, liebestoller Aristokrat. Er engagiert ganze Orchester, wenn er ihr gelegentlich ein Ständchen bringt, und hat trotzdem kein Glück. Erst, als er den freiberuflichen Friseur und Intriganten Figaro – selbstverständlich kennt ein junger Graf solch einen Filou – trifft und dieser ihm Ratschläge gibt, steht seine Sache besser. Denn Figaro läßt den Herren Grafen ein Ständchen intimerer Art singen und sich als jungen Studenten Lindoro bezeichnen – und gleich hat er ein Echo von Rosina, die nichts von einem Schwerenöter, doch alles von einem braven, jungen Verliebten erhofft, der vielleicht zu ihr paßt.

Figaro aber weiß noch mehr Tricks für den Grafen, er gibt ihm den Rat, sich einen Einquartierungsschein zu besorgen und als betrunkener Armeemediziner bei Doktor Bartolo einzuziehen. Warum betrunken? Figaro kennt die Welt und erklärt auch das: Wenn einer betrunken scheint, nimmt man an, er wisse nicht so ganz genau, was er tut. Und läßt ihn vielleicht eher seinen eigenen Wünschen nachgehen. Versteht sich, daß Figaro diese Ratschläge erteilt, weil er die Großzügigkeit des Grafen kennt und auch erprobt. Mit jeder kleinen Gabe fällt ihm wieder etwas ein.

Rosina hat also endlich einen Liebhaber, sie hat ihn

Triumph einer Routine sozusagen, die auch nach 170 Jahren nicht als Routine angesehen werden darf.

Vorsicht, wenn der Vorhang aufgeht. Wird italienisch gesungen, dann ist die Vorstellung vielleicht schöner, zweifellos aber weniger animiert als in einer Aufführung der Landessprache. Wenn es außer „Cosi" eine Oper gibt, die man verstehen muß, dann diese.

Auch die Auftrittsarie des Figaro wird immer um Nuancen zu schnell genommen, man hetzt den Sänger in Tempi, die er „gerade noch" singen kann. Kein Sänger aber sollte je auf der Bühne „gerade noch" singen, Reserve sollte immer vorhanden sein.

119

kaum gesehen, doch er singt angenehm, heißt Lindoro; der Friseur Figaro erklärt, er sei ein angenehmer Mensch – Rosina gibt dem Figaro ein Briefchen für Lindoro, das sie sofort als Antwort auf das Ständchen geschrieben hat und das ihr einiges Mißtrauen seitens ihres eifersüchtigen Vormunds eingebracht hat; denn dieser zählt sogar die Zahl der Papierblätter, die sein Mündel zur Verfügung hat.

Daß Mißtrauen des Bartolo wird durchaus vergrößert, als der sehr schmierige Musikmeister Don Basilio erscheint und mitteilt, der berüchtigte Mädchennarr Graf Almaviva sei in der Stadt, man habe sich zu hüten. Gegen hochherrschaftliche Gefahren gäbe es kaum ein Mittel, gegen jedermann aber könne man sein, Basilios, Lieblingsmittel einsetzen: die Verleumdung. Warum der alte Schurke dieses Rezept dem Bartolo anvertraut, ist nicht zu begreifen. Auch er gibt Ratschläge nur gegen Bezahlung. Und daß Bartolo gut bezahlt, glaubt niemand.

Immerhin, Bartolo ist gewarnt, gibt sich selbst das Zeugnis, er sei schwer zu hintergehen, und fällt doch sofort auf den nach Figaros Ratschlägen betrunken auftretenden Grafen herein. Er hat zwar ein Dokument, das ihn vor Einquartierung schützt, doch ein betrunkener Soldat kann das zerreißen. Bartolo hat zwar alle Autorität eines älteren Herren. Aber ein aufgeregter Soldat, der immer mit dem Säbel rasselt, kann ihn schon in Angst versetzen – und der Graf, der für Bartolo ein Betrunkener, für Rosina aber der verkleidete Lindoro ist, hat sehr viel Spaß an dem Durcheinander. Bis plötzlich von draußen die Wache anklopft, für Ruhe sorgen will. Da findet Bartolo wieder zu seiner ganzen Größe und will alle, alle aus seinem Haus weisen lassen.

Der Betrunkene Soldat Lindoro hat gottlob einen Ausweis bei sich. Schließlich ist er ja der Graf Almaviva, er muß das nur dem Hauptmann der Wache deutlich machen, schon erstarrt der zur ergebenen Salzsäule, und der Rückzug des Heeresmediziners geht unter ganz anderen Umständen vor sich als Bartolo es gewünscht hätte.

Figaro muß sich wieder etwas einfallen lassen. Der Graf, jetzt als junger Schüler und Stellvertreter des Musiklehrers Basilio, kommt wieder ins feindliche Lager, überzeugt Bartolo von seiner Ehrenhaftigkeit und gibt Rosina eine Lektion im Schöngesang. Rosina hat ihre Freude an den Verkleidungen ihres Anbeters: Das muß ein wendiger junger Mann sein, dieser Lindoro. Er weiß sich sogar zu helfen, als unvermutet Basilio selbst kommt und von seinem Schüler und Stellvertreter nichts mehr wissen will. Der Graf macht sich's einfach. Er besticht Basilio und erklärt, dieser sei wirklich krank und müsse rasch wieder ins Bett. Die Summe ist angemessen, der alte Gauner fühlt sich unwohl.
Jetzt könnte alles gutgehen, Figaro muß nur versuchen, vom Schlüsselbund des Doktor Bartolo Duplikate zu bekommen, und schon steht einer gemeinsamen Flucht von Lindoro und Rosina nichts mehr im Wege. Es geht aber nicht alles so gut. Bartolo entdeckt, daß Figaro mit diesem üblen jungen Musiker im Bund ist, hat Angst, da könne etwas gegen ihn gesponnen werden, und greift zum allerletzten Mittel. Er sperrt Rosina ein und läuft um den Notar, vor dem er rasch und ohne weiteres Werben Rosina heiraten will.
Und nach eine Klippe ergibt sich, denn Almaviva kommt zwar über eine Leiter zu Rosina. Die Mißverständnisse klären sich rasch auf, und Rosina ist auch damit einverstanden, daß sie nicht den Studenten Lindoro, sondern den Grafen Almaviva heiraten soll. Aber der Notar und noch einmal Basilio sind schon im Haus — was soll man jetzt tun? Man versucht den dümmsten Trick, den Figaro je versucht hat, und er gelingt. Figaro behauptet, Bartolo zu sein und Rosina an den Grafen Almaviva verheiraten zu wollen; Basilio wird mit einem Ring und vorgehaltener Pistole als Zeuge für den Ehekontrakt verwendet, und Doktor Bartolo selbst kommt um Sekunden zu spät. Rings um ihn ist jedermann der Ansicht, diese Hochzeit sei das positive Ende der Geschichte. Doktor Bartolo kann zwar im Augenblick nichts tun, doch dieser Ansicht schließt er sich nicht an. Und daß er Recht behält, nun, das ist halt eine andere Oper.

Für den zweiten Akt empfehle ich, die manchmal gestrichene Nummer der Marzelline nicht wegzulassen — Rossini hat sie komponiert, um den anderen Sängern eine Pause zu verschaffen.

Die eingeschobene Gewittermusik, gleichsam ein oft verwendetes musikalisches Requisit, hat Rossinis Genie in sich: Man spürt in ihr die Ankündigung des guten Ausgangs der Komödie.

Moses und Aron

Oper in drei Akten. Dichtung vom Komponisten.

URAUFFÜHRUNG: Hamburg, 1954 (konzertant).

SOLISTEN: *Moses* (Sprechrolle) – *Aron* (Tenor) – *Ein junges Mädchen* (Sopran) – *Eine Kranke* (Alt) – *Ein junger Mann* (Tenor) – *Der nackte Jüngling* (Tenor) – *Ein anderer Mann* (Bariton) – *Ephraimit* (Bariton) – *Ein Priester* (Baß) – *Vier nackte Jungfrauen* (1. und 2. Sopran, 3. und 4. Alt).

DAUER: ca. 2¹/₂ Stunden.

Vorläufig sind sich nicht einmal die Theoretiker über das Werks Schönbergs einig. Warum also sollten es die Opernfreunde sein? Die Gegenüberstellung eines sprechenden Protagonisten und eines Heldentenors, der als Aron auftritt – und der Gegensatz zwischen diesen beiden und dem grandiosen Chorensemble, diese Gegenüberstellungen sind von großem Effekt.

Schönberg, der nach Zeugnissen seiner Zeitgenossen sehr für eine realistische Bühnendarstellung war, fordert gleichzeitig in der Oper Undarstellbares. In der Musik aber hat er keine unüberwindlichen Schranken aufgerichtet. Große Opernhäuser können das Werk sogar im Repertoire halten.

Die Bibel erzählt die Geschichte vom Auszug des Volkes Israel aus Ägypten genau und so, daß weitere Deutungen kaum mehr vonnöten sind. Aber es gibt auch die Geschichte von Moses, der diesen Auszug bewerkstelligen sollte und es allein nicht konnte. Diese Geschichte immerhin kann man nacherzählen.

Moses ist in der Wüste und ist auserwählt. Gott erscheint ihm. Kein Zweifel, es ist Gott, der aus einem brennenden Dornbusch zu ihm spricht und ihm befiehlt, das Volk Israel zu führen. Moses denkt nicht daran, gegen Gott aufzubegehren. Aber er verzweifelt an dem Auftrag. Denn er weiß, daß ihm zur Erfüllung etwas fehlt. Überzeugungskraft, Wirkung auf das Volk, zündende Rede.

Gott hat auf diesen Einwand eine Antwort. Aron, der Bruder, soll die Stimme Moses' sein. Er wird der Propagandist sein, Moses der Denker. Gemeinsam werden sie den Willen Gottes erfüllen.

Gemeinsam erfüllen sie ihn. Was Moses den israelischen Sklaven sagen will, verstehen sie nicht, denn sie sind längst halbe Ägypter. Daß ihr Gott anders und mächtiger als die Götter der Pharaonen sein soll, begreifen sie erst, als Aron Wunder vorweist. Er verwandelt den Wanderstab seines Bruders in eine Schlange. Er zeigt die Hand seines Bruders voll Aussatz und sofort darauf wieder geheilt. Solche „Zeichen" begreift das Volk und ist bereit, an einen Gott zu glauben, den Moses ganz anders darstellt als sein Bruder. Immerhin, es folgt Moses in die Wüste, es geht auf Wanderschaft. Beim Berg Sinai lagert man. Moses ist den Berg hinaufgestiegen, um mit Gott zu sprechen. Mit dem einzigen, dem wahren, dem unsichtbaren Gott, den sein Volk sich immer noch nicht vorstellen kann.

Sein Bruder Aron lagert mit dem Volk in der Wüste. Man wartet auf Moses, auf Gottes Wort. Man wird ungeduldig. Denn man hat den Gott des Moses' noch immer nicht begriffen und will nicht nur sein Wort, sondern auch seine Zeichen, seine Wunder sehen.

Die Ungeduld des Volkes läßt Aron schwach werden. Er gibt, unautorisiert, den Drängenden wieder eine sichtbare Gottheit, ein goldenes Kalb. Um dieses kann man drängen und tanzen und beten und in Entzückung geraten. Der Taumel, der um das goldene Kalb entsteht, ist atemberaubend. Es geschehen, meint man, Wunder und Wunderheilungen, und man bringt, sieht man, blutige Opfer dar. Es geschieht, was das Volk wünscht und Aron geschehen läßt, weil er es nicht anders versteht.

Die große Szene vom Tanz um das goldene Kalb ist, wie man immer behauptet, beinahe eine „Filmszene". Immerhin, sie wird auf der Bühne oft unzulänglich dargeboten und wäre wahrscheinlich am ehesten einmal konzertant richtig zu verstehen.

Da steigt Moses vom Berg. Er hat von Gott die Zehn Gebote erhalten. Er hat das Gesetz mitgebracht. Er sieht vor sich zerstört, was er an wahrem Glauben aufgerichtet hat. Sein Bruder Aron selbst erklärt ihm, daß er das zugelassen habe.

Moses zerschmettert die Gesetzestafeln. Er zweifelt nicht an Gott. Aber er verzweifelt an sich. Ohne das Wort seines Bruders ist sein Gedanke, meint er, unübertragbar. Durch seinen Bruder aber wird es falsch weitergegeben. Ihm, Moses, fehlt die Kraft des Wortes. Das bleibt seine Tragödie.

Wie schon gesagt, die Bibel erzählt uns, daß das Volk Israel aus Ägypten auszog und das gelobte Land erreichte. Moses allerdings starb vorher. Das Drama, das Schönberg von Moses erzählen wollte, wird nicht vollendet aufgeführt, der Komponist hat es nicht zu Ende geschrieben. Man endet mit der Verzweiflung Moses' darüber, daß er das Wort nicht hat. Es liegt ein großer Sinn auch darin, daß Schönberg mit dieser Geschichte scheiterte, das letzte Wort nicht fand. Auch daraus ließe sich eine erschütternde Tragödie schreiben.

Im Gegensatz zu sehr vielen anderen Beispielen der Operngeschichte – vom dritten Akt ist nicht genügend kompositorisches Material vorhanden, um je eine „Fertigstellung" denkbar zu machen.

Friedrich Smetana

Die verkaufte Braut

Komische Oper in drei Akten. Dichtung von Karl Sabina.

Uraufführung: Prag, 1866.

Solisten: *Kruschina,* ein Bauer (Bariton) – *Kathinka,* seine Frau (Sopran) – *Marie,* beider Tochter (Sopran) – *Micha,* Grundbesitzer (Baß) – *Agnes,* seine Frau (Alt) – *Wenzel,* beider Sohn (Tenor) – *Hans,* Michas Sohn aus erster Ehe (Tenor) – *Kezal,* Heiratsvermittler (Baß) – *Springer,* Direktor einer wandernden Künstlertruppe (Tenor) – *Esmeralda,* Tänzerin (Soubrette) – *Muff,* ein als Indianer verkleideter Komödiant (Baß) – *1. Knabe* (Sprechrolle) – *2. Knabe* (Sprechrolle).

Ort: Ein großes Dorf in Böhmen.

Schauplätze: Der Hauptplatz des Dorfes mit Wirtshaus – Wirtsstube – Hauptplatz.

Zeit: Die Gegenwart.

Dauer: ca. 2³/4 Stunden.

„Die" tschechische Nationaloper entstand, als Smetana zum ersten Mal versuchte, ein heiteres Werk zu schreiben. Der wirkliche Erfolg aber kam nicht, wie man annehmen könnte, bei der Uraufführung, sondern erst anläßlich der ersten Wiener Präsentation.

Die Ouvertüre war fertig komponiert, bevor Smetana den Text zur Oper in Händen hatte. Die große Fuge, die bestimmend ist, erinnert gebildete Opernfreunde an Mozart oder Beethoven, den einfacheren Opernbesucher aber ausschließlich an wirbelnde tschechische Geiger.

Bis in die neueste Zeit darf man in reichen Familien beobachten, daß Eltern bei der Verheiratung ihrer Töchter und Söhne mitbestimmen wollen. Kunststück, es geht ja allemal auch darum, was aus dem schwer erworbenen Besitz in der nächsten Generation wird, ob der Schwiegersohn imstande sein wird, das Erbe zu mehren, oder ob die Gefahr besteht, daß eine zu mondäne Schwiegertochter alles Geld in wenigen Jahren ausgegeben haben wird.

Wie man sogar in der Stadt weiß und versteht, ist dergleichen am Lande, wo es nicht um Geld, sondern um Grund und Boden geht, noch sehr viel ausgeprägter und notwendiger. Brautschau hält dort heutzutage immer noch die ganze Familie und keineswegs nur ein Bursch, der ein Mädchen liebt. Wenn also die Marie den Hans mag und beide daran denken, aus diesem Mögen mehr zu machen, dann ist das eine Grundsituation für ein Drama. Wenn nämlich die Marie die einzige Tochter eines ordentlichen Bauern ist und der

Hans ein junger Mensch ohne Vermögen und ohne be-glaubigte Herkunft, ein Zugelaufener sozusagen, der als Knecht arbeitet.

Erschwerend kommt hinzu, daß der ordentliche Bauer, welcher der Vater der hübschen Marie ist, vor einiger Zeit in finanziellen Schwierigkeiten war und Unter-stützung von einem anderen Bauern nur erhielt, weil er dessen etwas zurückgebliebenen Sohn Wenzel als Schwiegersohn akzeptierte – ohne seine Tochter zu fragen, versteht sich.

Jetzt ist Sommer und die Zeit, in der man an Hochzeit denkt. Hans möchte seine Marie heiraten, Marie den Hans – und die Eltern des Wenzel kommen, um sich jene Marie anzusehen, die ihren Wenzel heiraten muß. Ob gegen finanzielle Erwägungen und Absprachen so etwas wie die Zuneigung von zwei jungen Menschen Gewicht haben kann?

Erschwerend ist, daß sich in die Verhandlungen um Heirat und finanzielle Unterstützung ein Heirats- und Geldvermittler namens Kezal eingeschaltet hat, ein Händler- und Krämertyp, der sich volkstümlich und jovial zu geben weiß, in Wahrheit aber nie an etwas an-deres als an einen gesunden Profit zu denken pflegt. Man kennt diese Figuren, sie sind lustig und mit je-dermann per Du, sie werden erst dann ernst und for-mell, wenn einer seine Zinsen nicht bezahlen will oder behauptet, er erkenne das Kleingedruckte im Vertrag nicht als bindend an.

Kezal hat alle unangenehmen Aufgaben in der Heirats-geschichte auf sich genommen. Er hat entsprechende Erklärungen dafür parat, daß der Bräutigam Wenzel ein rechter Trottel ist. Er hat einige gute Argumente für die Braut Marie parat, um diese dem Wenzel we-nigstens nicht allzu ablehnend gegenübertreten zu las-sen. Und er hat, weil er sich auch das zutraut, die Ver-handlungen mit dem störenden Burschen Hans zu füh-ren, der freiwillig auf Marie verzichten muß, wenn es nicht im letzten Moment einen Skandal geben soll.

Diese Verhandlungen wachsen sich zu einem richtigen Geschäft unter Roßtäuschern aus. Denn Kezal will nichts weiter, als daß Wenzel, der Sohn des alten

Unmittelbar nach der Ouver-türe gleich wieder eine große Volks-Chor-Tanzszene – nach dramaturgischen Regeln wäre das nicht empfehlens-wert, bei Smetana funktio-niert es.

Alle Arien dieser Oper sind weithin so bekannt, daß man nicht einmal auf sie hinweisen muß. Vielleicht darf man also den Opernfreund einmal dazu animieren, die vielen Polkas mitzuerleben, die eingestreut sind? Smetana hat insgeheim geradezu eine Tanzoper ge-schrieben.

Mischa, die Tochter des alten Kruschina, Marie, heiraten kann. Hans dagegen, der selbst ein Sohn des alten Mischa – aus erster Ehe – ist, handelt dem Kezal eine Formulierung ab, er sei damit einverstanden, daß nur der Sohn des alten Mischa die Marie heiraten darf, und läßt sich dafür „auszahlen". Wenn Kezal nicht weiß, daß Hans selbst dieser Sohn ist, geschieht ihm schon recht... Kezal weiß es nicht, ist nur stolz darauf, daß er einen so günstigen Vertrag zuwege gebracht hat, und das ganze Dorf erfährt davon und ist entrüstet. Wo hat man je davon gehört, daß ein junger Bursch seine Geliebte um eine gewisse Summe Geldes freigegeben, verkauft hat? Wo hat man wenigstens so ganz offiziell davon gehört? Die Schande, die es da zu besprechen gibt, die auf Hans, aber auch auf seine einstige Braut fällt, die ist beinahe ein Volksfest, jedenfalls ein großer Volkschor.

Marie, Mittelpunkt des verlogenen Mitleids, hat auf eigene Faust eine Rettungsaktion ihrer Liebe gestartet und kaum weniger einfallsreich zur Verwirrung beigetragen als Hans. Sie hat den verdummten Bräutigam Wenzel kennengelernt, hat ihm erklärt, sie würde ihn zweifellos lieben, doch er müßte zuerst einmal auf die ihm versprochene Marie Kruschina verzichten. Zuliebe der Marie verzichtet Wenzel gern auf die Marie – wenn man das noch versteht.

Und jetzt muß man, um allgemeine Verwirrung ausbrechen zu lassen, nur noch alle die Partner in den diversen Verträgen zusammensetzen: Da sind zwei Elternpaare, die einverstanden sind, daß ihre Kinder heiraten. Da ist eine todunglückliche Marie, die glaubt, daß ihr wahrer Bräutigam sie verraten und verkauft hat. Da ist ein schüchterner Bräutigam, der nur weiß, daß er gerade einem fremden Mädchen versprochen hat, seine Braut nicht zu heiraten. Und da ist ein Heiratsvermittler, der nach eigener Ansicht bereits seine Prozente einstreichen kann. Und der gräßliche junge Mann, der Schande und Aufregung über alle gebracht hat. Ein rechter Zirkus.

Der ist übrigens auch da, er gibt eine kleine Probe und empfiehlt sich für den Abend zu einer Galavorstellung

– für die allerdings eine Glanznummer in Gefahr ist, weil der Bursch weggelaufen ist, der immer den gefährlichen Bären spielt. Der Zirkusdirektor läßt sein bestes Stück, eine Akrobatin, auf den nächstbesten Burschen, zufällig also auf Wenzel, los und hat ganz rasch Ersatz für seinen gefährlichen Bären.

Und alle, alle beeilen sich, ihre Angelegenheiten in Ordnung zu bringen. Hans erzählt laut, daß er selbst ein Sohn des alten Mischa ist und daher auch laut Vertrag mit Kezal Anrecht auf seine Marie hat. Die Dorfbewohner bemerken, daß ein Trottel, der sich ohne weiteres als gefährlicher Bär verkleiden läßt, kein denkbarer Bräutigam ist. Die Brauteltern – deren finanzielle Absprachen ja so bleiben, wie sie getroffen sind – geben sich zufrieden. Und nur der Profitmacher Kezal ist unzufrieden, denn ausnahmsweise einmal hat er einen Vertrag aufgesetzt, in dessen Gestrüpp er sich gefangen hat. Zu laut aber darf er auch nicht murren, denn er will ja in der Gegend wieder Geschäfte machen. Also muß er bei der Feier, die selbstverständlich wiederum für ein ganzes Dorf Gelegenheit zu Tanz und Gesang gibt, gute Miene zum bösen Spiel machen. Die arme Marie – die hat ein wenig Herzeleid gehabt, aber das wird ja jetzt wieder gutgemacht.

Wenigstens Wiener Opernbesucher wissen es: Der Zirkusdirektor mit seinen Extempores ist eine Paraderolle für den Komiker des Hauses.

Richard Strauss

Salome

Musikdrama in einem Aufzug nach Oscar Wildes gleichnamiger Dichtung in deutscher Übersetzung von Hedwig Lachmann vom Komponisten.

Uraufführung: Dresden, 1905.
Solisten: *Herodes* (Tenor) – *Herodias* (Mezzosopran) – *Salome* (Koloratursopran) – *Jochanaan* (Bariton) – *Narraboth* (Tenor) – *Ein Page* der Herodias (Alt) –

1. Jude (Tenor) – *2. Jude* (Tenor) – *3. Jude* (Tenor) –
4. Jude (Tenor) – *5. Jude* (Baß) – *1. Nazarener* (Baß) –
2. Nazarener (Tenor) – *1. Soldat* (Baß) – *2. Soldat*
(Baß) – *Ein Cappadocier* (Baß) – *Ein Sklave* (Sopran,
auch Tenor).

SCHAUPLATZ: Eine große Terrasse im Palast des Herodes.

ZEIT: Zur Zeit der Regierung Herodes II. Antipas.

DAUER: ca. 1¹/₂ Stunden.

Für eine ganz bestimmte Sorte Frau gibt es zu jeder
Zeit eine andere Bezeichnung – und keine hat bisher
wirklich treffend charakterisiert, was diese ganz bestimmte Art von Frau ausmacht.

Immerhin hat man es versucht. Kindfrau ist der deutsche Ausdruck, der sagen soll, daß das Wesen irgendwo zwischen Kindlichkeit und Frauenschaft zu
pendeln scheint, daß die Naivität sich mit Verruchtheit
paart und beide Eigenschaften einander nicht aufhe-
ben, sondern im Gegenteil für den Betrachter noch
reizvoller sind. Er kann sich in ein naives Geschöpf
verlieben, das ihm die extravagantesten Schauder der
Liebe verspricht. Er kann sich Wonnen außergewöhn-
lichster Art vorstellen, die ihm ganz ohne Professiona-
lismus gewährt werden.

Und so weiter, das ist kein Thema, das ist nur ein
knapper, sachlicher Versuch, darzustellen, daß es zu allen Zeiten Geschöpfe gegeben hat, die Männern zum
Verhängnis wurden, ohne es ausdrücklich gewollt zu
haben.

Prinzessin Salome, aufgewachsen an einem exotischen,
von exotischem Luxus und verderblichem Parfüm erfüllten Hof, ist das bekannteste Beispiel dieser Gattung; erst Jahrhunderte nach ihr wird es etwas Ähnliches geben.

Sie lebt, wir wollen die Zeitrechnung absichtlich gleich
ins Spiel bringen, in der ersten Generation nach Christi
Geburt. In der Generation, die Christus erlebt.

Am Hof des Herodes ist ein Prophet aufgetaucht und
prompt eingesperrt worden – ein Prophet, der Jochanaan heißt und verkündet, die Welt habe sich verän-

Mit wenigen Takten sind wir
mitten in der morbiden Welt
der Prinzessin Salome. Und
die Tenorschilderung zu Beginn erklärt uns diese junge
Frau, bevor sie noch auf der
Bühne erschienen ist.

Richard Strauss hat nachträglich immer wieder behauptet,
für den Jochanaan sei ihm

128

dert, weil ihr Erlöser geboren sei. Was immer das bedeuten mag, es ist keine Botschaft, die ein lokaler König wie Herodes gern unter die Menschen bringen würde. Ein Erlöser der Welt, das ist eine Bedrohung derjenigen, die vor ihren Untertanen als die Könige der Welt gelten wollen und nicht einmal gern daran erinnert werden, daß im fernen Rom ein mächtiger Caesar herrscht, der ihnen eine nur beschränkte Macht über ein kleines Land läßt.

Salome, Prinzessin an einem kleinen Hof, der über ein kleines Land herrscht, ist jung, verwöhnt und verführerisch. Ganz genau weiß sie noch nicht, was ihre Überlegenheit ausmacht, aber nicht nur die Soldaten und ihre Anführer, auch Herodes sieht sie seltsam an, hat Gedanken im Blick, die auf etwas zielen, das nur Salome geben könnte.

Salome, die von einer der wie immer zu üppigen, zu reichhaltigen Abendeinladungen weggeht, vom Tisch aufsteht, ohne die Erlaubnis zu haben, hört die Stimme des Propheten Jochanaan. Er singt von dem, der nach ihm kommen wird, vom Erlöser der Welt. Die kleine Prinzessin, die spürt, daß ein Prophet etwas Seltenes ist, will ihn sehen. Aus purer Neugierde, aus Übermut, weil Herodes es verboten hat, den Propheten aus der Zisterne vorzuführen. Der Hauptmann der Wache, Narraboth, ist für Salome kein Hindernis vor diesem Verbot. Sie muß ihn nur ansehen, ihm versprechen, ihn einmal anzusehen. Schon läßt er wider besseres Wissen den Propheten aus der Zisterne holen.

Was folgt, ist eine Begegnung zweier Welten; sieht man sie ganz realistisch, dann wird die Begegnung nur ungewöhnlicher. Da ist ein zwar junger, doch in einem gräßlichen Wasserloch verdreckter und in seiner Ekstatik zweifellos für Ästheten nicht anziehend wirkender Mann, der seine Umgebung mit jedem Satz, den er spricht, verflucht. Einer, der allen rundum sagt, daß sie verdorben, dekadent, gräßlich sind. Und da ist eine junge Frau, die auf die anziehendste Weise alles verkörpert, was dieser Prophet als Sünde bezeichnet. Auf die einfachste Weise, die man sich nur vorstellen kann, ziehen diese beiden gegensätzlichen Geschöpfe

„nichts eingefallen", und viele seiner Zeitgenossen haben es auch geglaubt. Das heißt, die beiden Welten dieser erschütternden Oper sind wirklich ungleich gezeichnet, die der Salome erscheint um Grade interessanter.

Wenn man Zeit hat, möge man sich einmal den Narraboth ansehen, wie er die Auseinandersetzung Salome–Jochanaan miterlebt. Das ist zwar auch komponiert, doch kaum einer nimmt es gewöhnlich zur Kenntnis.

einander an. Salome lockt an dem Propheten, daß er noch jung ist, daß er unverbraucht und stark scheint, daß er stolz und wild sein kann, daß er ihrem Zauber nicht erliegt, sondern gerade diesen als Sünde bezeichnet. Jochanaan gibt keineswegs zu, daß Salome für ihn auch eine Art von Anziehung bedeutet; er ist zwar der Sünde gegenüber immun, doch immerhin bereit, sogar diesem Symbol alles bewußt oder unbewußt Bösen den Weg zum Erlöser zu weisen.

Was er nicht aushält, nicht aushalten will, ist eine ganz und gar laszive Werbung, die Salome um seinen Körper treibt. Sie will ihn angreifen, sie will ihn lieben. Jochanaan rettet sich davor in die Zisterne, man könnte auch sagen, daß er sich zurückzieht; doch man darf auch annehmen, daß er es einfach gar nicht bis zu einer Versuchung kommen lassen will.

Am Rande: Der junge Hauptmann hat es nicht ertragen, daß Salome sich einem Jochanaan anbietet, er hat in rasender Eifersucht Selbstmord begangen.

Herodes, der das Festmahl abbricht, weil er Salome sehen will, erfährt nur, daß sich ein Hauptmann umgebracht hat, und läßt den Leichnam wegschaffen. Weiter will er von der Affäre nichts wissen. Was ist ein Menschenleben?

Das auftretende Gefolge des Herodes ist beachtenswert – erstens, weil die Herrschaften relativ schwere Aufgaben haben und zweitens, weil man wiederum an ihnen viel über die Qualität eines Ensembles erfährt.

Weil aber seine Frau nicht in der Nachtluft bleiben will, bleibt Herodes bei der Zisterne. Weil ringsum über den Propheten gesprochen wird, verteidigt Herodes den heiligen Mann – nicht ganz widersinnig allerdings, denn er hat ihn eingesperrt, weil er erkannt hat, daß dieser, wie alle anderen ungewöhnlichen Männer, gefährlich ist. Die Juden hassen ihn, weil er die Irrlehre verbreitet, der Messias sei wiedergekehrt. Nazarener erscheinen und behaupten, der Messias sei zurückgekehrt und wirke Wunder, erwecke Tote und bestärken Herodes in seinen Ansichten. Hätte er den Messias in der Nähe, er würde ihn zu dem Propheten werfen lassen. Nicht töten, denn vor Göttern oder vor Abgesandten von Göttern muß man sich hüten.

Salomes Tanz ist auch nachträglich komponiert. Und das ist wirklich jederzeit spürbar – mitten in ein genialisches

Salome soll tanzen. Nur das könnte Herodes ablenken von einer Religionsdebatte, von den schrecklichen Gedanken, daß es möglich wäre, einmal Tote wieder zum

Leben zu erwecken. Salome soll tanzen. Nur das könnte Herodes aus dem Zauber entlassen, den vorläufig seine Frau allein auf ihn ausüben will. Herodias weiß genau, wie es um ihre Tochter steht, und ist nicht gewillt, eine Konkurrentin zu haben.
Salome ist bereit zu tanzen.
Sie läßt sich allerdings versprechen, daß sie für diesen einen Tanz verlangen darf, was sie will. Und Herodes, der gegen den Willen aller etwas haben will, gibt das Versprechen. Mit der bei Königen offenbar üblichen Formel – und sei es die Hälfte seines Königreiches –, auch das würde er für einen einzigen Tanz geben.
Salome tanzt.
Salome tanzt allerdings nicht einfach eine Art von künstlerischer Darbietung. Sie bietet sich selbst dar, also das, was wir vorhin als Kindfrau, als sündhaft naiv oder als unschuldig verführerisch bezeichnet haben. Salome tanzt freilich diesmal anders, aufregender als je zuvor. Sie hat das Verlangen nach dem Propheten Jochanaan im Blut, und die Kränkung, die seine Zurückweisung ihr gegeben hat, ist ein Ingrediens, das man als Beobachter dieses Tanzes nicht vergessen sollte. Salome will mit diesem einen Tanz, in dem sie Schleier um Schleier ablegt und immer unverhüllter zu der begehrenswertesten jungen Frau der Welt wird, etwas erreichen.
Daß Herodes ihr versprach, was immer sie nur haben wolle, ist unklug gewesen. Salome fordert, auf einer Silberschüssel, den abgeschlagenen Kopf des Propheten aus der Zisterne. Herodes kann versuchen, was er will, versprechen, was er besitzt, anbieten, was ihm nicht einmal gehört – den Vorhang aus dem Tempel der Juden zum Beispiel. Salome will den Kopf des Mannes, der sich von ihrer Ausstrahlung nicht einfangen ließ.
Und sie erhält ihn. Der Mond verdüstert sich nicht, die Welt bricht nicht zusammen, die Angst rundum ist nur die Angst der kleinen Menschen, Herodes mit eingeschlossen. Der Prophet wird getötet, sein Kopf auf einer Silberschüssel Salome überreicht.
Sie küßt seine Lippen. Sie erfüllt sich diesen einen

Musikdrama ist hier eine routinierte symphonische Dichtung eingefügt, die auch in einem Nachtlokal erklingen könnte. Deshalb hat man wohl früher auch nichts dabei gefunden, daß die Sängerin der Salome sich durch eine Tänzerin vertreten ließ.

Beinahe unmittelbar auf den Tanz folgt Salomes großer Schlußgesang, eine der gewagtesten Kompositionen von Strauss und eine der schwierigsten Aufgaben für eine Sängerin. Man merke: Obgleich großes Orchester sie begleitet, muß sie wortdeutlich bleiben, wenn sie wirklich eine gute Salome sein will.

Wunsch, von dem sie offenbar genau weiß, daß sie ihn nie hätte in Erfüllung gehen lassen können, hätte sie nicht vorher schon den Tod des Mannes erreicht. Dieser Tod und ihr großer Liebeskuß gehören so zusammen wie sonst die Liebe und das Leben. Für Salome ist das Geheimnis der Liebe, das sie nie begreifen wird, größer als das Geheimnis des Todes. Sie stirbt sofort. Denn nicht einmal der verderbte Fürst Herodes erträgt, was Salome getan hat. Von seinen Soldaten läßt er sie töten. Was so gefährlich ist wie Salome, das darf nicht leben.

RICHARD STRAUSS

Elektra

Tragödie in einem Aufzug. Dichtung von Hugo v. Hofmannsthal.

URAUFFÜHRUNG: Dresden, 1909.
SOLISTEN: *Klytämnestra* (Mezzosopran) – *Elektra* (Sopran) und *Chrysothemis* (Sopran), Töchter – *Aegisth* (Tenor) – *Orest* (Bariton) – *Der Pfleger* des Orest (Baß) – *Die Vertraute* (Sopran) – *Die Schleppträgerin* (Sopran) – *Ein junger Diener* (Tenor) – *Ein alter Diener* (Baß) – *Die Aufseherin* (Sopran) – *1. Magd* (Alt) – *2. Magd* (Mezzosopran) – *3. Magd* (Mezzosopran) – *4. Magd* (Sopran) – *5. Magd* (Sopran).
ORT: Mykene.
SCHAUPLATZ: Der innere Hof, begrenzt von der Rückseite des Palastes und niedrigen Gebäuden, in denen die Diener wohnen, links vorn ein Ziehbrunnen.
DAUER: ca. 1³/₄ Stunden.

Extremer noch als bei „Salome" ist Strauss mit dieser Oper als ein Avantgardist hervorgetreten – hätte er dieses Zerreißen der Tonalität

Der Tourismus hat uns an jene Plätze gebracht, die Schauplätze der erstaunlichsten Tragödien der Menschheit waren. Mykene ist zu besichtigen, und ungezählte Amerikaner oder Deutsche nehmen es auf einer Griechenlandreise „einfach mit“, wie man so im Jargon sagt.

Wer einmal Mykene gesehen hat, wird besser verstehen, wie groß und dumpf und über Jahrhunderte nachwirkend dort die Leidenschaft der Königstochter Elektra gewirkt haben muß. Inmitten von mächtigen Steinblöcken, inmitten der zwar herrlichen, doch auch bedrohlichen Landschaft, in großer Hitze – mit einiger Phantasie lassen sich die Gefühle und Taten eines schier überdimensionalen Weibsbildes schon begreifen.

Ihr Vater war ermordet worden, ihre Mutter hatte einen anderen, weichlichen Mann genommen, ihr Bruder war vom Königshof verbannt, ihre Schwester war klein und liebesbedürftig. Elektra war allein, fühlte sich allein, zog sich in dieses Alleinsein zurück. Den neuen Mann an der Seite ihrer Mutter sah sie als Mörder ihres Vaters, ihre Mutter sah sie als Mörderin – sich selbst aber begriff sie als das ausgestoßene, doch vorläufig noch nicht vom Hof gewiesene Memento mori. Sich selbst ganz allein.

Im gleichen Ausmaß, in dem sich diese Königstochter Elektra in eine Art innere Emigration begeben hat, ist sie ihrer Familie zu einer furchtbaren, furchterregenden Gestalt geworden. Der Mutter ist sie das leibhaftige schlechte Gewissen – Klytämnestra versucht immer wieder, eine Gesprächsbasis mit ihrer Tochter zu finden, wird aber hohnlachend abgewiesen. Wenn sie behauptet, grauenhafte Träume zu haben, so erklärt ihr Elektra, sie müsse nur ihren Mann als Opfertier schlachten, dann würden die schrecklichen Träume verschwinden – soll da eine fluchbeladene Königin ihre Tochter wieder glücklich ans Herz drücken?

Klytämnestra tut's nicht; sie geht schrill lachend zurück in den Palast, als man ihr eine Nachricht zuflüstert. Elektra, die triumphierend die Niederlage ihrer Mutter erleben wollte, bleibt fassungslos allein: Was kann geschehen sein, daß sich ihre Mutter von dem Keulenschlag, den sie ihr gerade versetzt hat, so rasch erholt? Gleich darauf weiß sie es: Zwei Boten treten ein; sie sollen als Augenzeugen den Bericht vom Tod

fortgesetzt, wäre er zweifellos über die Ideen Schönbergs hinausgewachsen. Aber, wie wir wissen, Strauss erkannte, daß er dazu keineswegs imstande gewesen wäre. Und ließ sich ab dem „Rosenkavalier“ als erfolgreicher Reaktionär beschimpfen – um den Preis vieler Erfolge.

Veristisch ist an dieser Oper noch, daß sie keine Ouvertüre verträgt, daß sofort der Chor der Mägde den Ton angibt. Sonst aber ist „Elektra“ längst über den Verismo hinaus.

Eine szenische Anmerkung: Strauss selbst polemisiert dagegen, daß die Oper in Dunkelheit spielt. Er fordert ausdrücklich Licht auf der Bühne und begründet als Praktiker: Wenn der Opernbesucher ein Gesicht deutlich sieht, versteht er sogar den Text besser. Kein Regisseur seit der Uraufführung hat Straussens Anweisung befolgt.

Die Szene zwischen Elektra und ihrem Bruder, wieder gefährlich nahe der Banalität,

133

ihres Bruders wiederholen. Orest, die einzige Hoffnung Elektras, der aus Mykene entfernte Bruder, ist gestorben. Die Nachricht, die Klytämnestra einen Teil ihrer Ruhe wiedergab, schmettert Elektra zu Boden. Jetzt ist sie mit der kleinen Schwester, die nichts begreift und nichts will, ganz allein. Jetzt muß sie ganz allein ihren Vater Agamemnon rächen.

Der eine der beiden Boten aber, der die Verzweiflung Elektras richtig deutet, ist Orest. Und sagt Elektra auch, daß er es ist – erschüttert über die Schwester und fasziniert von der Aufgabe, die ihn erwartet, umarmt er das zum armen Mannweib entartete Schwestergeschöpf und sagt es ihr. Er ist Orest und ist da, um seinen toten Vater zu rächen.

Elektra verwandelt sich in den Armen des Bruders beinahe noch einmal zur Frau. Die schwerste aller Aufgaben ist ihr abgenommen. Sie muß nur im Hof warten und den Lärm hören, der sich erhebt, als Orest seine Mutter tötet. Sie muß nur ihren Stiefvater empfangen und ihn in den Palast schicken, damit ihr Bruder auch ihn erschlägt. Dann muß sie auch noch aus ihrem Krampf und ihrer Haut, um es ganz deutlich zu sagen: Ihre Schwester Chrysothemis kann glücklich und dümmlich erklären, der gute Bruder habe alles in Ordnung gebracht. Elektra kann nicht dümmlich damit zufrieden sein, daß die Ordnung wiederhergestellt ist. Sie muß einen Rache- und Opfertanz vollführen, um die Spannung los zu werden, unter der sie lebte. Und dieser Tanz, der ihre größte Emotion auflösen soll, löst Elektra auf. Von ihr bleibt nichts als ein verkrampfter Körper, der vor dem Palast liegt und dem nicht mehr zu helfen ist.

Die anderen, die ihr Schicksal nicht so schwer genommen haben, überleben. Elektra, die für alle das Schicksal getragen hat und das Schicksal war, kann nicht überleben.

Richard Strauss

Der Rosenkavalier

Komödie für Musik in drei Aufzügen von Hugo v. Hofmannsthal.

Uraufführung: Dresden, 1911.

Solisten: *Die Feldmarschallin Fürstin Werdenberg* (Sopran) – *Der Baron Ochs auf Lerchenau* (Baß) – *Octavian*, genannt Quinquin, ein junger Herr aus großem Haus (Mezzosopran) – *Herr von Faninal*, ein reicher Neugeadelter (Bariton) – *Sophie*, seine Tochter (Koloratursopran) – *Jungfer Marianne Leitmetzerin*, die Duenna (Sopran) – *Valzacchi*, ein Intrigant (Tenor) – *Annina*, seine Begleiterin (Alt) – *Ein Polizeikommissar* (Baß) – *Der Haushofmeister* bei der Feldmarschallin (Tenor) – *Der Haushofmeister* bei Faninal (Tenor) – *Ein Notar* (Baß) – *Ein Wirt* (Tenor) – *Ein Sänger* (Tenor) – *Ein Flötist* (Stumme Rolle) – *Ein Gelehrter* (Stumme Rolle) – *Ein Friseur* (Stumme Rolle, Solotänzer) – *Dessen Gehilfe* (Stumme Rolle, Tänzerin) – *Eine adelige Witwe* (Stumme Rolle) – *Drei adelige Waisen* (Sopran, Mezzosopran und Alt) – *Eine Modistin* (Sopran) – *Ein Tierhändler* (Tenor) – *Vier Lakaien* der Marschallin (2 Tenöre und 2 Bässe) – *Vier Kellner* (1 Tenor und 3 Bässe).

Ort: Wien.

Schauplätze: Das Schlafzimmer der Feldmarschallin – Saal bei Herrn von Faninal – Ein Extrazimmer in einem Gasthaus.

Dauer: ca. 3 1/2 Stunden.

Im Wien der Kaiserin Maria Theresia (wie vorher und nachher auch) ist es eine Spezialität der Stadt, daß man zwar sehr genau auf Standesunterschiede sieht, daß man sehr viele Spielregeln kennt und beachtet, daß man jedoch zugleich mit großer Freude Ausnahmen jeglicher Art toleriert: Es finden Paare zueinander, die eigentlich sehr ungleich sind. Es haben Frauen Verhältnisse, von denen man nicht unbedingt mit Hochachtung berichten könnte. Und es hat jeder irgendwann Verständnis dafür, daß auch der andere sich einmal ei-

Daß Idee und Teile des Textes von Harry Graf Kessler stammen, ist nach einem interessanten Briefwechsel mit Hofmannsthal dem Opernfreund verschwiegen worden.

135

nen kleinen Ausrutscher leistet. Sind halt so, die Menschen, sagt man ungefähr.

Da ist zum Beispiel eine attraktive Dame der allerbesten Gesellschaft. Ihr Mann ist Feldmarschall und zumeist auf der Jagd. Sie hat hier und da ein Verhältnis, allerdings immer sehr diskret und am liebsten sogar in der weiteren Verwandtschaft – mit einem noch sehr jungen Vetter zum Beispiel, einem Grafen Rofrano, der auf keine angenehmere und ungefährlichere Art aufgeklärt werden könnt' als in den Armen der Feldmarschallin Werdenberg.

Zur weiteren Verwandtschaft der Feldmarschallin, die man in Wien noch einfacher „die Marschallin" nennt und die – das ist nur Zufall – mit Vornamen Marie Therese heißt, zählt ein Baron von Lerchenau; er gehört zum sozusagen verarmten Landadel; auch das hat's in der Umgebung der Stadt Wien immer gegeben und gibt's heute noch. Unter Verarmung muß man sich nicht unbedingt Hunger vorstellen, und Landadel bedeutet nur, daß dieser Baron von Lerchenau sein Leben vor allem in guter Luft zubringt, die Landmädchen im Heu schwängert und nur alle heiligen Zeiten bei Hof erscheint.

Bis er die allereinfachste Art entdeckt hat, zu Geld zu kommen: durch Heirat. In seiner näheren Verwandtschaft wäre da wahrscheinlich für ihn nichts zu holen, man kennt ihn zu gut. In Wien aber gibt's Neureiche, die sich durch Armeelieferungen ein Vermögen und den Adel erworben haben; sie sind nur allzugern bereit, ein eigenes Kind ohne viel Fisimatenten einem nicht mehr ganz frischen Mann vom Land zu verheiraten, wenn dieser Baron ist, den Kämmererschlüssel besitzt und also aus wirklich allerbestem Haus kommt. Für diejenigen, die auch das wissen wollen: Der goldene Schlüssel, den der Baron von Lerchenau hat und den sehr viele Adelige nicht besitzen, bedeutet, daß er pro forma Zutritt zu den Gemächern bei Hof hat, und wenn es auch nicht immer angezeigt ist, dieses Vorrecht zu gebrauchen, so ist es doch in gewissen Fällen etwas wert. Etwa dann, wenn ein Lerchenau zum Beispiel um die Hand einer sehr jungen und sehr reichen

Immer wieder wird gerätselt, ob der Ochs ordinär sein soll oder nicht. Strauss und Hofmannsthal sind sich nicht einig gewesen. Hofmannsthal wollte, daß der Ochs zum Beispiel ganz diskret vom „Heu" singt, das in der Nähe sein muß, Strauss komponierte ein Fortissimo. Sänger aber, die Schwierigkeiten mit der Höhe haben, singen das bewußte „Heu" dann wieder im Piano. Opernfreunde sind zu diesem Thema selten befragt worden.

Tochter aus dem Haus des Herrn von Faninal, eines Armeelieferanten, anhält.

Der Baron von Lerchenau, der das getan hat, überrascht die Marschallin am frühen Morgen. Er will von ihr sehr viel Hilfe auf dem ihm schon fremd gewordenen Wiener Pflaster, er will einen Kavalier, den er nach einem beinahe vergessenen adeligen Brauch als eine Art Brautwerber ins Haus schicken kann, er will möglichst kostenlos die Ratschläge eines Advokaten...

Graf Rofrano, vor kurzem noch allein im Bett der Marschallin, kann aus dem Schlafzimmer kaum mehr entkommen. Er zieht sich das Kleid eines Kammermädchens an, übermütig, wie man nur nach einer sehr glücklichen Nacht sein kann. Und er spielt sogar mit, als der Baron von Lerchenau sofort versucht, ihm unter den Rock zu greifen.

Der Übermut des jungen Grafen geht so weit, ein bisserl zu flirten, sich vom Baron von Lerchenau erklären zu lassen, daß er ein außerordentlich gutes Kammermädchen für die junge Frau wäre – er wird erst vorsichtig, als die Marschallin mitspielt und ausgerechnet ihn, den Grafen Rofrano, als Brautwerber vorschlägt. Ob der Vetter vom Land da wirklich nichts als die Ähnlichkeit zwischen dem Kammerzoferl Mariandl und dem Grafen merken wird?

Nach einerseits geregeltem Zeremoniell, in anderseits wienerischer Unordnung, geht der morgendliche Empfang der Fürstin vor sich. Da kommen Bittsteller und Unterhalter, der Friseur und der Verwalter, da ist der Notar für den Vetter parat und erklärt ihm, daß es mit den Gesetzen doch nicht ganz nach dessen Wunsch funktionieren werde: Der von Lerchenau will, als Gegenleistung für die Herablassung ins Bett einer erst kürzlich Nobilitierten, Geld vom Vater. Irgendwann wird das alles der Marschallin zuviel, sie schickt alle, alle weg und ist morgendlich resigniert. Wie lang wird sie noch so leben können wie jetzt? Wie lang wird sie noch für junge Vettern begehrenswert sein? Wie traurig ist doch das Schicksal der Frauen, die nie älter werden wollen und es doch jeden Tag um einen Tag werden?

Habe ich schon erwähnt, daß im kurzen Orchestervorspiel, für jedermann erkennbar, die Liebesnacht zwischen Oktavian und der Marschallin geschildert worden ist? Tatsächlich hat Strauss nie deutlicher illustrative Musik komponiert.

Vor dem zweiten Auftritt des Oktavian: Die große Arie der Marschallin, die weiß, daß sie einen ganzen Akt pausieren kann. Sie hat vor allem zu charakterisieren, ihre exponierten Töne sind erst im Finale.

137

Der Rofrano, der ganz offiziell zu einem Besuch wiederkommt, begreift das alles gar nicht. Er ist beinahe böse darüber, daß man ihm zumutet, er werde nicht ewig in die Marschallin verliebt sein. Er weiß es noch nicht anders.

Bald wird er es wissen. Denn im Haus des Wiener Bürgers, der sich seit gar nicht langer Zeit einen Herrn von Faninal nennen darf, wartet schon das Schicksal auf Rofrano. Das Schicksal heißt Sophie, ist die Tochter des reichen Wiener Bürgers und somit die Verlobte des Barons von Lerchenau. Ein sehr junges, nicht besonders kluges Mädchen, das aber den sogenannten Wiener Charme hat und außerdem sehr aufgeregt ist, weil erst der „Rosenkavalier" und dann gleich der Bräutigam erscheinen sollen.

Die Jungfer Marianne Leitmetzer ist beinahe immer unterbesetzt. Auch allererste Häuser vergessen, wie wichtig die Schilderung des nahenden Rosenkavaliers ist.

Mit allem Pomp, der einem hochadeligen jungen Herrn zusteht, tritt Rofrano ins Haus und ist Minuten darauf auch schon verloren. Er ist in Sophie Faninal verliebt und hat alles andere, inklusive der Marschallin, vergessen. Er hat zudem den Bräutigam vor Augen, der so ganz und gar kein Konkurrent für ihn ist – als der Lerchenauer auftritt und sich so gibt, wie er nun einmal ist, findet auch Sophie unschwer, daß es zwar wunderschön ist, demnächst Baronin zu sein, daß sie aber noch lieber eine Gräfin Rofrano wäre. Die jungen Menschen sind beinahe unausgesprochen eins, da werden sie auch schon von einem Intrigantenpaar ertappt und bloßgestellt; da bittet der Rofrano den Lerchenau zu einem Duell, das nicht zustandekommt; da gibt es den notwendigen Skandal, weil er ihn dennoch am Arm leicht verletzt. Und während der alte Herr von Faninal noch nachdenkt, wie er seinen Plan doch verwirklichen und die Heirat vorantreiben kann, hat sich Graf Rofrano schon die beiden Intriganten geschnappt und gekauft und spinnt eine Intrige gegen seinen Rivalen. Der erhält ein Briefchen von der Kammerzofe der Feldmarschallin, ein verliebtes. Und glaubt auch noch, daß er jetzt alles Glück der Welt hat. Denn der Faninal wird ihm die Tochter und das Geld geben, und er wird sich so zwischendurch auch noch dieses hübsche Kammermädel gut schmecken lassen.

Hier war ein lauter Aktschluß geplant, eine deutliche Erklärung dafür, wie Oktavian sich später wieder als Mariandel verkleiden wird. Strauss selbst entwarf das Szenarium, wie es jetzt bekannt ist, und behielt mit dem stillen Schluß des Ochs recht. Weiß jeder, daß der berühmte Walzer viele Takte einem Walzer von Joseph Strauß folgt?

Erinnert man sich an die Charakteristik Wiens? Als einer Stadt, in der man strenge Regeln aufgestellt hat, um sie genußvoll zu übertreten? Unter Maria Theresia, der Kaiserin, ist man sittenstreng. Die Ehe ist heilig. Also muß es auch Gelegenheiten geben, den Ehebruch zu begehen.

In jedem besseren Gasthof der Vorstadt gibt es daher Nebenräume, in denen gut zahlende Gäste separiert speisen und sich, wenn sie das mögen, auch lieben können. Solange kein Aufsehen gemacht wird, spricht niemand davon. Auch die Kaiserin hat an dieser Regel, wie man die Regeln umgeht, kaum etwas ändern können.

In einen solchen Gasthof hat Rofrano den Lerchenau gebeten. Das Nebenzimmer ist präpariert, es sind Leute engagiert, die im richtigen Moment spuken und den Landadeligen schrecken sollen; das Exposé der Komödie sieht wahrscheinlich vor, daß dieser aus bloßer Angst vor der Verderbtheit Wiens wieder heimfährt.

Ganz so einfach aber funktioniert es nicht. Der Baron von Lerchenau versucht zwar, das bewußte Mariandl zu verführen, läßt sich auch programmgemäß von Geistern schrecken, ist aber nicht so ängstlich, wie man meint. Er ruft selbstbewußt nach der Polizei und will als Standesperson geschützt werden. Und bringt sich damit erst so richtig ins Elend. Denn die Polizei erscheint und muß ihn wohl oder übel auch zu der Situation – er mit einem jungen Mädel – verhören. Der Faninal ist plötzlich da, weil man (die Intriganten selbstverständlich) ihn geholt hat, um ihm den Schwiegersohn auf Abwegen vorzustellen. Sophie ist da, weil Faninal sie mitgebracht hat. Und sogar die Marschallin ist da, weil sie sich anschau'n will, was da eigentlich gespielt wird.

Sie ist als erste über die Situation erhaben. Sie merkt, daß da nicht nur ihrem Vetter, dem Lerchenau, ein Streich gespielt wurde, sondern daß ganz nebstbei auch ihr selbst ein Verlust angetan wird – ihr Vetter, der Rofrano, hat sich verliebt.

Als souveräne Frau muß sie den Knoten lösen, der al-

Das brillante Orchestervorspiel zum dritten Akt musizieren die Wiener Philharmoniker – aus Spaß und einer Tradition – manchmal auch ohne Dirigenten. Sie taten es einmal bei einem Gastspiel, erzählen es jetzt allen und beweisen, wenn ein Kapellmeister es nicht glauben will, daß sie es können.

Die mehrfache Travestie – eine Sängerin gibt einen jungen Mann, der sich als Mädchen verkleidet – ist typisch Hofmannsthal, war jedoch auch für Strauss ein Gustostück. Man hatte Sinn für derlei Reize auch im Publikum.

Den großen Auftritt der Marschallin markiert der Wirt mit einem einzigen Satz, der zumeist nicht gelingt. Trotzdem ist gleich darauf das Orchester von Strauss da und läßt das vergessen. Und außerdem entsteht ja nach dem wirbeli-

139

gen Chor das große Frauen-
terzett, in dem vor allem die
Marschallin um ihr Leben
singen muß – sie hat die
schwierigste Partie.

len anderen unentwirrbar scheint. Den Lerchenau
schickt sie auf's Land zurück. Sie gibt ihm gegenüber
zu, daß es ein Mariandl nie gegeben hat und konsequenterweise sie also ein Verhältnis mit dem Grafen
Rofrano hatte. Doch gleichzeitig erklärt sie auch, daß
dies ein für allemal vorüber ist, und deshalb ist da keine
Möglichkeit mehr, sie zu erpressen.

Den Faninal besticht sie durch ihre bloße Anwesenheit
und die Tatsache, daß sie ihn grüßt, zur Kenntnis
nimmt, mit ihm in ihrem Wagen heimzufahren bereit
ist. Was immer dieser gutmütige Mann bemerkt haben
sollte, er wird's vergessen, denn eine Feldmarschallin
und Fürstin selbst hat ihm die Hand gereicht.

Ihren einstigen Liebhaber aber läßt sie einfach in die
Arme des jungen Mädchens fliehen. Halb entsagend
und halb traurig, weil er besonders lieb war. Nicht
gänzlich ohne Aussicht darauf, daß ihr jetzt schon ein
Leben ohne Liebe bevorsteht. Und insgeheim auch in
der Erkenntnis, daß ihm die hübsche, aber hausbak-
kene Sophie Faninal wahrscheinlich irgendwann sehr
auf die Nerven gehen wird.

Was weder Sophie noch ihr Graf Rofrano schon wissen. Jetzt sind sie nämlich nur verliebt und der Ansicht, die ganze Aufregung hätte sein müssen, damit sie
sich finden. So irren sich sehr junge Menschen oft.
Aber irgendwann erfahren sie auch, wie es wirklich ist.

RICHARD STRAUSS

Ariadne auf Naxos

Oper in einem Aufzug nebst einem Vorspiel. Dichtung
von Hugo von Hofmannsthal.

URAUFFÜHRUNG: Stuttgart 1912. Wiener (endgültige)
Fassung 1916.
SOLISTEN: Personen des Vorspiels: *Der Haushofmeister*
(Sprechrolle) – *Ein Musiklehrer* (Bariton) – *Der Kom-*

ponist (Sopran) – *Der Tenor [Bacchus]*, (Tenor) – *Ein Offizier* (Tenor) – *Ein Tanzmeister* (Tenor) – *Ein Perückenmacher* (Bariton) – *Ein Lakai* (Baß) – *Zerbinetta* (Koloratursopran) – *Primadonna [Ariadne]*, (Sopran) – *Harlekin* (Bariton) – *Scaramuccio* (Tenor) – *Truffaldin* (Baß) – *Brighella* (Tenor). Personen der Oper: *Ariadne* (Sopran) – *Bacchus* (Tenor) – *Najade* (Koloratursopran) – *Dryade* (Alt) – *Echo* (Sopran) – Als Intermezzo: *Zerbinetta* (Koloratursopran) – *Harlekin* (Bariton) – *Scaramuccio* (Tenor) – *Truffaldin* (Baß) – *Brighella* (Tenor).
ORT: Wien.
SCHAUPLÄTZE: Ein tiefer, kaum möblierter Raum im Haus eines großen Herrn, links und rechts je zwei Türen, im Hintergrund ein Haustheater – Vor einer Höhle (Grotte).

Von der Liebe kann man eigentlich nur auf Umwegen berichten. Die Tatsache, daß sich zwei Menschen ansehen und einander sympathisch finden, ist trivial und viel zu oft schon registriert. Wenn man sie weitererzählt, wird man kaum Zuhörer finden. Wenn man der Sache aber auf den Grund geht und erklärt, was dank dieser ganz trivialen Tatsache alles sonst noch passieren kann, dann wird's wieder interessant. Zum Beispiel: Im Haus eines barocken Kriegsgewinnlers – dergleichen hat es selbstverständlich gegeben, die Klagen des Prinzen Eugen, wie teuer und wie schlecht die Ausrüstung seiner Armeen sei, lesen sich ganz genau so wie die Klagen des Feldmarschalls Radetzky, erst in unserem verderbten Jahrhundert hat es Armeen gegeben, die viel zu viel Geld zur Verfügung hatten – im Hause eines barocken Kriegsgewinnlers in Wien wird also eine Serie von unterhaltenden Darbietungen zusammengestellt.
Die Gäste sitzen schon beim Essen, irgendwo im Dienertrakt bereiten sich Lakaien und ihnen gleichgestellte Künstler auf ihre Auftritte vor. Zwei sehr verschiedene Truppen sind für diesmal engagiert. Eine Art Revuenummer, vier Clowns und eine beliebte Chansonette als deren Star. Und ein kleines Opernensemble, das das

Zur Entstehungsgeschichte immerhin: Aus einer verunglückten Aufführung des „Bürgers als Edelmann" mit anschließender „Ariadne" entstand, nach gründlicher Umarbeitung und beinahe totaler Neuformulierung des ersten Teils, die Oper, die wir jetzt allgemein als „Ariadne auf Naxos" kennen. Zu Jubiläen wird auch die Urfassung aus den Archiven geholt – und jedermann begreift, daß sie möglichst rasch wieder dorthin soll.

Alle Lakaien und vorläufig kleinen Partien äußerst sorgfältig besetzen: Der Reiz des Vorspiels besteht vor allem in den kleinen, anscheinend nebensächlichen Pointen, die herumfliegen.

141

Der Haushofmeister ist die einzige mir bekannte Sprechrolle, die in einem Opernensemble trotzdem von einem Schauspieler übernommen werden kann – obgleich er, wie man weiß, immer ein Fremdkörper auch zwischen sprechenden Sängern bleiben wird.

Der Komponist, eine Paraderolle für Mezzos und Sopranistinnen mit genügend Tiefe. Daran erkennt man schon, wie schwer er für einen Mezzo ist.

Erstlingswerk eines jungen Komponisten aus der Taufe heben soll. Eine Primadonna, ein Tenor, drei junge Damen für die Nebenrollen. Die Oper heißt „Ariadne auf Naxos". Daß sie aufgeführt wird, ist einem angesehenen alten Musikanten zu danken, der seinen Schüler in die Gesellschaft einführen will und die Sänger dazu brachte, die schwierigen Partien dieses jungen Mannes zu studieren. Man hat nicht allzuviel geprobt, es ist durchaus ungewiß, wie die Gäste des Parvenüs auf eine Oper reagieren. Allerdings: Manchmal speisen auch Kenner an der Tafel eines Mannes, mit dem sie sonst nicht gerade freundschaftlich verkehren.

Für jedermann, mit Ausnahme des Komponisten, handelt es sich um Routine. Der Komponist aber ist voll Enthusiasmus, liebt zweifellos auch die, die seine Oper hören, ganz gewiß aber alle, die seine Oper singen werden. Und begreift nicht, daß an diesem wichtigsten aller Abende außer seiner Oper tatsächlich auch noch eine Art Revue geplant ist – wer könnte an etwas anderes als an „Ariadne auf Naxos" denken? Er begreift es so sehr nicht, daß er am liebsten die Aufführung seines Werkes verbieten würde, gäbe es da nicht sehr einleuchtende Erklärungen, die dagegen sprechen. Er hat Geld angenommen, und er will seine Oper hören. Und er ist immerhin davon überzeugt, daß nichts, aber auch gar nichts, außer seiner Oper Furore machen kann.

Allerdings, die Chansonette, der Star des Konkurrenzunternehmens – da fällt auch dem jungen Musiker auf, wie zauberhaft sie aussieht und wie inspirierend sie wirken könnte, hätte sie nur für sein Genre etwas über. Minuten vor Beginn der Oper aber passiert Unvorstellbares: Der Parvenü hat eine Idee. Er will nicht eine Oper und dann etwas Unterhaltsames, er will – und diesen Wunsch haben Leute im Publikum sehr oft – eine Oper mit unterhaltsamen Einlagen sehen. Personal für beide Genres hat er im Haus, sie sollen also einfach gemeinsam auf die Bühne.

Da niemand, der nicht zu den Eingeweihten gehört, ahnt, wie man einen Opernabend vorbereitet, erscheint die Idee niemandem, außer den Opernleuten, absurd. Warum soll das nicht funktionieren? Die einen singen

ihre Arien, die anderen turnen und tanzen über die Szene. Das muß sich doch machen lassen?
Der Auftraggeber, der sich das hat einfallen lassen, ist nicht umsonst ein reicher Mann. Vielleicht hat er es im Detail gar nicht überlegt, doch im Prinzip hat er selbstverständlich recht. So oder so wird an diesem Abend von nichts als von Liebe gesungen oder getanzt werden. Da muß ein Ragout auch ganz gut schmecken. Womit der reiche Mann allerdings nicht gerechnet hat und woran sein Wunsch scheitern könnte, ist die Haltung eines seriösen Komponisten. Dieser hat sein Herzblut in eine Partitur, in seine Idee von Todessehnsucht und Liebe gelegt und denkt nicht daran, Kompromisse zu schließen. Oder doch? Er wird in zwei, drei, sieben Minuten von der Chansonette verführt; ich bin auch eine Frau, die lieben könnte, wenn es einen großen und genialen Liebhaber für mich gäbe, behauptet sie routiniert und verlogen, und der Komponist ist ihr schon verfallen. Sie strengt sich wirklich nicht an. Er bekommt nicht einmal einen Kuß. Er darf ihr nur beteuern, daß er sie für ein süßes, unbegreifliches Wesen hält. Das genügt durchaus, um ihn zu inspirieren und zugleich daran zu hindern, sein Stück nicht stattfinden zu lassen. Es gibt wirklich für eine kluge Frau nichts Einfacheres, als einen Mann glauben zu machen, er sei ein Genie.
Die Oper „Ariadne" aber, die man dann aufführt, gewinnt durch den Einfall des Auftraggebers ganz entschieden. Denn die Subtilität der Opera seria allein würde man kaum genießen, käme da nicht als Kontrapunkt immer wieder der amüsante Kommentar der improvisierenden Chansonette hinzu.
Ariadne ist eine sitzengelassene Frau, Theseus hat sie auf einer Insel im wahrsten Sinn des Wortes allein gelassen; was sie nebstbei noch hört, das sind nur Wellen und der Wind und das Echo. Ariadne will sterben. Will würdig und ganz allein sterben. Was sollte sie jetzt noch tun, wo die Liebe sie verlassen hat?
Zerbinetta – die als Zugnummer ihres Programmes immer erklärt, wie viele Männer und wie viele Möglichkeiten zu lieben es daher gibt – hat ihren großen

Beim ersten Anhören begreift man ganz sicher nicht, welche Pointen da im Text sind – die Sängerin, die vom Tenor behauptet, man ertrage seine Stimme nicht, ist nur eine von vielen. Nahezu jeden Satz, den der Musiklehrer singt, müssen Komponisten lieben etc. Die Szene ist für Kenner zum Nachgenießen geschrieben und äußerst artifiziell. Weshalb manche Opernfreunde sie weniger schätzen.

Man betont immer, wie klein das Orchester ist, das Strauss für diese Oper braucht. Aber: Es sind doch so ziemlich alle Instrumente vertreten, die man zu einem zuletzt rauschenden Finale haben muß. Nur zur Einleitung bleiben diese noch relativ still.

Diese Oper besteht nur aus heiklen Stellen. Die erste Arie der Ariadne war eine, das Terzett der Naturgeister ist

143

mehr als gefährlich, und was man als Zerbinetta-Arie kennt, ist eine der heikelsten Kompositionen, die überhaupt geschrieben wurden – man höre einmal die Stelle, wo das Klavier improvisiert und wo das Orchester einfällt, als füge es sich improvisierend dazu.

Jeder Tenor muß den Bacchus hassen. Er hat keine Chance, er muß aus großer Entfernung strahlende Töne singen und ist der einzige Sänger in dem Stück, der in einem Orchestermeer ertrinkt. Regelmäßig erntet er die schlechten Kritiken.

Zuletzt toben die 34 Instrumente (inklusive Klavier und viel Blech) wie ein ausgewachsenes Orchester.

Auftritt. Sie will der Heroine der Liebe erklären, daß diese sich belügt. Daß die Wahrheit ganz anders ist. Daß eine Frau unendlich verliebt sein kann und trotzdem reif für eine zweite und später auch für eine dritte große Liebe. Zerbinetta übertreibt ein wenig und meint, da man sich mit seinen Gefühlen ja immer selber erst belügt, könne man mit einigem Geschick sogar zwei große Lieben zugleich haben. Das, findet sie, ist wenigstens so aufregend und unbegreiflich wie die Tatsache, daß eine Frau nach dem Abgang eines Geliebten nichts mehr als den Tod wünscht.

Ariadne, die das nicht einmal anhören kann, macht die Bühne frei für wenigstens eine der Tanznummern der Clowns und käme wahrscheinlich, sie ist ja zudem eine Opernsängerin und unzufrieden mit dem Beifall für den Varietéstar, nie mehr zurück. Aber auch die Oper „Ariadne" muß weitergehen, und der Tenor hatte noch keinen Auftritt.

Also muß Ariadne wieder auf die Bühne. Die Ankunft eines Schiffes, eines Schiffelenkers, wird angekündigt. Es ist der jugendliche Gott Bacchus, der auf die Insel kommt und dort eine Frau vorfindet, die sich ihm in die Arme wirft: Freilich, Bacchus und Ariadne mißverstehen einander zuerst. Die verlassene Ariadne hält Bacchus für den Todesgott und erwartet, in seinen Armen das Ende zu erleben. Der unerfahrene Bacchus dagegen weiß das nicht und nimmt die Umarmung als Liebeserklärung einer schönen Frau.

Die frivole Zerbinetta holt sich, effektsicher, den allerletzten Applaus mit ihrem Kommentar. Was immer auch die Beweggründe der Ariadne auf Naxos gewesen sein mögen – sie hat Bacchus umarmt, ihn geküßt und ist mit ihm aufs Schiff gegangen. Sie ist nicht gestorben, sondern hat einen neuen Gott, einen neuen Geliebten gefunden.

Interessant wären die Kommentare des Gastgebers und seiner Gäste. Ob ihnen „Ariadne auf Naxos" mit den Clowns gefallen hat? Man bietet ihnen unmittelbar anschließend ein Feuerwerk, die einzige Art von Unterhaltung, bei der so gut wie nie gedacht werden muß.

144

Die Frau ohne Schatten

Oper in drei Akten. Dichtung von Hugo v. Hofmannsthal.

Uraufführung: Wien 1919.

Solisten: *Der Kaiser* (Tenor) – *Die Kaiserin* (Koloratursopran) – *Die Amme* (Mezzosopran) – *Der Geisterbote* (Bariton) – *Ein Hüter der Schwelle des Tempels* (Sopran) – *Erscheinung eines Jünglings* (Tenor) – *Die Stimme des Falken* (Sopran) – *Eine Stimme von oben* (Alt) – *Barak, der Färber* (Bariton) – *Sein Weib* (Sopran) – *Der Einäugige* (Bariton), *Der Einarmige* (Baß) und *Der Bucklige* (Tenor), *des Färbers Brüder* – *Sechs Kinderstimmen* (je zwei Sopran, Mezzosopran und Alt) – *Die Stimmen der Wächter der Stadt* (drei hohe Bässe).

Schauplätze: Auf einer Terrasse über den kaiserlichen Gärten, seitlich der Eingang in Gemächer – Färberhaus, Werkstatt und Wohnung in einem – Wald vor dem Pavillon des Falkners – Färberhaus – Schlafgemach der Kaiserin im Falknerhaus – Färberhaus – Unterirdische Gewölbe, durch eine querlaufende, dicke Mauer in zwei Kammern geteilt – Felsenterrasse, steinerne Stufen führen vom Wasser aufwärts zu einem mächtigen, tempelartigen Eingang ins Berginnere – Das Innere eines tempelartigen Raumes mit einer von einem Schleiervorhang verhängten Nische, dahinter ein steinerner Thron – Eine schöne Landschaft, steil aufsteigend, inmitten ein goldener Wasserfall, durch eine Kluft abstürzend.

Dauer: 3 1/2 Stunden.

Immer wieder muß man sich damit abfinden, daß Märchen nicht ausschließlich für staunende Kinder erfunden und erzählt wurden – auch Erwachsene können sich aus ihnen Sinn und Bedeutung graben. Das einzige Kriterium dafür, wie gut ein Märchen ist: Kinder müssen es mögen, und Erwachsene müssen viele Deutungen dafür haben.

145

Strauss hat sich mit dem mär-
chenhaften Libretto schwer
getan. Und immer noch ist es
auch schwer, einzelne Passagen aus seiner Oper hervor-
zuheben. Oder Opernfreunde
an einzelne Arien zu erinnern.
Erlaubt man mir ausnahms-
weise, still zu sein?
Es gibt für diese Oper nur ein
wichtiges Rezept: Der Dirigent muß dafür sorgen, daß
man die Sänger manchmal
versteht. Und im richtigen
Moment muß er sie zudecken,
daß ihm die Schuld an ihrer
Unfähigkeit gegeben wird.
Karl Böhm ist der Meister,
der diese Oper in Jahrzehnten
zu einem Welterfolg machte.
Nach genau diesem Rezept.

Wenn also die berühmte Dreiteilung der Welt Voraussetzung für ein Märchengeschehen ist, dann bedeutet
das etwas, es ist aber nicht wörtlich zu nehmen – die
dumpfe Menschenwelt, die gibt es, wie wir alle wissen.
Die von vielerlei Alltagssorgen freie Welt, in der sich
Kaiser und Fürsten bewegen, die gibt es bis zu einem
gewissen Grad auch, wie wir uns wenigstens vorstellen
können. Die dritte Welt aber, die der Geister, die existiert wahrscheinlich nicht, ist aber die eine Ebene, die
sich Menschen gewöhnlicher Natur wie auch Fürsten
gern vorstellen. Denn überall wird davon gesprochen,
daß keiner zu arm sei, um nicht noch jemand zu finden, auf den er hinuntersehen möchte. Genauso aber
existiert kein Mensch, und sei er noch so glücklich und
reich, der nicht so oder so (oder so auch noch) zu jemandem aufschauen möchte. Ein Kaiser braucht dazu
bereits wenigstens eine Feentochter, billiger kann er es
wirklich nicht geben. Soviel zur Voraussetzung eines
Märchens, das auch das Feenreich einschließt, sich aber
mit diesem gleichsam nur am Rande befaßt.
Der Kaiser nämlich, der auf der Jagd eine weiße Ga-
zelle am Hals verwundet und plötzlich statt der Ga-
zelle eine Feentochter bei sich hatte, ist einfach ein
mächtiger und unvorstellbar potenter Herrscher, der
eine wunderbare junge Frau liebt, die er nicht glücklich
machen kann. Er ist bei ihr und schläft mit ihr und
vollzieht alle die ihm selbstverständlichen kräftigen
männlichen Riten – und sie wird nicht schwanger von
ihm. Wer weiß, wie vielen Frauen er schon Kinder gemacht hat, plötzlich aber gelingt es ihm nicht. Auch einen Kaiser kann das verrückt machen. Die schönste
Frau, die er je geliebt hat, wird nicht schwanger.
Da gibt es plötzlich eine Art von Frist, der Kaiser
selbst weiß von ihr nur undeutlich, die Kaiserin aber
versteht den Spruch, der über dem Jagdpavillon gesungen wird. Die Frau wirft keinen Schatten – der Kaiser
muß versteinen. Das kann nur bedeuten, daß der Kaiser zugrundegehen wird, wenn sich an der Situation
nichts ändert. Die Kaiserin muß einen Schatten haben,
ein Kind.
Ihre Amme, ihre Dienerin, ein zuhälterisches Weib,

wie aus einer italienischen Farce, behauptet, Rat zu wissen. Im Umgang mit den Menschen, mit den Weibern gewöhnlichster Art, wird die Kaiserin einen Schatten finden, fruchtbar werden. Wenn ihr daran liege, müsse sie aus ihrer heilen Welt heraus und tief unter ihr Niveau.

Dort aber geht's nicht anders zu. Dort lebt ein Färber, einer, der einen stinkenden Beruf und zudem verkrüppelte Brüder hat, mit einer Frau, die ihm auch keine Kinder schenkt. Sie ist ihm treu, sie gibt sich ihm, wie man es von Frauen erwartet. Kinder aber kann er ihr keine machen und brütet darüber dumpf – er weiß nicht, daß auch ein Kaiser seine Sorgen haben kann. Die Kaiserin und ihre Amme haben sich ausgerechnet das Haus dieses Färbers ausgesucht. Da ist eine starke, eine schöne Frau und ein bulliger Mann – da muß das Geheimnis des Kinderkriegens ganz in der Nähe sein. Sie bieten der Färberin Schmuck und schöne Geliebte, wenn sie zugunsten der Kaiserin auf ihre Fruchtbarkeit verzichtet. Vom Standpunkt der Schulmedizin ist das ein total undenkbarer Tausch, doch wenn man ihn symbolisch nimmt und sich vorstellt, die Kaiserin ließe sich vom Färber ein Kind machen oder die Färberin trüge ein Kind für die Kaiserin aus, dann käme man mitten im Märchen zu einer Art von Realität. Im Märchen heißt es einfach, die Färberin muß ihren Schatten verkaufen, wie man sonst seine Seele dem Teufel verschreibt. Dann ist sie unfruchtbar – und die Kaiserin kann ihrem Geliebten ein Kind schenken.

Es braucht einige Überredung, der Färber muß sich zeigen und noch dumpfer und kräftiger scheinen als sonst, in seinem Jägerdasein muß der Kaiser noch strahlender unglücklich erscheinen, die Kaiserin und ihre Amme müssen verzweifelt sein, weil die Frist so rasch verstreicht. Dann wird der Pakt geschlossen. Die Färberin verzichtet auf Mutterschaft, die Kaiserin – aber da verschwindet das Märchen wenigstens für einen Moment, denn da muß man sich erst einmal von der viel zu großen Vorstellung erholen, daß eine Frau nur um Schmuck und Spaß mit schemenhaften jungen Gestalten willen erklärt, sie wolle keine Kinder haben.

Anders als man annehmen möchte, trennt Strauss die beiden Welten musikalisch nicht. Er instrumentiert immer gleich wertvoll und teuer.

„Mir anvertraut" ist eine der Kennmelodien des überlangen Abends.

Ihr Mann, der Färber, weiß nichts davon, er hofft nur inbrünstig darauf, mehr arbeiten und viele hungrige Mäuler stopfen zu dürfen.

Wie im Leben, ist auch im Märchen nicht mit einem einzigen Entschluß alles auch schon geschehen. Es gibt Fristen en masse. Die Färberin muß sich ihrem Mann verweigern, die Kaiserin muß warten, bis der Schatten ihr gehört, sie fruchtbar ist. Der Kaiser, der von alledem nichts weiß, ist auf Jagd. Er betreibt adeligen Sport und ahnt nicht, daß ihm ein Schicksal besonderer Art droht – oder beschieden ist.

Nach drei endlosen Tagen ist es soweit. Die Färberin hat, immer wieder von Hoffnungen auf Schöneres gedrängt und vom zu leidenschaftlich liebenden eigenen Mann abgestoßen, so viel Kraft in sich aufgestaut, daß sie lauthals erklärt, was sie jetzt tut. Sie gibt ihre Fähigkeit, Kinder zu bekommen, freiwillig und vor dem alsbald in Raserei verfallenden Färber offiziell ein für allemal auf. Die Kaiserin müßte jetzt nichts mehr tun, als diese Fähigkeit, das Symbol dieser Fruchtbarkeit, an sich reißen.

Da setzt das Schicksal ein, da sind die Menschen in einer außergewöhnlichen Situation plötzlich alle dieser Situation gewachsen und reagieren nicht so, wie es sich eine zuhälterische Person gedacht hat. Der Färber erschlägt seine Frau nicht. Die Kaiserin rafft den Schatten nicht an sich. Alles ist anders, ganz anders. Im Märchen bricht die große Flut über alles herein. In einer auch nicht leicht begreifbaren Realität würde man erzählen, plötzlich seien alle „wie weg" gewesen.

Was jetzt noch geschieht, läßt sich mit einfachen, mit allgemein akzeptierten Geschehnissen nicht mehr vergleichen. Die Kaiserin ist wieder in „ihrem" Reich. Sie sieht ihren Mann, der bereits versteinert ist, sie sieht eigentlich nur, daß er unfähig war, ihr ein Kind zu machen. Und noch einmal wird ihr eine Chance gegeben, die Fruchtbarkeit der Färbersfrau an sich zu nehmen – gleichzeitig aber hat die Färberin erkannt, daß sie sich nicht nur an ihrem Mann, sondern an sich selbst vergangen hat und will alles, alles rückgängig machen. Und der Färber begreift, daß niemand, also auch sein

148

Weib nicht, schuld ist an der Misere und will seine Färberin zurück, um ihr zu verzeihen. Das alles aber spielt sich nicht nur im Reich der Kaiserin, also in einem Feenreich ab, sondern einfach in einer Atmosphäre, in der vulgäre Personen von der Geisteshaltung der Amme, der Kupplerin nichts zu suchen haben – die ist mit ihrem Boot längst abgetrieben, die ist aus unserem Gesichtskreis verschwunden.

Die Kaiserin aber, an der jetzt alles hängt, die allein entscheiden kann, nimmt den Schatten nicht an. Nicht einmal um den Preis, ihren Mann wiederzuhaben, will sie eine Frau unfruchtbar gemacht haben. Das Märchen erzählt es ganz einfach: Die Kaiserin widersteht einer Versuchung, und der Kaiser wird lebendig. Die Moral der Geschichte ist kaum weniger geradlinig. Die sehr weit oben stehen, müssen so vornehme Entschlüsse fassen wie die anderen, die nur die Felle gerben und färben und zum Markt tragen. Dann werden sie glücklich, und auch den anderen gehen Wünsche in Erfüllung. Man hört zuletzt die Kinder, die da alle noch kommen werden. Man hört sie förmlich, wie sie gemacht und geboren werden wollen. Sie werden alle, alle auf die Welt kommen. Das ist die Moral von der Geschichte, die man noch viel komplizierter erzählen kann.

Zum Thema Libretto: Hofmannsthal hat eine Prosafassung geschrieben, die eigentlich schöner ist als sein Text für die Oper.

Richard Strauss

Arabella

Lyrische Komödie in drei Aufzügen. Dichtung von Hugo v. Hofmannsthal.

Uraufführung: Dresden, 1933.
Solisten: *Graf Waldner*, Rittmeister a. D. (Baß) – *Adelaide*, seine Frau (Mezzosopran) – *Arabella* (Dramatischer Sopran) – und *Zdenka* (Sopran), ihre Töch-

ter – *Mandryka* (Bariton) – *Matteo*, Jägeroffizier (Tenor) – *Graf Elemer* (Tenor) – *Graf Dominik* (Bariton) – *Graf Lamoral* (Baß), Verehrer Arabellas – *Die Fiakermilli* (Koloratursopran) – *Eine Kartenaufschlägerin* (Sopran) – *Welko*, Leibhusar des Mandryka (Sprechrolle) – *Djura* (Sprechrolle) und *Jankel* (Sprechrolle) – Diener des Mandryka – *Ein Zimmerkellner* (Sprechrolle) – *Begleiterin* der Arabella (Stumme Rolle) – *Drei Spieler* (Bässe) – *Ein Arzt* (Stumme Rolle) – *Groom* (Stumme Rolle).

ORT: Wien.

SCHAUPLÄTZE: Salon in einem Wiener Stadthotel – Vorraum zu einem öffentlichen Ballsaal, links und rechts logenartige Räume, in der Mitte eine Treppe zu einer Estrade, von der man in den eigentlichen Ballsaal hinabsieht und zu dem man links und rechts von dieser Treppe hinabsteigt – Offener Raum im Hotel, zugleich Stiegenhaus, vorn rechts die Portierloge und der Ausgang auf die Straße.

ZEIT: 1860.

DAUER: ca. 3 Stunden.

Eine der wenigstens dem geneigten Leser schon so bekannten Nebenbemerkungen? Hugo von Hofmannsthal hat die Geschichte zweimal geschrieben – zuerst war allerdings eine andere Person die Titelfigur, und erst in der Zusammenarbeit mit dem Komponisten wurde deren Schwester diejenige, deren Schicksal wir wichtig zu nehmen haben. Uns soll's nicht stören, immerhin haben wir hier einen besonders eindringlichen Beweis für meine Art von Darstellung. Wäre es nach Hofmannsthal gegangen, dann hätte man auf der Opernbühne die traurige und zuletzt glückliche Geschichte der Zdenka gesehen. Weil sein Komponist aber ein Theatermann von eminentem Sinn für Effekt war, sehen wir jetzt im Vordergrund die eigentlich etwas banalere Geschichte der schönen Arabella. Und nur, wenn man die Geschichten beider Mädchen erzählt, bleibt man bei der ganzen Wahrheit.

In Wien, wo es schöne Soldaten, aber keinen Krieg und sehr viel Reichtum, aber wenig Verantwortung gibt,

Und gleich noch einmal eine solche Entschuldigung: Strauss hat in dieser Oper viel nach dem Erfolg des „Rosenkavaliers" gesucht. Daß es ihm nicht gelungen ist, diesen zu wiederholen, ist evident. Er hat allerdings auch einige Schwierigkeiten gehabt: Er, dem die „reinen" Charaktere immer Schwierigkeiten machten, hatte mit der Arabella selbst eine eher uninteressante Hauptperson gewählt.

lebt eine der Verarmung preisgegebene Familie. Ein Graf Waldner mit Frau und zwei Töchtern, von denen er sich allerdings nicht einmal eine leisten kann – wenn man Töchter hat, dann muß man diese auch einmal verheiraten; bis dahin muß man sie standesgemäß kleiden und ausführen, und anschließend muß man ihnen auch noch eine angemessene Mitgift garantieren, sonst bringt man sie gar nicht an den Mann.

Die Waldners haben, um den Schein zu wahren, eine empfindliche Maßnahme getroffen. Die ältere Tochter Arabella wird als Schönheit ausgestellt und gleichsam auf dem Heiratsmarkt angeboten, die jüngere Zdenka wird einfach als Bub angezogen und darf nie anders denn als netter Page ihrer Schwester in Erscheinung treten; das ist wesentlich billiger, und wenn dem Mädchen dabei das Herz bricht, dann wollen die Eltern das nicht bemerken.

Arabella hat Verehrer, einige sogar so reich, daß ihr Vater mit einer Heirat einverstanden wäre. Aber Arabella ist mit ihnen nicht einverstanden, sie wartet „auf den Richtigen", auf die große Liebe. Über diesem Warten entgeht ihr, daß ihre Schwester Zdenka den für sich Richtigen schon gefunden hat, einen armen Leutnant – Matteo, der sich im Umkreis ihrer glänzenden Schwester beinahe nicht halten kann. Matteo weiß, selbstverständlich nicht einmal, daß Zdenka kein Bub ist, kann also auch nicht ahnen, daß er von diesem Buben geliebt wird.

In diese Situation, die nicht ganz neu ist, den Waldners allerdings durch immer größer werdende Schulden doch bedrohlicher als je zuvor erscheint, platzt ein Held von außen. Ein junger, reicher Mann – er heißt Mandryka, ist der Sohn eines einstigen Kameraden von Graf Waldner, war schon einmal verheiratet, ist aber jetzt Witwer und in Arabella verliebt. Er hat das Bild der schönen, jungen Frau in einem Brief an seinen verstorbenen Vater gefunden, und er ist nach Wien gereist, um zu versuchen, dieses Mädchen zu heiraten. Ein aufrechter, ein ganz und gar märchenhafter Bursche, wie man ihn auf dem Stadtpflaster nicht kennt und daher auch nicht begreift. Graf Waldner ist glück-

Bis zum Auftritt von Mandryka ist die Oper seltsam fade. Und der Naturbursch, der dann baritonal poltert, ist wiederum so unglaubwürdig, daß er rasch wieder abgehen muß – und Strauss braucht wieder die zwei jungen Frauen, für die er ein Finale von großer Erfolgsträchtigkeit schreibt.

151

lich und nimmt einen Vorschuß darauf, daß er seine Tochter Arabella diesem reichen Mann verkauft. Arabella ist gar nicht unglücklich, denn sie spürt sofort, daß Mandryka „der Richtige" ist. Alles könnte für die Familie und Mandryka ganz problemlos sein, wäre da nicht die kleine Zdenka, die ganz und gar unglücklich sein muß: ihr Matteo weiß noch nicht, daß er bei Arabella verloren hat. Wenn er es wissen wird, wird er auch für Zdenka unerreichbar sein.

Mandryka führt Arabella auf einen Wiener Ball, den Wäschermädel-Ball – die gute Gesellschaft hat die Tanzunterhaltung der Wäscherinnen als herrliches Vergnügen akzeptiert, es ist Mode geworden, dort in sorgfältigster Ausführung zu erscheinen. Arabella will auf dem Ball Abschied nehmen von ihren Verehrern. Sie will das wirklich, und sie tut es auch. Sie tut es mit einer stillen Würde, wie eine Fürstin, die sich verabschiedet.

Im „Rosenkavalier", wo der Walzer als musikalische Form historisch falsch war, war er angebracht. In „Arabella", wo er gerechtfertigt wäre, fällt Strauss keiner von Format ein. Man beachte: Ein Ball ohne großen Wiener Walzer, dafür mit einem eher vulgären Lied der Fiakermilli.

Matteo wäre unter diesen Umständen bereit, sich das Leben zu nehmen, käme da nicht Zdenka auf ihn zu. Das Mädchen hat einen verzweifelten Plan, es gibt ihm die Schlüssel zu einem Hotelzimmer, erklärt, das wären die Schlüssel der Arabella, und diese würde auf Matteo warten.

Mandryka, der das hört und selbstverständlich nicht begreift, wer Zdenka ist, glaubt sich schon vor der Hochzeit verraten und wuchert wild aus, er lädt den ganzen Ball ein, auf seine Kosten zu trinken, und er versucht, sich möglichst rasch selbst ein anderes Mädchen auf den Schoß zu setzen. Wäre da nicht Graf Waldner, der erstens Arabella vertraut und zweitens nicht zulassen kann, daß seine finanzielle Sicherheit wegen einer betrunkenen Geschichte wiederum fraglich ist – Mandryka würde gewiß nicht einverstanden sein, jetzt ins Hotel zu gehen und dort „nach dem Rechten" zu sehen.

Im Hotel hat Matteo gerade in einem verdunkelten Zimmer mit Zdenka geschlafen – und findet auf der Hotelstiege wieder Arabella, von der er annehmen muß, sie ginge nach der Liebesnacht mit ihm noch einmal aus. Aus seinen Vorwürfen und Arabellas völlig

korrekten Antworten entsteht das zweite Mißverständnis. Jetzt sind es schon zwei Männer, die sich von
Arabella hintergangen fühlen.

Das könnte schlimm ausgehen; Mandryka verzichtet
sofort auf die ihm untreu gewordene Arabella, Matteo
kann sich Arabella nicht leisten, Arabella selbst sieht
sich von Männern, denen sie nichts getan hat, wie ein
leichtes Mädchen behandelt – Zdenka rettet die Situation. Sie hat jetzt ein Nachthemd an, sie kommt ins
Foyer und gibt zu, was sie getan hat: Sie war für Matteo die große Schwester.

Die Lösung aller Rätsel ist auch die aller Probleme.
Mandryka hält für Matteo um die Hand der kleinen
Zdenka an, die nie mehr ein Bub sein muß. Und Arabella bekommt ihren Mandryka, der schon der Richtige ist für sie. Und Graf Waldner, jetzt Schwiegervater
eines reichen Mannes, kann beruhigt eine Kartenpartie
spielen.

RICHARD STRAUSS

Die schweigsame Frau

Komische Oper in drei Aufzügen. Dichtung frei nach
Ben Jonson von Stefan Zweig.

URAUFFÜHRUNG: Dresden, 1935
SOLISTEN: *Sir Morosus* (Baß) – *Seine Haushälterin* (Alt)
– *Der Barbier* (Bariton) – Komödianten: *Henry Moro-
sus* (Tenor) – *Aminta,* seine Frau (Koloratursopran) –
Isotta (Koloratursopran) – *Carlotta* (Alt) – *Morbio*
(Bariton) – *Vanuzzi* (Baß) – *Farfallo* (Baß).
ORT: In einem Vorort Londons.
SCHAUPLATZ: Zimmer des Sir Morosus, weiter, unor-
dentlich gehaltener Raum mit vielen Zeichen, die er-
kennen lassen, daß hier ein ehemaliger Seemann haust:

Schiffsmodelle, Fahnen, Gewehre, Anker, Fischgerippe, Takelwerk. Besonders auffällig, daß alle Türen mit dichten Vorhängen oder Säcken geschützt sind.
ZEIT: Etwa 1780.
DAUER: ca. 3½ Stunden.

Dem Briefwechsel zwischen Zweig und Strauss ist zweifelsfrei zu entnehmen, daß der „Librettist" sehr genau wußte, wie der schon alte Musiker diese Oper komponieren sollte. Die neuartige Verbindung zwischen gesprochenem Wort und Rezitativ und komponierten Texten ist die Erfindung von Zweig.

Um Tragödien oder Komödien, in denen es vorwiegend um Hochzeiten geht, richtig genießen zu können, muß man sich vor Augen halten, daß Hochzeiten Zeremonien sind. Aufgeführt vor Standesbeamten und mit entsprechendem Pomp oder mit großer Verkleidung. Sie haben dank der Mitwirkung von Advokaten und diversem Personal immer etwas Unwirkliches und können zweifellos zu Schwindeleien genützt werden – in unserer bürokratisierten Zeit wird dergleichen seltener, doch auch jetzt noch gibt es Hochzeiten, die sich anschließend als ungültig herausstellen, und wenn man Zeitungsberichten Glauben schenken darf, so ist es nur eine Frage der Geschicklichkeit und des Wagemutes, und schon kann einer mit mehreren Frauen auf einmal und in Wahrheit also gar nicht verheiratet sein.

Das ausschließlich zur Begründung für diejenigen, die es für absurd oder konstruiert halten, daß manchmal Menschen glauben, sie seien verheiratet, obgleich sie in Wahrheit nicht einmal geschieden werden können. Das gab es immer schon, und mit der weiterhin wachsenden Flut von Gesetzen und Gesetzesnovellen wird es nicht unbedingt übersichtlicher werden.

So viel als Vorgeschichte zu einem Fall, der sich zufällig in Großbritannien abspielt, allerdings anderswo auch denkbar wäre, jedoch in der pittoresken Umgebung „in einem Vorort Londons" besonders hübsch angesiedelt ist.

Und weiter: Morosus, der lärmempfindliche Musikfeind, singt selbstverständlich. Der Barbier dagegen, zweifellos eine Opernfigur, hat sehr viel Sprechtext. Da haben Strauss und Zweig ihren Spaß daran gehabt.

Sir Morosus, einst Admiral, durchaus reich, vor allem aber alt und nach einem Unfall neben einem explodierenden Kanonenrohr extrem lärmempfindlich, lebt im Schlafrock, neben einer Haushälterin und ziemlich bedürfnislos vor sich hin. Er fühlt sich zwar etwas einsam, doch er hat anderseits seine fünf Sinne beisammen und weiß, daß er darunter leiden würde, gäbe er die Einsamkeit auf. Seinem Friseur kann er es am ehesten erklären: Wen immer er sich ins Haus nähme, der würde Lärm machen.

Sir Morosus hat einen Neffen, von dem er allerdings lange nichts mehr gehört hat. Er hängt deshalb an ihm und denkt, ein dermaßen stiller, sich nie aufdrängender junger Mann, der dürfte schon in Ordnung sein. Nach den geltenden Gesetzen wäre dieser Neffe immerhin später auch sein Universalerbe. Der Neffe aber ist keineswegs ein stiller. Er ist Mitglied einer italienischen Operntruppe, hat eine Sopranistin geheiratet und erscheint bei seinem Onkel, um sich, seine Frau und seine Kollegen zu präsentieren. Tablaux, hätte man früher einmal gesagt. Der ruhebedürftige alte Mann sieht sich von Berufs wegen lauten Menschen umgeben, seinen Neffen als Mittelpunkt der Bagage. Er wirft alle hinaus und enterbt den zweifellos nicht sehr begabten jungen Künstler. Er enterbt ihn, indem er seinen Friseur anweist, rasch eine junge, schweigsame Frau zwecks Heirat herbeizuschaffen. Alte Herren glauben, daß das so einfach ist – und alte reiche Herren finden heraus, daß es eigentlich wirklich nicht besonders schwierig ist.

Von diesem Moment an entsteht eine große Verschwörung, an der sich alle beteiligen: Der Friseur ist der Inventor, der Drahtzieher des Geschehens, und die Operngruppe übernimmt alle notwendigen Partien im Stück.

Dem Sir Morosus werden Bräute vorgeführt, so präpariert, daß er nicht die erste und nicht die zweite, sondern erst die dritte zu heiraten beschließt – die aber ist die Frau seines Neffen. Die Advokaten und Standesbeamten werden Sir Morosus gleichfalls rasch aus dem Fundus der Truppe beschafft, und unmittelbar nach angeblich vollzogener Hochzeit dringt, was bis dahin nichts zu tun hatte, als lärmende Hochzeitsgesellschaft ins Haus. Dem zu Tod erschrockenen Ehemann aber wird außerdem noch eine allerletzte Überraschung geboten – die bisher ideale, schweigsame junge Frau entpuppt sich als überlaut, gräßlich genau das Gegenteil von dem, was Sir Morosus haben wollte.

Morosus schreit nach Hilfe, der Neffe Henry erscheint

Henry und Aminta werden nach dem alten Rezept des „Don Pasquale" charakterisiert. Und es wirkt auch bei Strauss und im Jahr 1935 wieder.

Vorsicht, die Sängerinnen müssen Dialekt sprechen. Bei Übertreibungen wird das allerdings nicht komisch, sondern peinlich.

Alles, auch die Situation zum Finale des ersten Aktes, ist erklügelt und hat den Autoren schon beim Lesen Spaß gemacht. Daß da wieder ein Baß beinahe undeutlich zu tiefe Töne singt (Erinnerung an „Rosenkavalier"), war eine Pointe, über die zuerst einmal Strauss lachte.

auf's Stichwort und macht sich erbötig, die junge Frau zu bändigen. Er hat damit beim Erbonkel wieder einen Stein im Brett. Und er hat's auch sonst nicht schwer, schließlich muß er ja nur seine eigene Frau bändigen. Und zwar eine Frau, die bereits ziemlich erschöpft ist, denn sie hat sich recht schwer getan in ihrer Rolle als gräßliches Weib, sie hat den alten Mann eigentlich sehr sympathisch gefunden.

Am andern Tag wäre dies eine zwar interessante, aber zugleich doch eine wenig haltbare Situation. Onkel und Neffe mit ein und derselben Frau verheiratet, der eine bemüht, wieder geschieden zu werden, der andere nicht in der Lage, sich als verheiratet zu bekennen. Also muß die Komödie weitergespielt werden. Jedermann hat wieder ein Kostüm an, und die Farce geht weiter. Die Scheidungsrichter erscheinen und lassen sich erklären, daß Sir Morosus eine Frau geheiratet hat, die er nicht heiraten wollte. Sie erklären ihm, daß es beinahe jedem Mann so ergehe und daß einer, der als Scheidungsgrund nur angeben kann, er hätte sich auf eine stille Frau gefreut und einen lauten Besen erhalten, keineswegs zu den Sonderfällen zähle. Sie geben ihm den einzig möglichen Scheidungsgrund an: Er müßte nachweisen, daß er geglaubt habe, eine Jungfrau geheiratet zu haben, in diesem Punkt jedoch hintergangen worden ist. Sir Morosus erweist sich als prüde genug, in die Verhandlung nicht mehr einzugreifen, aber sofort meldet sich, wieder verkleidet, Henry und erklärt, er habe mit der derzeitigen Lady Morosus etwas gehabt; doch die Richter meinen, das sei unerheblich, er habe ja vor Sir Morosus etwas mit ihr gehabt, und Lady Morosus beteuert lauthals, sie habe nie etwas mit jemandem gehabt außer mit dem ihr angetrauten Mann – die Komödianten also haben sich in eine Situation hineingesteigert, aus der sie kaum mehr herausfinden, in der sie sich selbst gefangen haben. Da bricht der alte Herr zusammen, und die junge Frau findet ganz rasch das einzige Mittel, das immer hilft. Sie demaskiert sich und die anderen. Sie sagt, wer sie wirklich ist und mit wem sie verheiratet ist und daß der Spuk für Sir Morosus vorbei ist.

Hoffentlich versteht man den Text. Denn die Schlußworte des Morosus sind für Opernfreunde ein Leckerbissen. Strauss, der um diese Zeit immer schon sein „Testament" schrieb, hätte auch mit diesen enden können. Aber er komponierte weiter...

Das ist ein Moment, in dem einem das Herz stehen-bleiben kann. Jetzt kann Morosus alle aus dem Haus jagen und hinter ihnen zusperren und seine Ruhe haben. Oder auch alle einsperren und seine Rache haben. Oder?

Sir Morosus weiß und wählt die dritte Möglichkeit. Er lacht über sich. Über seine dumme Idee, eine schweigsame Frau ließe sich finden. Über das Glück, keine, nicht einmal eine schweigsame Frau zu haben. Über die Aussicht, den Neffen bei sich zu haben. Und für sich selbst soviel Ruhe, wie er nur will.

Die Gesellschaft löst sich auf. Sie sind alle ziemlich glimpflich davongekommen. Zwei von ihnen haben dabei ihr Glück gemacht. Und der Friseur wird zweifellos eine Belohnung erhalten. Ist aber alles nicht so wichtig. Sir Morosus hat seine Ruhe. Und rund um ihn sind jetzt Menschen, die sein Ruhebedürfnis verstehen – und teilen.

Richard Strauss

Capriccio

Ein Konversationsstück für Musik in einem Aufzug. Dichtung von Clemens Krauss.

Uraufführung: München, 1942.

Solisten: *Die Gräfin* (Sopran) – *Der Graf,* ihr Bruder (Bariton) – *Flamand,* ein Musiker (Tenor) – *Olivier,* ein Dichter (Bariton) – *La Roche,* der Theaterdirektor (Baß) – *Die Schauspielerin Cleiron* (Alt) – *Monsieur Taupe* (Tenor) – *Eine italienische Sängerin* (Koloratursopran) – *Ein italienischer Tenor* (Tenor) – *Eine junge Tänzerin* (Solotänzerin) – *Der Haushofmeister* (Baß).

Ort: Ein Schloß in der Nähe von Paris zur Zeit, als Gluck dort sein Reformwerk der Oper begann.

Schauplatz: Gartensaal eines Rokokoschlosses.

157

ZEIT: Etwa um 1775.
DAUER: ca. 2¹/₄ Stunden.

Man mag mich steinigen – man kann Strauss nur schätzen, wenn man an andere Werke von Strauss erinnert. Mit der Einleitung hier wird überaus erfolgreich das „Ariadne"-Vorspiel kopiert.

Wie könnte eine Oper entstehen? Vielleicht auch so: Auf einem Schloß in der Nähe von Paris leben ein junger Graf – lebenslustig und bereit, mit Sängerinnen ins Bett zu gehen – und seine Schwester – etwas melancholisch, doch sehr dafür zu haben, von einem Dichter und einem Komponisten verehrt zu werden.

Bei einer Nachmittagsgesellschaft, bei der eigentlich nur amüsant geplaudert wird, finden sich alle bereits erwähnten und noch einige Personen zusammen und ergeben von selbst die Personen einer Handlung.

Dichter und Komponist sind tatsächlich in die junge Gräfin verliebt und hoffen, trotz aller Standesunterschiede erhört zu werden. Die Sängerin weiß, daß es ihr nicht schwerfallen kann, von dem Grafen geliebt zu werden. Ein Theaterdirektor, La Roche, ist der amüsierte Beobachter aller ablaufenden Szenen, er ist über die Leidenschaften des Fleisches hinaus, er hat nur noch sein Haus zu füllen, sein Publikum zu befriedigen. Er ist eingeladen, Ratschläge für eine kleine Privataufführung zu geben, die zum Geburtstag der Gräfin stattfinden soll.

Dank einer überaus einfachen Regie gelingt es sowohl dem Dichter wie auch dem Komponisten, einmal mit der angebeteten Gräfin allein zu sein und um Liebe zu bitten. Dank einer überlegenen Regie des Theaterdirektors werden die beiden allerdings auch dazu verurteilt, gemeinsam für die Gräfin zu arbeiten – der Dichter hat für sie ein Sonett geschrieben, er muß es widerwillig dem Komponisten überlassen, der daraus eine Arie macht. Der Gräfin sind Worte und Noten lieb, sie könnte sich kaum für die Dichtkunst oder die Musik – sie kann sich gar nicht für den Dichter oder den Musiker entscheiden.

Von allen handelnden Personen hat nur einer einen sicheren Erfolg in der Tasche: La Roche. Alle können mit ihren Arien Pech haben. Seine große Verteidigungsrede des Theaters aber provoziert Jubel. Auch wenn er einmal nicht in Form ist.

Beim Tee benimmt man sich zwar, aber man trägt doch auch seine Kämpfe aus. Jedermann will sagen, daß sein Lebensinhalt das wichtigste ist. La Roche ist der unbezwingbare Sieger, denn er hat den Theaterdonner für sich, er erklärt die von ihm vertretene Kunstgattung

158

der Oper als die Krone aller Künste, denn jedermann habe etwas zu ihr beizutragen – und der amüsierte Graf hat den so weltfremden wie auch bösartigen Einfall, aus diesem seltsamen Nachmittag in seinem Schloß müßte sich doch auch eine Oper machen lassen, eine, die wahrlich dem Leben abgelauscht wäre.

Man verabschiedet sich, man behauptet, man ginge an die vom Grafen aufgetragene Arbeit.

Die junge Gräfin bleibt allein. Sie hat sich immer noch nicht entschieden, sie weiß immer noch nicht, ob sie mit dem Poeten oder dem Komponisten spielen soll: Mehr als ein Spiel kommt ja nicht in Frage.

In dem dunkel gewordenen Saal tauchen die bisher stummen Figuren der Dienerschaft auf. Sie haben sehr genau zugehört, was gesprochen wurde. Aber sie haben nichts verstanden. Sie sind zu normal, um derlei Debatten ernsthaft begreifen zu können. Sie sind allerdings auch nicht in der Lage, Herrn Taupier zu verstehen, der plötzlich unter ihnen erscheint: Es ist der Souffleur jenes Theaters, das seine Hilfskräfte für die Vorstellung zu Ehren der Gräfin liefert. Und er versichert, er allein sei der wichtigste Mann auf dem Theater. Denn nur wenn er den Text zu flüstern beginnt, können die oben auf der Bühne ihre Rollen spielen, und wenn er verstummt, dann bricht Unheil über jedermann herein – auf seine Weise hat er recht, er ist so etwas wie der heimliche Herrscher über eine künstliche Welt.

Der Haushofmeister gibt der Gräfin alle notwendigen Gedanken für den Abend und die Nacht: Sie hat sich mit dem einen ihrer Verehrer für den nächsten Vormittag in ihrer Bibliothek verabredet, der andere läßt sagen, er werde am nächsten Vormittag in der Bibliothek warten und eine Unterredung erbitten. Am nächsten Tag also wird die Entscheidung wieder schwer sein, denn beide Künstler werden dasein, und die junge Frau wird wieder nicht wissen, was ihr wichtiger ist. Der eine oder der andere, ein Gedicht oder die Musik.

Vielleicht hat wenigstens der effektsichere La Roche begriffen, daß man aus diesem Stoff ein Perpetuum mobile von einer Opernhandlung machen könnte.

Das wichtigste scheint nicht im Personenverzeichnis auf? Die solistisch eingesetzten Choristen, die rätseln, was die Herrschaften gesprochen haben, sind unerhört wichtig für das Stück. Und der anschließend seine Philosophie preisgebende Souffleur ist die Figur, deretwegen die Oper ein Meisterwerk ist.

Man muß einmal nachlesen: Wie sich da die Autoren besprachen, wie sie die Harfe erfanden und meinten, das sei ein hübsches Requisit für das Finale – dann wird man über das poesievolle Bild nicht mehr ganz so gerührt sein, wie Strauss es gern gewollt hätte.

PETER I. TSCHAIKOWSKY

Eugen Onegin

Lyrische Szenen in drei Aufzügen. Dichtung von Konstantin Schilowsky.

URAUFFÜHRUNG: Moskau, 1879.
SOLISTEN: *Larina,* Gutsbesitzerin (Mezzosopran) – *Tatjana* (Sopran) – und *Olga* (Tiefer Alt), deren Töchter – *Filipjewna,* Amme (Alt) – *Eugen Onegin* (Bariton) – *Lensky* (Tenor) – *Fürst Gremin* (Baß) – *Ein Hauptmann* (Baß) – *Saretzki* (Baß) – *Triquet,* ein Franzose (Tenor) – *Gillot,* Kammerdiener (Stumme Rolle).
ORT: Die Handlung spielt teils auf einem Landgut, teils in St. Petersburg.
SCHAUPLÄTZE: Garten, links Haus mit Terrasse, rechts schattiger Baum, im Hintergrund zerfallener Zaun, Ausblick auf Dorf und Kirche – Einfaches Zimmer – Garten mit dichten Sträuchern, eine alte Bank und schlecht gepflegte Beete – Saal, in der Mitte Kronleuchter, an der Seite Wandleuchter – Eine an einem mit Bäumen bewachsenen Flußufer liegende Dorfwassermühle, Winterlandschaft – Seitensaal eines reichen, vornehmen Hauses in St. Petersburg – Empfangszimmer im Haus des Fürsten Gremin.
ZEIT: Im zweiten Jahrzehnt des 19. Jahrhunderts. Zwischen dem II. und III. Aufzug liegt ein Zeitraum von mehreren Jahren.
DAUER: ca. 2½ Stunden.

Bei Heinrich Heine heißt's „Es ist eine alte Geschichte, doch bleibt sie ewig neu, und wem sie just passieret, dem bricht das Herz entzwei"; und sie passieret auch im weiten Rußland.
Sie beginnt anscheinend harmlos und verspielt: Eine Gutsbesitzerin, Larina, hat zwei Töchter, die frische Olga und die scheue Tatjana. Der junge Nachbar Lensky, in Olga verliebt und zweifellos ausersehen, einmal der glückliche Ehemann zu werden, bringt seinen aus der Großstadt gekommenen Freund Eugen

Onegin ins Haus, und Tatjana verliebt sich in diesen jungen Mann.

Die kleine Tatjana, zum ersten Mal von einer großen Leidenschaft erfaßt, weiß keinen Rat, sie verbringt die ganze Nacht wach, sie schreibt ihre Liebe auf, sie schickt diesen Brief ab, sie gibt sich somit vorbehaltslos und gegen alle Konvention in die Macht des jungen Mannes, den sie nur einmal gesehen hat.

Eugen Onegin aber begreift das nicht, er ist zu blöde und vielleicht auch zu jung, er kommt wieder ins Haus und dankt auf das höflichste für die Liebeserklärung, die er nicht annehmen will, weil er sich nicht für die Ehe eigne. Daß er ein junges Herz zerstört, will er gar nicht sehen.

Nicht weniger blöde stellt er sich später, Monate nachher an. Er ist auf einem Hausball bei der Gutsbesitzerin eingeladen, und er nützt die ausgelassene Stimmung, um möglichst oft mit der Verlobten seines Freundes zu tanzen. Dieser Lensky, der eigentlich besser zu Tatjana passen würde, begreift nicht, daß hier nur Unfug getrieben wird, er sieht sich hintergangen, provoziert, er fordert Onegin zum Duell, es ist das ein Zweikampf wegen einer Bagatelle.

Die beiden begreifen im letzten Augenblick und etwas zu spät, daß sie sich da in eine Narrheit eingelassen haben; das Duell sollte eigentlich gar nicht stattfinden, schließlich schießen jetzt gleich Freunde aufeinander – und außer einer etwas hastigen Übertreibung auf einem Hausball hat es nichts gegeben. Immerhin, Onegin erschießt Lensky.

Die Sitte, die ein Duell erfordert, hat auch Regeln für die Überlebenden aufgestellt. Onegin hält sich an diese, er geht auf Reisen. Nach Jahren erst darf er heimkehren, trifft in St. Petersburg ein und sieht bei einer großen Abendgesellschaft eine Frau, die er über alle Maßen schön findet. Fürst Gremin, den er nach ihr fragt, bestätigt ihm, es sei die Tochter der Gutsbesitzerin Larine, die er, Gremin, geheiratet hat.

Jetzt ist Onegin so weit, Tatjana zu lieben. Jetzt aber ist sie für ihn nicht mehr zu haben. Sie tut, als würde sie ihn gar nicht erkennen, sie grüßt höflich und er-

Ein Meisterwerk von beinahe nie erreichter Qualität: Die große Szene der Tatjana, in der sie ihre Liebe erklärt. Die Zeit steht still – oder verfliegt, das ist das Geheimnis der Musik.

Für verdiente Tenöre eines Opernhauses gibt es an dieser Stelle die kleine Arie des Triquet. Tschaikowskys Freude am Französisieren schafft ein kleines Meisterwerk der Salonmusik.

Nicht die Arien, das kurze Duett vor dem Duell ist der geniale Wurf dieser Szene. Da ist ein Dramatiker am Werk.

Ballett – auch in Rußland hat es diese Tradition gegeben, und Tschaikowsky hat ihr gehuldigt. Aber sein Ballett ist organisch in die Oper eingefügt.

161

klärt, sie habe Kopfschmerzen, ihr Mann möge sie doch bitte heimführen.

Onegin gibt nicht sofort auf, er besucht Tatjana in ihrer Wohnung, er bekennt, daß er jung und blöde war und daß er jetzt so liebend antworten könnte, wie sich das Tatjana vor Jahren erhofft habe. Er wirbt um sie, wie er das vor Jahren hätte tun sollen. Tatjana aber verabschiedet ihn. Nicht, daß sie nicht noch immer so etwas wie ein großes Gefühl für ihn hätte – aber sie hat seit ihrer ersten durchwachten Nacht viel gelitten, sie hat jetzt einen eigenen Mann, sie fürchtet die Welt, in der junge Menschen einander Duelle liefern. Sie ist entschieden genug, um trotz ihrer noch vorhandenen Liebe Eugen Onegin zu vermitteln, was er wissen muß, um unglücklich zu sein: Er wird Tatjana nie bekommen, er wird allein bleiben müssen.

So ist die Welt. Zuerst wäre alles so einfach, und dann ist irgendwer zu dumm, und für alle Menschen bleibt nur Unglück und kein Ausweg daraus. Und Schuld hat eigentlich keiner.

PETER I. TSCHAIKOWSKY

Pique Dame

Oper in drei Akten. Dichtung von Modest Tschaikowsky.

URAUFFÜHRUNG: St. Petersburg, 1890.
SOLISTEN: *Hermann* (Tenor) – *Graf Tomsky* (Bariton) – *Fürst Jeletzky* (Baß) – *Czekalinsky* (Tenor) – *Ssurin* (Baß) – *Tschaplitzky* (Tenor) – *Narumow* (Baß) – *Festordner* (Tenor) – *Gräfin* (Dramatischer Mezzosopran) – *Lisa* (Sopran) – *Pauline* (Alt) – *Gouvernante* (Alt) – *Mascha* (Sopran) – Personen des Zwischenspiels: *Chloë* (Sopran) – *Daphnis* (Pauline) (Alt) – *Plutus* (Graf Tomsky) (Bariton).

ORT: St. Petersburg.
SCHAUPLÄTZE: Sommergarten mit Kinderspielplatz –
Zimmer mit Tür zur Gartenveranda – Großer Saal in
einem vornehmen Haus, an den Seiten Logen – Schlaf-
zimmer der alten Gräfin – Zimmer in einer Kaserne –
Kanal am Winterpalais, im Hintergrund der Newa-Kai
und die Peter-Paul-Festung – Spielhaus.
ZEIT: Ende des 18. Jahrhunderts.
DAUER: ca. 2¹/₂ Stunden.

Aus welchem Grund Offiziere so gern Karten spielen?
Es muß ihnen zweifellos als ein Ersatz für Kriegsspiele
dienen – man kann, da bei Offizieren ja immer um
Geld gespielt wird, im tiefsten Frieden zugrundege-
richtet werden wie im Krieg. Früher, als dergleichen
Gesetze noch galten, konnte man sogar gezwungen
werden, sich zu erschießen oder im Duell erschießen
zu lassen, wenn man beim Kartenspiel zu viele Fehler
gemacht hatte oder zu geschickt war.
In St. Petersburg, wir sind somit in der Zeit, in der es
Duelle noch gab, in St. Petersburg also spielen Offiziere Karten. Einer von ihnen, Hermann – er kommt
aus einer deutschen Familie und ist sparsam –, hat
größtes Interesse am Kartenspiel, ist aber zugleich äußerst vorsichtig. Er kann sich einen verlorenen Krieg
nicht leisten, er hat außerdem eine junge Dame gesehen, in die er verliebt ist – er kennt sie noch nicht, doch
er ahnt, daß sie aus sehr gutem Haus und also für ihn
viel zu teuer ist.
Er hat Glück und Unglück zugleich. Er erfährt, wer
seine angebetete junge Dame ist. Sie ist die Enkelin einer Gräfin, die man in der Gesellschaft einfach Gräfin
Pique Dame nennt – sie hat der Sage nach ein Geheimnis, wie man beim Kartenspiel gewinnt, und sie hat dieses Geheimnis schon zwei Männern verraten, die deshalb gestorben sind. Dem dritten, der sie zum Verrat
dieses Geheimnisses zwingen wird, sagt diese Sage aus
der guten Gesellschaft, wird die Gräfin zum Opfer fallen.
Wer weiß, was an solchen Geschichten dran ist, eine
alte Frau spielt gern Karten und hat nichts dagegen,

wenn man über sie tratscht. So bleibt sie immerhin Mittelpunkt der Aufmerksamkeit.

Hermann, dem man die Geschichte der alten Dame auch erzählt, ist einerseits verliebt und anderseits bereit, sogar die gar nicht zu ernsthaft vorgetragene Geschichte zu glauben. Jedenfalls ist er wahnsinnig genug, sich um die Enkelin der Gräfin zu bemühen, die immerhin von einem russischen Fürsten geliebt wird. Auf einem Ball macht man sich mit ihm genügend Spaß, man schleicht sich an ihn heran und erklärt ihm, er wäre zweifellos der dritte Mann, dem die Gräfin ihr Kartengeheimnis verraten müßte. Auf diesem Ball hat Hermann allerdings auch Glück. Die Enkelin Lisa gibt ihm einen Schlüssel, mit dem er durch das Schlafzimmer ihrer Großmutter in ihr eigenes Zimmer kommen kann – Hermann ist also geliebt.

Das macht ihn aber keineswegs klug, sondern erst recht verrückt. Er benützt den Schlüssel, aber er bleibt im Zimmer der alten Gräfin. Er will von ihr das Geheimnis der drei glückbringenden Karten. Er bedroht die alte Frau mit einer Pistole, um sie ängstlich zu machen. Die Gräfin stirbt vor Angst. Ihre Enkelin muß annehmen, Hermann habe nicht sie geliebt, sondern das große Geld machen wollen.

Trotzdem läßt sie sich umstimmen und will den unglücklichen Menschen noch einmal sprechen. Sie will von ihm hören, was sie wahrhaben möchte: Daß ihm einzig und allein an ihr etwas gelegen ist – dann wird sie mit ihm flüchten, meint sie.

Hermann hält das Rendezvous ein, beteuert seine Liebe, will aber außerdem sein Glück mit den Karten versuchen. Warum sonst ist die alte Frau gestorben? Für Hermann gibt es außer dem Mädchen Lisa auch die Karten. Da es für Lisa nichts gibt außer Hermann, wirft sie sich ins Wasser. Einfach so.

Im Casino ist der Teufel los. Hermann, sonst vorsichtig und bescheiden, tritt wahnsinnig auf und gewinnt zweimal das große Spiel. Er hat also das große Glück in der Hand, man will nicht weiter gegen ihn spielen – es findet sich nur der Fürst, der immerhin von Hermann um Lisa gebracht wurde und der ein ernstzunehmender Gegner ist: Im dritten Spiel müßte, wenn das Geheimnis der alten Gräfin stimmt, das As kommen und Hermann noch einmal gewinnen. Aber Herman hat plötzlich nicht das As, sondern die Pique Dame in der Hand, hat verloren und ist wahnsinnig geworden. Er bringt sich um. Über der Leiche des unglücklichen Mörders scheint die Welt wieder in Ordnung – Offiziere werden weiter Karten spielen, und irgendwann wird es für sie Krieg geben. Die andere Gelegenheit, alles zu gewinnen oder zu verlieren.

GIUSEPPE VERDI

Macbeth

Oper in vier Akten. Dichtung von Francesco Maria Piave.

URAUFFÜHRUNG: Florenz, 1847 (Erste Fassung).
SOLISTEN: *Duncan,* König von Schottland (Stumme Rolle) – *Macbeth* (Bariton) – und *Banquo* (Baß), Feldherren des Königs – *Lady Macbeth* (Sopran) – *Kammerfrau* der Lady Macbeth (Mezzosopran) – *Macduff,* ein schottischer Edler (Tenor) – *Malcolm,* Duncans Sohn (Tenor) – *Fleance,* Banquos Sohn (Stumme Rolle) – *Ein Arzt* (Baß) – *Ein Diener* Macbeths (Baß) – *Ein Mörder* (Baß) – *Ein Herold* (Baß).
ORT: Die Handlung spielt in Schottland, zumeist auf Macbeths Schloß, zu Anfang des IV. Aktes an der Grenze von Schottland und England.
SCHAUPLÄTZE: Heide – Halle in Macbeths Schloß – Zimmer im Schloß – Park, in der Ferne Macbeths Schloß – Glänzender Saal – Eine dunkle Höhle – Öde Gegend an der Grenze von Schottland und England – Saal in Macbeths Schloß – Weite Ebene, umgeben von Höhen und Waldungen.

ZEIT: Mitte des 11. Jahrhunderts.
DAUER: ca. 3 Stunden.

Schon Verdi hat es so gewollt: Der Chor ist in dieser Oper ein sozusagen den Solisten gleichgestelltes musikalisches Element. Trotzdem hat er „in Massen" aufzutreten. Gleichzeitig aber hat Verdi gerade angesichts dieser Oper einiges geschrieben und geäußert, das man nicht oft genug wiederholen kann – er wollte zum Beispiel von der Lady Macbeth, daß sie nie schön, sondern immer wahrhaftig singe.

Wer sich außerstande erklärt, Hexen als etwas Reales und Gräßliches anzusehen, der muß wieder einmal ein Feld überspringen und auf die nächste Geschichte warten – wir aber, die wir Hexen nicht einfach als Teufelsanbeterinnen und gräßliche Weiber, die Kühe verenden lassen, ansehen, werden das Schicksal des schottischen Feldherrn Macbeth mit Grauen erleben. Hexen, die Verkörperung seiner geheimen und bösen Wünsche, treiben ihn in ausweglose Taten und Irrungen.

Macbeth und Banquo, zwei schottische Feldherren, sehen sich am Ende einer siegreich ausgefochtenen Schlacht diesen „Hexen" gegenüber. Den beiden mächtigen Männern prophezeien Symbole ihres eigenen Wunschdenkens sehr verschiedene Schicksale. Dem Macbeth, daß er König von Schottland sein werde. Dem Banquo, daß zwar nicht er, doch seine Nachkommen ebenfalls Könige von Schottland sein werden. Wer sich auch nur ein einziges Mal mit Genealogie befaßt hat, begreift, daß hier einfach der Ehrgeiz zweier Generäle dargestellt wird.

Der Ehrgeiz allein genügt nicht, Macbeth erreicht sein Ziel unerhört rasch und grauenhaft. Schottlands König übernachtet auf Schloß Cawdor – es braucht nur der Einflüsterungen der gräßlichen Lady Macbeth, und gegen alle geltenden Gesetze wird der König von Macbeth im Schlaf erdolcht, die Sache auch noch so hingestellt, als wäre des Königs eigener Sohn der Mörder. Bevor irgend jemand auf die Idee kommen könnte, daß Macbeth blutig zugestochen hat, wird schon die Krönung gefeiert.

Eine böse Tat allein genügt nicht, Macbeth weiß selbstverständlich, daß sein einstiger Konkurrent Banquo zwar nicht sich selbst, doch immerhin seinen Sohn als König von Schottland gesehen hat. Fazit? Als befände man sich im zaristischen Rußland, dingt Macbeth Mörder, die Banquo und seinen Sohn umbringen sollen. Sie kommen halbwegs zu spät, erreichen mit ihrem Mordstahl nur Banquo, nicht aber dessen Sohn, der in Sicherheit gebracht wurde.

Macbeth – der ein großes Bankett gibt, als Alibi auch Banquo eingeladen hat und vor den Gästen erstaunt tut, warum sein einstiger Freund und Feldherr nicht erscheint – hat doch nicht ganz die Nerven, die ein Mörder von Format haben muß: Er glaubt, Banquos Geist sitze mit an der Tafel. Wäre nicht Lady Macbeth eine Frau mit starken Nerven, der neue König würde sich vor Zeugen selbst aller Untaten bezichtigen. Sie allein rettet ihn, wenn schon nicht vor seinen Ängsten, so immerhin vor dem Verlust der Macht.

Macbeth aber sucht wiederum die „Hexen" auf, er horcht, um es weniger symbolisch zu sagen, auf das, was ihm bevorsteht. Er will wissen, wer ihm gefährlich werden könnte. Er will wissen, wie er sich sichern könnte. Er will die Zukunft zwingen. Nicht einmal seine eigenen Hexen können ihn beruhigen. Er versteht eine absurde Weissagung so: Keiner, den ein Weib geboren hat, kann ihm gefährlich werden. Gefahr kann ihm erst drohen, wenn der Wald von Birnam wie ein Heer gegen ihn zieht. Unmögliches also, meint Macbeth, müsse geschehen, um ihm die Macht zu entreißen.

Und wieder ist es Lady Macbeth, die als die reale Triebkraft alles Bösen mehr fordert als die Hexen des Macbeth. Sie bringt ihrem Mann bei, daß er nur alle töten lassen muß, die ihm gefährlich werden könnten. Dann habe er auch nichts mehr zu befürchten. Sie ist, wenn diese Zwischenbemerkung erlaubt ist, genau das, was diejenigen leugnen, die jetzt nicht mit uns das Schicksal des Macbeth verfolgen. Sie ist realiter eine Hexe.

Und sie stirbt einen Tod, der einer Hexe angemessen ist. In Kenntnis aller Untaten, die sie entweder nur angeregt oder selbst erledigt hat, wird sie von ihrem Gewissen derart gemartert, daß sie an diesen Qualen stirbt. Der Tod ist unnatürlich wie die Frau, die ihn provoziert hat und erleidet, der Schrecken über diesen Tod ist groß.

Auf Macbeth aber, der jetzt allein König ist, kommt das Unheil zu, das er als unmöglich vorhergesehen hat. Gegen ihn rückt ein Heer, das als Tarnung die Bäume

Die große Hexenszene und die der darauffolgenden Vision mit den verstorbenen Königen ist immer noch nicht der chorische Höhepunkt – der kommt dort, wo sich das Heer gegen Macbeth formiert und unter unerhört modernen Klängen dessen Ende vorbereitet.

Die Wahnsinnsszene soll nach Berichten der Sängerin der Uraufführung von Verdi immer wieder und wieder probiert worden sein. Und alle cantablen Ausbrüche, die man heutzutage auch hört, wurden von ihm verworfen. Er forderte sogar ausdrücklich eine „häßliche" Stimme.

des Waldes von Birnam vor sich trägt. Der Anführer des Heeres ist Macduff, ein Mensch, der von sich behauptet, kein Weib habe ihn geboren – er ist mittels Kaiserschnitt einem Weib entrissen worden, eine damals noch ganz und gar außergewöhnliche Art der Geburt.

Das bedeutet, daß Macbeth den Weissagungen seiner Hexen zum Opfer fällt. Er stirbt. Und die Weissagungen gehen auch in bezug auf Banquo in Erfüllung. Dessen vor Macbeth geretteter Sohn wird Schottlands König.

G<small>IUSEPPE</small> V<small>ERDI</small>

Rigoletto

Oper in drei Aufzügen. Dichtung von Francesco Maria Piave.

U<small>RAUFFÜHRUNG</small>: Venedig, 1851.
S<small>OLISTEN</small>: *Der Herzog von Mantua* (Tenor) – *Rigoletto*, sein Hofnarr (Bariton) – *Gilda*, dessen Tochter (Lyrischer Koloratursopran) – *Graf von Monterone* (Baß) – *Graf von Ceprano* (Bariton) – *Die Gräfin*, seine Gemahlin (Sopran) – *Marullo*, Kavalier (Bariton) – *Borsa*, Höfling (Tenor) – *Sparafucile*, sein Bravo (Baß) – *Maddalena*, seine Schwester (Alt) – *Giovanna*, Gildas Gesellschafterin (Alt) – *Ein Gerichtsdiener* (Baß) – *Ein Page* der Herzogin (Mezzosopran).
O<small>RT</small>: Mantua und Umgebung.
S<small>CHAUPLÄTZE</small>: Ein prächtiger Säulensaal im herzoglichen Palast – Öder Stadtteil in Mantua, rechts schlichtes Haus mit Vorhof und Terrasse von einer sehr hohen Mauer umgeben, links hinten der Palast des Grafen Ceprano – Ein kleiner Saal im herzoglichen Palast – Öder unheimlicher Stadtteil am Ufer des Flusses Mincio, hinten eine Brücke über den Fluß, rechts alte verfallene Häuser, links ein halb verfallenes Haus, unten

das Innere eines ländlichen Gasthauses, eine Treppe
führt auf den Boden, nach vorn mit einem breiten Balkon ohne Dach.
ZEIT: Das 16. Jahrhundert.
DAUER: ca. 2³/4 Stunden.

Kindern tut's nicht gut, wenn sie von ihren Eltern zu
sehr verwöhnt werden, wenn man ihnen die Gefahren
des Lebens verheimlichen will. Sie können daran sterben, das lehrt das Schicksal der kleinen, jungen Gilda.
Sie ist die Tochter eines Mannes mit absurder, aber
notwendiger Profession. Rigoletto ist Spaßmacher,
Unterhalter, wir würden ihn vielleicht auch Animateur
nennen. Er hat am Hof seines Herrn, des Herzogs von
Mantua, dafür zu sorgen, daß man lacht. Mit Mitteln,
die er seinen Gästen, vor allem aber seinem Brotherrn,
anzupassen hat – würde Rigoletto anderswo arbeiten,
er könnte intellektuelle Späße machen und ein bedeu-
tender Narr sein, da aber der besagte Herzog jung und
vor allem auf das Verführen von Frauen aus ist, muß er
sich mit erotischen und leichtfertigen Späßen zufrieden
geben.
Ausgerechnet Rigoletto, der die kleine, junge, süße
Gilda als Tochter daheim hat, der also die Jungfrauen
lieben und beschützen möchte, muß beim Raub von
Jungfrauen – und manchmal auch von Ehefrauen ade-
liger Freunde des Herzogs Hilfe leisten und immer einen Reim darauf wissen. Sein Repertoire an erwünschten Späßen ist schon ziemlich groß, mit ihm aber ist
auch seine Angst um die eigene Tochter gewachsen.
Nebstbei, daß Rigoletto verwachsen ist, einen Buckel
hat und im Dienstgewand absurd häßlich aussieht, gehört ganz einfach dazu. Im Showgewerbe liebt man die
Typen, sie müssen schon durch ihre Figur aus der
Reihe tanzen, man verlangt von ihnen, daß sie Zwerge
oder Bucklige oder übermäßig Häßliche sind. Außerordentlich schöne Komiker gibt es, unter uns, bis auf
den heutigen Tag nicht.
Bei Hofe ist er allerdings trotz seiner Vis comica nicht
beliebt, denn er hält sich streng an die Regeln und ist
stets auf der Seite des Herzogs. Dieser wiederum hält

Daß diese Oper schlecht endet, kann man den allerersten
Takten entnehmen. „Der alte
Mann verflucht mich", singt
später Rigoletto so.

Der Opernfreund Wechsberg erzählt von einem in der Geschichte der Wiener Oper einmaligen gelungenen Versuch: Der Opernfreund Prawy hat danach – gemeinsam mit ihm – nach der ersten Arie des Herzogs genügend Beifall für ein Dacapo erzeugt – Jan Kiepura war der Tenor.

Auf die unheimliche und unheimlich leise Szene mit Sparafuzile erfolgt der erste berühmte Ausbruch Rigolettos. „Pari siamo". Und ohne Übergang, möglichst nicht vom Jubel unterbrochen, das Duett mit Gilda. Mehr Dramatik gibt's in keiner Oper.

Von Gilda werden die hohen Töne so ganz nebenbei gefordert. Sie singt sogar als Girlande um Rigoletto das C mehrfach…

170

sich an keine Regel und sagt ziemlich offen, daß ihm auch die Frauen seiner vornehmsten Kavaliere gefallen – zum Beispiel die Gräfin Ceprano. Fazit? Graf Ceprano muß sich das vom Herzog anhören, nimmt's Rigoletto aber übel, daß dieser auch gleich lauthals rätselt, wie man sich denn des Herrn Grafen für die notwendige Zeit entledigen könnte. Graf Monterone dagegen, dessen Tochter dem Herzog bereits zum Opfer gefallen ist, flucht, da man ihn tatsächlich einfach so gefangensetzt, wie Rigoletto es für den Ceprano anbietet – er verflucht den Herzog und Rigoletto. Und sein Fluch, das muß immerhin noch erwähnt werden, ist keineswegs nur eine hervorgestoßene Verwünschung, eine Geste des Zorns, sondern das, was die Italiener darunter verstehen: der heiße Wunsch eines Mannes, ein anderer möge zugrundegehen.

Rigoletto weiß, was ein Fluch ist. Er fühlt sich belastet. Immerhin, er ist ja selbst Vater und kann so etwas wie einen Fluch keineswegs brauchen.

Als er heimkommt, um sein Kind zu sehen, wird er an der Ecke aufgehalten. Ein „Bravo" bietet sich ihm an, ein Mörder, der gegen Bezahlung Nebenbuhler oder andere Gegner ersticht. Die Unterwelt ist organisiert, man weiß, daß der verkrüppelte Narr des Herzogs mit einem jungen schönen Mädchen beisammenwohnt, man zählt eins und eins zusammen, macht aus dem Mädchen eine Geliebte und weiß auch schon, daß der alte Narr daher Nebenbuhler haben muß. Sparafuzile, der Mörder, gibt gleichsam seine Karte ab. Seine Geschäftskarte – er hat eine hübsche Schwester, die ihm den Lockvogel macht, er kann die Opfer in sein Haus locken und ruhig, uneingesehen umbringen. Wenn Rigoletto ihm nur einen Auftrag gibt.

Gilda, die der Augapfel ihres Vaters ist, allerdings nicht einmal weiß, welche Profession ihr Vater betreibt, gehört zu den unbeschreiblich naiven Geschöpfen, die nur dort aufwachsen, wo zuviel Liebe sie behütet. Sie hat längst einen jungen Mann gesehen, der ihr gefällt, sie ist zugleich aber bereit, sich allen Wünschen ihres Vaters zu fügen und einsam zu leben. Wenn freilich dieser junge Mann plötzlich vor ihr steht, dann vergißt sie die guten Vorsätze und begreift nicht, daß er nur durch Bestechung eingedrungen sein kann. Dann sagt sie ihm, daß sie ihn freilich liebt, und spürt nicht einen Moment, daß dies kein Student der Rechte ist, sondern ein verkleideter Herzog von Mantua.

Und hier unterbreche ich. Denn der Herzog und Gilda werden von Stimmen auf der Straße gestört und müssen auseinander. Und singen, worüber Opernfeinde seit undenklichen Zeiten lachen, ziemlich lange und sich selbst wiederholend „Addio, Addio".

Und halten sich an den Händen und geben einander nicht auf, sondern wiederholen dieses „Addio, Addio". Als sei das etwas gänzlich Widernatürliches und Opernhaftes, wird gelacht.

Ich aber bitte sehr: Man überlege nur, wie oft man in viel weniger aufregenden Momenten schon am Telefon auf Wiedersehen gesagt hat und nicht zu sprechen aufhörte. Daß man traditionellerweise bei einem Abschied am Bahnhof zehn Minuten zu früh damit beginnt, einander „Auf Wiedersehen" zu sagen. Daß man bei einem ersten Rendezvous überhaupt nicht aufhören konnte, Abschied zu nehmen.

Und ausgerechnet in der Oper soll das sinnlos sein? Wenn zwei, die einander gerade zum ersten Mal ihre Liebe entdeckten, Abschied nehmen, soll das zugehen wie in einem Banklokal? Ich bitte schön, das einmal zu bedenken. Und bitte um Verzeihung für die Unterbrechung.

Blitzschnell passiert, was dem Leben mehrerer Menschen eine Wendung gibt. Kavaliere des Herzogs und des Grafen Ceprano sind gekommen, um bei Rigoletto einzubrechen. Rigoletto ist gekommen, um sich zu sichern. Ihm wird erklärt, man wolle für den Herzog die schöne Gräfin Ceprano rauben. Er spielt, als Narr seines Herrn, gern mit. Man raubt in Wahrheit seine Tochter, von der man vorläufig noch meint, sie sei seine Geliebte. Und dann ist die Nacht dunkel, Gilda beim Herzog, Rigoletto allein, die Tragödie passiert. Daß der Herzog, als man ihm meldet, das Mädchen des Rigoletto sei bei ihm im Palast, ganz rasch tut, was er seit langem tun will, darf nicht wundern. Daß Rigo-

... schließlich hat sie ja, nicht von Verdi, aber von der „Tradition" gefordert, in ihrer großen Koloraturarie dann auch ein hohes E zu singen – und jedermann glaubt, das muß so sein.

Wieder eine Tenor-Arie, die nicht zu wiederholen ist. Man nimmt es da in der Welt der Oper sehr genau.

171

Was immer ein einzelner Sänger erleben kann – in dieser Arie des Rigoletto „Cortigiani" ist es enthalten. Leidenschaft, Rache, Angst, Vaterliebe – und alles komponiert. Nach diesem Höhepunkt müßte die Oper zu Ende sein, denkt man, solange man nicht weiß, daß sie immerhin noch einige der populärsten Melodien der Opernliteratur birgt.

Und zwar gleich zwei auf einen Streich: Des Herzogs „Ach wie so trügerisch" und das Ensemble „Holdes Mädchen, sieh mein Leiden". Mit diesen allein wäre der Welterfolg gegeben, Verdi aber schüttelt sie erst für den letzten Akt aus dem Ärmel.

letto zuerst nicht wahrhaben will, daß das gerade jetzt passiert, ist gleichfalls ganz und gar logisch. Und daß er seine Narrenpose ablegt, als er seine Tochter wiedersieht, wird man verstehen.

Schwer zu erklären wäre allerdings das: Gilda weiß jetzt, daß sie nicht einen schönen jungen Mann, Student der Rechte, geliebt hat, sondern eine der vielen Geliebten des Herzogs wurde. Darüber aber ist sie nicht verstört – ihr scheint nur gräßlich, daß ihr Vater Racheschreie ausstößt und meint, bald werde sich ein Drama vollenden. Es scheint, sie liebt denjenigen, der sie so nebstbei rasch einmal geliebt hat, gegen alle Vernunft.

Sie liebt ihn. Unerklärlicherweise ist ihr der Herzog nicht mehr auszureden. Rigoletto hat vorbereitet, was ihm nur möglich erscheint, die Schwester des Bravo Sparafizule hat den Herzog zu sich gelockt, Gilda sieht den Todgeweihten, wie er mit diesem Weibsstück trinkt und lacht – und liebt ihn immer noch. Sie hört, wie er alle Weiber gleich hoch schätzt – und liebt ihn. Allerdings muß um den Herzog ein Zauber eigener Art sein, denn auch die Schwester des Mörders bittet für ihn; sie hat ihn gerade erst kennengelernt und ist doch der Ansicht, ihn sollte man nicht einmal für Geld umbringen. Vielleicht lieber den Auftraggeber? Ihr Bruder ist erschrocken, schließlich hat er seine Ehre, er hat für zwanzig Scudi einen Toten zu liefern, und er ist keineswegs bereit, seiner Schwester zuliebe seine Reputation als Mörder aufs Spiel zu setzen. Er sagt ihr nur zu, einen anderen zu töten, falls dieser sich rasch genug finden lasse.

Und Gilda liebt den Herzog. Ihr Vater wollte ihr beweisen, daß dies Wahnsinn ist, sie aber ist selbst wahnsinnig. Sie liefert sich Sparafuzile aus, der in der Dunkelheit nimmt, was ihm unters Messer läuft und Gilda ihrem eigenen Vater als den vermeintlich getöteten Herzog liefert. Es wird ihm schaden.

Was zu berichten bleibt, ist die Tragödie des alten Rigoletto. Er glaubt, seinem Todfeind und Herrn ins Antlitz sehen zu können. Er findet seine Tochter. Er ist vernichtet. Denn der Herzog trällert ein Lied von

den Weibern und geht heim. Er weiß nicht einmal, daß
er in Todesgefahr war. Er wird sich wundern, wenn am
nächsten Tag sein Hofnarr nicht mehr rechtzeitig zum
Dienst erscheint. Vielleicht aber ist Rigoletto am nächsten Tag wieder pünktlich da?

GIUSEPPE VERDI

Der Troubadour

Oper in vier Akten. Dichtung von Salvatore Cammarano und Leone Emanuele Bardare.

URAUFFÜHRUNG: Rom, 1853.
SOLISTEN: *Leonore,* Gräfin von Sargasto, Palastdame
(Koloratursopran) – *Inez,* deren Vetraute (Sopran) –
Graf von Luna (Bariton) – *Ferrando,* sein Anhänger
(Baß) – *Azucena,* eine Zigeunerin (Alt) – *Manrico* (Tenor) – *Riuz,* Manricos Vertrauter (Tenor) – *Ein alter
Zigeuner* (Baß) – *Ein Bote* (Tenor).
ORT: Teils in Biscaya, teils in Aragonien.
SCHAUPLÄTZE: Vorhalle im Palast Aliaferia – Garten
des Palastes Sargasto – Verfallenes Gemäuer eines frü-
heren Schlosses in einer romantischen Gegend am Fuß
eines Berges zu Biscaya – Klosterkreuzgang – Lager
mit Zelten – Saal auf der Feste Castellor – Ein Seiten-
flügel mit Tor am Palast Aliaferia, darüber ein Turm
mit vergitterten Fenstern – Kerker mit Steinsitz und
Strohlager.
ZEIT: Zu Anfang des 15. Jahrhunderts.
DAUER: ca. 3 Stunden.

Wir haben vereinbart, daß mitunter „beiseite" geschrieben werden darf: Wenn es unumgänglich notwendig ist und man auf technische Tricks oder Hilfs-
mittel ausmerksam machen muß, ohne die keiner auskommt, der das Leben auf eine Bühne stellen will.
Seit Generationen wird der „Troubadour" als das Bei-

Wieder beginnt Verdi ungeniert mit einer Erzählung, gibt
als Ballade vor, was man zur
Kenntnis der Situation
braucht – und der „im Chor"
singende Chor wirkt trotzdem beinahe glaubhaft, vor al-

173

lem aber effektvoll. Verdis Glauben an italienische erprobte Opernszenen allein ist überwältigend.

spiel einer Geschichte erzählt, die man nicht erzählen kann. Es ist für einen, der da anderer Ansicht ist, ein permanenter und immer wieder Wirklichkeit werdender Alptraum: Daß sogar sonst verständige Menschen zustimmen und sagen, man könne durchaus Oper begreifen, aber halt nie den „Troubadour". Dagegen muß man kämpfen.

Und kann's nur, indem man darauf aufmerksam macht, daß es ein wenigstens interessanter Versuch ist, einmal eine sehr aufregende und ganz und gar nicht verworrene Tragödie nicht zu zeigen, sondern geschehen zu lassen und immer nur dort mit ihr auch vor das Publikum zu gehen, wo die großen, die Musik und Gesang provozierenden Momente sind. Halten wir uns weiterhin an unsere Grundidee von der Oper, dann ist das sozusagen die Oper pur. Und das war auch schon das ganze „Beiseite". Dankeschön.

Die Diener des Grafen Luna warten auf ihren Herrn. Sie vertreiben sich die Zeit mit Kartenspielen, Trinken und dem Erzählen alter Geschichten – wobei die Geschichten aus dem Hause Luna durchaus genügen, um einen wach zu halten. Denn der regierende Graf hatte einen Bruder, der nach der Familienlegende nicht nur von einer Zigeunerin verhext, sondern von dieser Zigeunerin, die man damals sofort auf den Scheiterhaufen führte, mit in den Tod genommen worden ist. Der allein heranwachsende Graf Luna ist, wieder einmal, nicht in seinem Schloß, nicht bei seinen Mannen, sondern auf Liebespirsch – er verehrt Leonore, die Palastdame einer Fürstin. Er verehrt sie, ohne bisher von ihr als Verehrer angenommen worden zu sein.

Denn Leonore liebt einen Troubadour, einen Minnesänger und Kämpfer, einen wilden jungen Mann, der Manrico heißt, keine ausgezeichnete Herkunft angeben kann, aber tapfer und hübsch ist.

In der weithin herrschenden Dunkelheit gibt's Mißverständnisse über Mißverständnisse. Leonore hört Manrico singen und kommt in den Park, um sich ihm an den Hals zu werfen. Graf Luna, der gleichfalls auf dieses Erlebnis hofft, wird von Leonore für Manrico gehalten und kommt so wenigstens zu einer nicht ihm

Das erste Duett eines Paares, das im Lauf des Abends Überwältigendes zu singen hat – wobei der Tenor die gewagteren Momente auf sich nehmen wird.

174

geltenden Umarmung. Das Erscheinen des wirklich geliebten Mannes aber mündet, wie sollte es unter feurigen Männern anders sein, in ein Duell. In eines, das zugunsten Manricos ausgeht – Graf Luna überlebt nur, weil der Troubadour edel ist und ihn nicht tötet. Luna ist jedoch alles andere als dankbar. Kaum hat er sich von den Folgen des Zweikampfs erholt, zieht er gegen Manrico – Luna hat seine Leute, Manrico ist bei Zigeunern aufgewachsen und auch nicht ohne Schutz. Im zweiten Waffengang ist Luna erfolgreicher, Manrico muß sich verwundet zu seiner Ziehmutter zurückziehen und hört von ihr die alte Geschichte aus dem Hause Luna, diesmal allerdings etwas anders als die Kämpfer des Grafen. Denn die zigeunerische Ziehmutter Azucena ist die Tochter der einmal erwähnten Zigeunerin, sie also sieht vor allem den Scheiterhaufen, auf dem ihre Mutter verbrannt wurde. Und weiter sieht sie, wie könnte sie es je vergessen, daß sie auf den Schrei der Mutter ein Kind ins Feuer warf und gleich darauf erkennen mußte, daß sie ihr eigenes Kind getötet hatte: So schaurig es klingt, so verworren scheint es. Wenn sie ihr eigenes Kind getötet hat, dann müßte Manrico jetzt annehmen, er sei nicht der Sohn von Azucena – er fragt das auch gleich, erhält aber nur die Anwort, die Geschichte sei zu aufregend, er solle nicht weiter nachdenken, er gehöre schon zu den Zigeunern. Entweder ist Azucena immer verwirrt, oder sie ist eine der großen, leidenschaftlichen Lügnerinnen ihres Geschlechts.

Manrico käme vielleicht doch dazu, von ihr die Wahrheit zu erfahren. Aber er wird in den Dienst gerufen. Da ist eine Festung, die von Graf Luna erobert werden soll – Manrico soll sie verteidigen. Da ist Leonore, die nicht nur von einer Verwundung ihres Troubadours gehört hat, sondern die glaubt, er sei gestorben und die daher ins Kloster gehen will. Manrico muß Leonore vor diesem Schritt bewahren und gleichzeitig wieder gegen Graf Luna antreten. Die Zigeunerin und ihre Geschichte müssen warten.

Luna ist, was man einen schlechten Verlierer nennt. Er hat seinen Nebenbuhler getötet und will dennoch Leo-

Hier ist, was bei der nebenstehenden Erzählung nur angedeutet wird, eine äußerst intensive Schilderung des Zigeunermilieus in der Musik. Kunststück, wie sollte sich Verdi das entgehen lassen?

Azucena ist eine der schönsten Verdi-Partien für eine Altistin, eine Sängerin mit großer, leidenschaftlicher Geste – von der Verdi allerdings wiederum mehr Gefühl als Schöngesang fordert, was man längst nicht mehr wissen will.

Manrico hat, nahezu ohne Atempause, zwei Arien zu singen und als zweite erst die so berühmte wie gefährliche Stretta, in der ein Tenor ein für allemal Farbe bekennen muß – wenn er an dieser Stelle nicht mit einem strahlenden C über den Chor siegt, dann ist er verloren. Dirigenten transponieren manchmal aus Mitleid, und Verdi selbst hat immer seine Verachtung für Jäger nach diesem C ausgedrückt; trotzdem wußte auch er, daß das Publikum es hören will.

Eine Bemerkung nur: Nach einer Oper, in der nicht die Handlung, sondern die jeweilige Situation geschildert wird, findet Verdi ein Finale, in welchem er nur wenige Takte braucht, um unerhört viel Handlung geschehen zu lassen. Man kommt, wenn man der Musik folgt, kaum mit – ein Kunstgriff, zweifellos, der das Publikum zur Raserei treiben soll.

nore haben. Er wartet beim Kloster, um die Investitur der Geliebten zu verhindern. Aber auch Manrico, der nicht getötet wurde, kommt zu der großen, feierlichen Szene und hat den Überraschungsvorteil für sich: Leonore denkt nicht mehr daran, ins Kloster zu gehen, und Graf Luna verliert noch einmal einen Zweikampf, denn er ist nur darauf vorbereitet, gegen Klosterschwestern anzugehen und nicht gegen Manrico und dessen Leute. Es ist die letzte Niederlage Lunas, der letzte Triumph des Troubadours.

Dann beginnt ein sogenannter Endkampf, der uns auf beiden Seiten der Front nur noch gräßliche Situationen erleben läßt. Dem Grafen Luna fällt die Zigeunerin Azucena in die Hände; er begreift, daß sie die Tochter der verbrannten Frau ist, die Tochter, die seinen Bruder ins Feuer warf.

Seinem Gegner, Manrico, wiederum steht das Wasser bis zum Hals. Er wird sich gegen den Grafen Luna nur mehr kurz halten, er wird die Liebe Leonores kaum genießen können – und muß plötzlich erfahren, daß seine Mutter Azucena in der Gewalt des Feindes ist, also weiß er, daß er sich mit seinen Truppen in ein letztes großes Gefecht stürzen muß.

In diesem Kampf verliert Manrico. Er ist ein Gefangener des Luna, er ist mit Azucena im Kerker, er kann nur noch den Tod erwarten.

Leonore dagegen will ihm das Leben retten. Sie bietet dem Grafen Luna das einzige, was sie noch hat, nämlich sich. Sie will damit erreichen, daß wenigstens ihr Geliebter freikommt – für sich selbst weiß sie keinen Ausweg, sie wird Gift nehmen und im schlimmsten Fall sterben, nachdem sie das große Opfer gebracht hat.

Manrico, dem sie sagen darf, daß sie seine Freiheit erwirkte, weiß sofort, wodurch sie das zuwege gebracht hat, und fühlt sich nicht frei, sondern verloren. Das ist er auch, denn Leonore hat sich wohl in der Wirkung des Giftes verrechnet, sie stirbt in den Armen Manricos, und Graf Luna kann nur noch ein einziges Mal Rache nehmen, er kann den Befehl geben, jetzt auch den Troubadour rasch und ohne jede Gnade hinrichten zu lassen. Das Glück, das hat alle ringsum längst verlassen.

Die Schlußworte aber, die notwendig sind, um auch den böse triumphierenden Grafen Luna um das Gefühl einer gelungenen Rache zu bringen, diese Schlußworte hat Azucena parat. Sie schreit sie ihm ins Gesicht: Was sie Manrico immerhin beinahe gestanden hat, war die Wahrheit. Als ihre Mutter auf dem Scheiterhaufen verbrannte, warf Azucena im Wahnsinn ihr eigenes Kind in die Flammen. Das Kind, das bei ihr blieb, das sie aufzog, das als Troubadour lebte und kämpfte und das jetzt erst vom Grafen Luna getötet wurde – das war der Bruder Lunas. Jedermann mag sich ausmalen, was diesem Mann noch zu tun bleibt.

GIUSEPPE VERDI

La Traviata (Violetta)

Oper in drei Akten. Dichtung von Francesco Maria Piave.

URAUFFÜHRUNG: Venedig, 1853.
SOLISTEN: *Violetta Valery* (Koloratursopran) – *Flora Bervoix* (Mezzosopran) – *Annia*, Violettas Dienerin (Mezzosopran) – *Alfred Germont* (Tenor) – *Georg Germont*, sein Vater (Bariton) – *Gaston*, Vicomte von Létorères (Tenor) – *Baron Douphal* (Bariton) – *Marquis von Obigny* (Baß) – *Doktor Grenvil* (Baß) – *Joseph*, Diener Violettas (Tenor) – *Ein Diener* bei Flora (Bariton) – *Ein Kommissionär* (Baß).
ORT: Paris und seine Umgebung.
SCHAUPLÄTZE: Eleganter Salon, reich möbliert, mit offener Tür zu einem anderen Saal, im Vordergrund ein Kamin – Salon zu ebener Erde auf einem Landgut, im Hintergrund zwei Glastüren – Reich dekorierter Ball-

saal in Floras Palast – Violettas Schlafgemach, im Hintergrund Nische mit Bett.

ZEIT: Um 1840; der 1. Akt spielt im August, der II. im Januar und der III. im Februar.

DAUER: ca. 2¹/₂ Stunden.

Ausnahmsweise ein Hinweis auf das „Moderne": Die Handlung der Oper ist sozusagen in der Gegenwart angesiedelt. Verdi komponiert eine Geschichte seiner Zeit.

Violetta Valery ist Gastgeberin. Ein anstrengender, gesellschaftlich wenig angesehener Beruf, den mit Ausnahme ihrer Konkurrentinnen alle auch ganz anders nennen.

Um 1840 ist es kaum anders als heute, eine junge, schöne Frau, deren Geldquelle ältere, reiche Männer sind, hat keinen Anspruch darauf, als gesellschaftlich angesehene Dame bezeichnet zu werden. Die ganze Welt, um in der Sprache der Journalisten zu bleiben, verkehrt bei ihr. Doch seltsamerweise ist es nur die ganze reiche, selten die kluge Welt, und gar nicht sonderbarerweise sind es immer nur die männlichen Vertreter dieser Welt, die immer ohne ihre Frauen erscheinen.

Man muß Violetta nicht gleich als Nobelhure bezeichnen; daß sie einen Freund hat, ist nicht wirklich ausschlaggebend und ganz gewiß nicht allein der Grund dafür, daß man bei ihr zu Abend ißt, Champagner trinkt und zwischendurch Karten spielt. Der jeweilige Freund ist nur einer aus der Gesellschaft um Violetta und kein Zuhälter, sondern auch ein reicher Mann, der zufällig das Glück hat, der Gastgeberin Violetta Valery etwas näher zu stehen als die anderen. Der anerkannte Freund.

Der besondere Reiz gerade dieser einen Frau ist wahrscheinlich nicht einmal ihr vertraut. Sie ist todkrank. Das zwingt sie, intensiver zu leben und impulsiver zu sein als viele ihrer Konkurrentinnen, das verschafft ihr Vorteile, von denen weder die bezauberten Gäste ihrer Abendgesellschaften wissen noch sie selbst etwas ahnt. Wüßte irgendwer, wie es um sie steht, wäre sie zweifellos wenige Tage darauf verlassen wie eine ansteckende Kranke. Denn ihre Freunde sind vom Herzen herzlos und ihre Konkurrentinnen zahlreich.

Eines Abends passiert dieser Gastgeberin Violetta etwas ganz und gar Unerwartetes. Ein junger Mann wird „mitgebracht", ein Alfred Germont, zweifellos aus gutem Haus und sichtbar unerfahren im Umgang mit professionellen Schönheiten.

Alfred Germont, der gerade zurechtkommt, wie rund um die Gastgeberin Champagner getrunken und daher auch gesungen wird, ist bereits seit einem Jahr in Violetta Valery verliebt, er hat sie irgendwo gesehen, jedoch nicht kennenlernen dürfen. Jetzt ist er plötzlich zur rechten Zeit am rechten Ort, kann auf die Freude, die Frauen, die Liebe einen Trinkspruch ausbringen und der Gastgeberin in einem wunderbaren Moment, da alle anderen nebenan tanzen, sogar erklären, daß er sie liebe.

Er sagt es anders als irgendein Anwärter auf ihre körperlichen Reize, er sagt es wie ein junger Mann, der in eine junge Frau verliebt ist. In einem Ton also, den Violetta seit Jahren nicht gehört hat, der sie aber hilflos glücklich macht. Sie gibt ihm eine Blume und erklärt ihm, er könne sie ihr morgen wiederbringen – sie sagt ihm durch die Blume, daß sie am andern Tag für ihn daheim sein werde.

Alfred Germont ist glücklich, ein junger Mann, der beim ersten Versuch auf Gegenliebe gestoßen ist. Violetta Valery aber ist ganz anders glücklich und verwirrt zugleich, denn für sie ist der Zustand inmitten professioneller Liebe ganz und gar unerwartet. Lange bleibt sie noch auf, als die Gäste gegangen sind. Sie weiß nicht recht, wie sie jetzt weiter ihren Beruf ausüben soll. Einfache, wahre Liebe zu einem jungen Mann stört. Zugleich aber ist sie etwas, das sogar eine Pariser Kokotte nicht fahren läßt, wenn es ihr widerfährt.

Fazit? Violetta hat ganz rasch Alfred Germont nachgegeben, ist mit ihm auf's Land gezogen und liebt ihn. Das beschreibt sich einfach, doch die Nebenumstände sind kompliziert. Denn Violetta, die bis dahin von den allabendlichen Einnahmen, den Geschenken ihrer Gäste und auch den Zuwendungen ihres offiziellen Begleiters gelebt hat, muß auf alle diese „Honorare" verzichten, solange sie irgendwo am Land mit einem jun-

Ein unerhört schöner Auftritt: Der Tenor ist gerade erst gekommen, und schon darf er den Toast ausbringen. Ganz natürlich scheint es und ist doch höchst kompliziert vorbereitet.

Noch einmal die einzige Sängerin, die man aus diesem Jahrhundert nennen muß: Maria Callas war die klügste und virtuoseste Violetta, die man sich vorstellen kann. Ihre große Arie, die man sich einmal in Ruhe durchdenken muß (dann fällt der dumme Eindruck, hier werde Bravour verkauft, weg), ist gottlob für immer auf Schallplatte festgehalten. Dabei darf für die „Kenner" festgehalten werden, daß die höchste Note, die Verdi notiert, ein Des ist. Wer darübersingt, übertreibt.

179

gen Mann lebt. Und Alfred Germont wiederum ist zu naiv, um davon etwas zu verstehen, und zu blöde, um Violetta Geld anzubieten – und sei es auch nur, um seinen Beitrag zum Haushaltsgeld zu geben.

Drei Monate nach der Abreise von Paris sind die Mittel, die Violetta zusammengerafft hat, beinahe verbraucht. Da endlich, durch Zufall, erfährt Alfred, daß Violetta hinter seinem Rücken Schmuck verkauft und ihren Pariser Hausstand veräußert, um sich den Luxus eines Landlebens mit ihm leisten zu können. A tempo fährt er selbst nach Paris, um Geld zu bringen. Er will ja keineswegs ausgehalten werden.

Was er nicht weiß oder nicht bedacht hat, trägt aber hinter seinem Rücken sein Vater Violetta vor. In der Familie Germont gibt's auch eine Tochter. Eine, die heiraten soll, ganz gewiß aber nicht heiraten kann, solange ganz Paris weiß, daß ihr Bruder weder einen Beruf hat noch um die Welt reist, sondern einfach bei einer stadtbekannten Dame sitzt und mit ihr Liebespaar spielt. Vater Germont muß es so hart und klar sagen, denn er will Violetta dazu bringen, auf ihren Liebhaber zu verzichten.

Wieder erfährt die junge Frau ein Gefühl, das sie bis dahin nicht gekannt hat. Sie wird von einem ehrenwerten Mann ernst genommen, in ihre Hand wird das „Glück" eines Mädchens, die „Ehre" einer Familie gelegt. Wenn sie will, kann Alfred bei ihr sein, sie und sich glücklich machen und sich keinen Augenblick darum scheren, daß die Heirat seiner Schwester nicht zustandekommt. Wenn sie will, verschwindet sie aus Alfreds Leben, opfert ihre Liebe – und die allgemein anerkannten gesellschaftlichen Regeln gelten wieder. Die Familie Germont ist wieder heiratsfähig, und außer einem alten Mann und ihr weiß niemand in Paris, daß hier mehr als eine Affäre von glücklichen drei Monaten zu Ende gegangen ist.

Ist es nicht unwahrscheinlich und daher aufregend, daß Violetta sich zugunsten der sogenannten unbefleckten Familienehre der Germonts entscheidet? Nun, es ist nicht ganz so unwahrscheinlich, nicht ganz so kompliziert, wie man meinen möchte. Sie hat so große Sehn-

Die „Leierkastenarie" des Vater Germont, die erstens schwer zu singen ist und zweitens etwas bedeutet: Die konventionelle und doch das Herz Violettas erreichende Klage eines konventionellen Vaters – hat man sie schon einmal von diesem Gesichtspunkt aus betrachtet?

sucht nach dieser ihr selbst fremden Welt, daß sie auch Ehrfurcht vor ihr hat. Sie hat so wenig Freude daran, einen jungen Menschen von dort zu sich herübergezogen zu haben, daß sie ihn freiwillig dorthin zurückentläßt. Sie kann dies aus einem einzigen Grund. Sie ist in Alfred wirklich verliebt.

Sie muß nur einen Brief schreiben, erklären, sie sei nach Paris zurückgekehrt. Schon ist der zu junge Alfred der Ansicht, er werde betrogen, schon weint er sich an der Schulter seines Vaters aus, schon ist er auch beleidigt: Er wird nach Paris fahren und Violetta zeigen, daß er auch bereit ist, sie zu betrügen. Der dumme Mensch.

Flora Bervoix, eine Freundin oder Konkurrentin der Violetta, hat zu ihrer Gesellschaft Violetta und Alfred eingeladen, aber seither hat sich ja einiges getan. Die Gesellschaft weiß es schon, Violetta ist wieder in Paris, aber nicht mehr mit Alfred beisammen. Wer von den beiden wird zum großen Abend der Flora Bervoix erscheinen?

Beide. Beide kommen. Alfred in unnatürlich guter Laune und bereit, jedermann zu zeigen, wie gut er aufgelegt ist. Violetta viel stiller, aber immerhin mit einem ansehnlichen Begleiter. Baron Douphal mag einmal ihr Geliebter gewesen sein, jetzt stellt er sich nur als Begleiter zur Verfügung und will Violetta helfen, wieder Fuß zu fassen in der Umgebung, in der man so rasch aus der Mode – und damit auch aus dem Geschäft – kommen kann.

Beim Kartenspiel gewinnt Alfred gegen den Baron Douphal. Bei der anschließenden Auseinandersetzung dagegen verliert er gegen Violetta alle Besinnung. Blöde Eifersucht auf Douphal läßt ihn die Gesellschaft zusammenrufen, Violetta das soeben gewonnene Geld ins Gesicht zu schleudern und damit zu zeigen, daß er jetzt ein Mann ist, der das Leben kennt. Er hat seine einstige Geliebte bezahlt, das tut man doch? Außer ihm begreift das keiner. Violetta ist ohnmächtig, Vater Germont, im richtigen Moment gekommen, ist rasend vor Zorn. Die anderen sind zweifellos entrüstet – aber auch befriedigt. Man geht schließlich in Gesellschaft, um sich zu amüsieren, um etwas zu erleben. Der Abend bei Flora Bervoix ist ein Erfolg.

Der Erfolg ist allerdings ein sehr kurzlebiger. Nach dem Abend sucht man sich andere Sensationen. Violetta Valery ist nicht darunter. Sie wird rasch vergessen. Ein halbes Jahr nach dem Skandal spricht niemand mehr von ihr.

Sie kann völlig unbeachtet sterben. In einer bereits total ausgeleerten Wohnung, im Elend.

Es könnte sein, daß sie nicht unbedingt an einem Faschingstag sterben müßte, vielleicht würde sich auch ihr Tod noch über eine Woche hinziehen und richtiger in die Fastenzeit fallen. Aber Alfred Germont, dem sein Vater gesagt hat, wie im vergangenen Sommer der Verzicht der jungen Frau zustande kam, kehrt von einer Reise zurück, und dieses erste, letzte Wiedersehen mit dem Geliebten ist zu viel Anstrengung für die arme Frau. Da hilft nichts mehr. Nicht, daß Vater Germont sich als erschütterter Vater präsentiert. Nicht, daß Sohn Germont von Liebe und Ehe spricht. Nicht, daß der Arzt und eine treue Dienerin beim Bett stehen und sich rührend besorgt zeigen.

Violetta stirbt. Sie hat vor ihrem immerhin von Anfang an absehbaren Ende eine große, reine Liebe erlebt, eine Enttäuschung – und zuletzt noch einen glücklichen Augenblick. Mehr war ihr nicht beschieden.

GIUSEPPE VERDI

Ein Maskenball

Oper in drei Akten. Dichtung nach Scribe von Antonio Somma.

URAUFFÜHRUNG: Rom, 1859.
SOLISTEN: *Graf Richard von Warwick,* Gouverneur von Boston (Tenor) – *René* (Bariton) – *Amelia* (So-

pran) – *Ulrica* (Alt) – *Oscar* (Koloratursopran) – *Silvano,* Matrose (Bariton) – *Samuel* (Baß), und *Tom* (Baß), Verschworene – *Ein Richter* (Tenor) – *Ein Diener* Amelias (Tenor).

ORT: Boston und seine Umgebung.

SCHAUPLÄTZE: Ein Saal im Haus des Gouverneurs – Wohnung der Wahrsagerin, links offener Kamin, magischer Kessel auf einem Dreifuß – Ein einsames Gefilde in der Umgebung von Boston, links in der Niederung zwei Pfeiler – Renés Studierzimmer, im Hintergrund Porträt des Grafen – Prächtiges Kabinett des Grafen, im Hintergrund ein großer Vorhang, bei geöffnetem Vorhang Ballsaal sichtbar.

ZEIT: Ende des 17. Jahrhunderts.

DAUER: ca. 3 Stunden.

Es geht, um bei der Wahrheit zu bleiben, um ein gelungenes Attentat auf einen Staatsmann – das ist doch ein Thema, das interessant und dramatisch sein kann, nicht wahr? Um hier nicht nur zu erzählen, wie und vor allem warum es geplant und ausgeführt wird, muß man natürlich auch das Land kennen, in dem das Attentat stattfindet. Oder nicht? Nach Ansicht Giuseppe Verdis ist es nicht so wichtig. Er ist der Meinung, daß die Zensur, die ihm zu seiner Zeit das heikle Thema Königsmord nicht auf der Bühne gestattet, leicht zu befriedigen ist, indem man aus dem König einen Gouverneur macht und aus Schweden eine Provinz in den USA. Und wenn man auch nur einen Groschen für die Ansichten Verdis gibt, dann kann man die Geschichte auch berichten, indem man die Personen der Handlung bei ihren Vornamen nennt und sich über die Gegend, in der sie einander Gutes und Böses tun, hinwegschwindelt. Liebe, Eifersucht, tödlicher Haß bleiben dennoch große und erregende Faktoren, aus denen man ein Stück machen kann. Versuchen wir es? Derjenige, der ermordet werden soll, weil er politischen Gegnern im Weg ist, heißt Richard. Sein treuester Freund, ein mächtiger Mann und in Kenntnis des Komplotts, heißt René. Dessen Frau, in die Richard verliebt ist, was er allerdings weder der Welt noch ihr bisher gestanden hat, heißt Amelia, die Frau des besten Freundes – und insgeheim muß sie von dieser Liebe etwas gespürt haben, denn auch sie hat Sehnsucht nach diesem Richard. Die Situation heißt somit Politik und Liebe.

René ist gerade dabei, seinen hochgestellten Freund vor der Verschwörung gegen dessen Leben zu warnen, doch da hat Richard ganz andere Sorgen – er überprüft die Einladungen zu einem Maskenball, prüft, ob auch René und dessen Frau geladen sind. Das ist ihm wichtiger, er ist ein verliebter Mann und vernachlässigt daher seine Geschäfte.

Oder erledigt sie mit der linken Hand. Zum Beispiel: Der oberste Richter verlangt die Verbannung einer Wahrsagerin, weil Aberglauben Opium für's Volk ist. Ein Page, Sekretär Richards, setzt sich in Szene und legt für die Frau ein gutes Wort ein. Wenn es mit rechten Dingen zuginge, müßte er schweigen, und die Wahrsagerin müßte verbannt werden. Richard entscheidet anders, er will verkleidet prüfen, was die Dame so sagt. Er nimmt das Leben zu leicht. Er verärgert seine Richter und begibt sich zudem in Gefahr, denn wenn ihm jemand nach dem Leben trachtet, dann kann der bei einer Aktion à la Harun al Raschis doch am ehesten zuschlagen.

Richard bedenkt das alles nicht. Er ist sogar zu einem Bubenstreich aufgelegt, er geht als erster und allein zur Wahrsagerin Ulrica, hört zu, wie einem Matrosen Geld und Beförderung versprochen wird, macht sich den Spaß, die Beförderung gleich auszuschreiben und dem Matrosen in die Tasche zu schwindeln und so die Reputation der Zigeunerin in die Höhe zu treiben.

Da wird eine Dame gemeldet, und Richard, jetzt auch bereit, heimlich anzuhören, was Damen mit Wahrsagerinnen zu besprechen haben – er hat die Livré seines Freundes René erkannt und weiß daher, daß Amelia um die Aussprache bittet – kommt zu seinem Lohn. Amelia gesteht nämlich, sie sei unglücklich verliebt und will ein Mittel gegen diese sündhafte Leidenschaft; also gegen die Leidenschaft für ihn, Richard. Die Wahrsagerin ist eine Pfuscherin, sie schickt Amelia um

Die drei über die Oper verstreuten Koloratur-Einlagen des Pagen irritieren zweifellos den, der sich ausschließlich mit der Geschichte der unglücklichen Liebe befaßt. Verdi aber komponierte sie, weil er das notwendige Gegengewicht zu viel Leidenschaft brauchte.

Der Tenor muß sich nicht sorgen: Er hat in beinahe jedem Bild eine brillante Gelegenheit, sich zu profilieren und, sollte er einen schwachen Abend haben, den dankbarsten aller Abgänge – unvergessen ist wohl für Opernfreunde, wie Giuseppe di Stefano in „Maskenball" in Schönheit auch dann starb, wenn er bis zum letzten Moment sichtbar müde war.

Die Amelia ist eine der Sopranpartien, die Verdi für eine Wagnersängerin komponierte – und alle stürzen sich daher auch auf sie.

184

Mitternacht unter einen Galgen; dort soll ein Kraut gegen vergebliche oder böse Liebe wachsen.

Richard, der jetzt weiß, daß die Wahrsagerin wahrscheinlich gar nichts kann, gibt sich daher auch gern zu einem Experiment her. Vor bereits versammelten Freunden läßt er sich aus der Hand lesen: Er werde ermordet werden, und zwar von dem, der ihm jetzt als erster die Hand drückte. Das wäre doch gelacht, Richard hat gleich noch einen Beweis für die Harmlosigkeit der Wahrsagerin, denn derjenige, der zu spät kommt und nichtsahnend die Hand ergreift, ist René, sein bester Freund. Der soll sein Mörder sein? Richard läßt sich gutgelaunt von seinem Volk feiern. Er weiß, daß Amelia ihn liebt, und glaubt nicht an Gespenster, Kräuter unter'm Galgen und nicht an den Tod durch Freundeshand.

Aber er macht sich sein Wissen zunutze und wartet bei dem Galgen. Und bringt es zuwege, daß Amelia ihm ihre Liebe gesteht. Was soll sie auch anderes tun in der Situation um Mitternacht?

In diesem Moment ist René zur Stelle. Er kommt Minuten vor denjenigen, die Richard umbringen wollen, er erkennt seine verschleierte Frau nicht, er tauscht mit seinem besten Freund die Mäntel und läßt Richard entkommen, er erklärt sich bereit, die tief verschleierte Person sicher in die Stadt zu führen.

Er kann das nicht. Die Mörder lassen ihm zwar das Leben, weil sie ja Richard töten wollen. Doch in der Angst um dieses Leben entschleiert sich Amelia, und René weiß, daß er zu so später Stunde einen gerettet hat, der ihn mit seiner eigenen Frau betrügen wollte. Das kann einen Mann zu dem Mord treiben, den zufällig – oder gibt's Kräfte für Wahrsagerinnen? – eine Zigeunerin vorhergesagt hat. René erklärt den Feinden seines gerade noch besten Freundes, sie sollten sich mit ihm verständigen. Seiner Frau läßt er keine Zeit und Wahl. Er will gar nicht wissen, ob er betrogen ist oder erst betrogen hätte werden sollen, und Beteuerungen, er hätte gerade nicht betrogen werden sollen, sind ihm ganz gleichgültig. Sie muß sterben. Sie darf nur noch von ihren Kindern Abschied nehmen, René nimmt

Ulrica hat eine Arie und sonst nichts. Trotzdem wagen nur selten Direktoren, eine andere als eine allererste Altistin einzusetzen. Und sie haben recht damit. Die Großen holen aus diesem einen Auftritt allen Effekt, der sich nur denken läßt.

Die schönste Art, die große Arie des René zu singen, ist nur den allergrößten Sängern vergönnt: Sie müssen zwar leidenschaftlich, dabei aber doch kavaliersmäßig bleiben. Warum? René ist ein Herr und, im Augenblick seiner Rache, auch ein Freund. Also ein Verwundeter, mit dem man Mitleid haben muß.

einstweilen von seinem bisherigen Leben Abschied, von seiner Freundschaft mit einem, wie er dachte, edlen Menschen. Jetzt wird er dessen Mörder sein.

Die Situation ist zugegeben etwas theatralisch, doch so ist es einmal: Abgesandte der Feinde Richards erscheinen bei René, wollen ihn im Komplott haben, jedoch nicht als den Ausführenden. René schlägt vor, um den Vorzug, der Mörder zu sein, zu losen. Amelia wird gezwungen, bei dieser todbringenden Lotterie das Waisenkind zu spielen, René „gewinnt", der Sekretär oder Page tritt wie auf Stichwort ein und bringt die Einladung zum bewußten Maskenball – erinnert sich noch jedermann daran, daß vor kaum einem Tag Richard die Regierungsgeschäfte nicht ernst nahm, sondern die Einladungsliste für diesen Ball durchging? René nimmt die Einladung selbstverständlich an. Auf diesem Ball wird er Richard töten.

Der Mann, der nur noch kurz zu leben hat, macht sein Testament. Er weiß, daß er gegen seine Liebe nicht ankann, er verfügt, daß Amelia und René abreisen sollen, er will nie wieder in Versuchung sein, seinen Freund betrügen zu wollen. Das aber kommt viel zu spät.

René und Amelia erscheinen auf dem Ball, mit einem einfachen Trick läßt sich der Mörder die Maske seines Opfers nennen, und in dem Augenblick, in dem er Richard bei Amelia stehen sieht – die beiden nehmen wirklich Abschied für's Leben – ersticht er ihn. René, der Richard als erster die Hand gab, als die Wahrsagerin erklärt hatte, derjenige, der es tun würde, würde auch der Mörder sein.

Richard hat Zeit, seine Angelegenheiten noch zu ordnen, den Freund und Mörder vor einer Verfolgung zu sichern und dem Freund und Mörder zu beweisen, daß die Tat sinnlos und gräßlich war. Er hat sein Testament vorzuweisen und sich zu verabschieden. Er hinterläßt eine ungeliebte Liebe, ein etwas oberflächlich gelebtes Leben und alle Gäste des Maskenballs, zu dem er eingeladen hat – in tiefster Bestürzung und aufgewühlt wie noch nie bei einem großen gesellschaftlichen Ereignis.

Giuseppe Verdi

Die Macht des Schicksals

Oper in vier Akten. Dichtung von Francesco Maria Piave.

Uraufführung: St. Petersburg 1862.
Solisten: *Der Marchese von Calatrava* (Baß) – *Leonore di Vargas* (Sopran) und *Don Carlos di Vargas* (Bariton), seine Kinder – *Alvaro* (Tenor) – *Der Pater Guardian* (Baß) – *Fra Melitone* (Baß) – *Preziosilla,* eine junge Wahrsagerin (Mezzosopran) – *Mastro Trabuco,* Maultiertreiber und Hausierer (Tenor) – *Ein Alcalde* (Baß) – *Ein Chirurgus* der spanisch-italienischen Truppen (Baß) – *Curra,* Kammerzofe Leonores (Mezzosopran).
Ort: Der I. Akt spielt in Sevilla, der II. und letzte Akt im Umkreis eines spanischen Franziskanerklosters, der III. Akt in Italien, bei Velletri in der Nähe Roms.
Schauplätze: Leonores Zimmer im Landhaus des Marchese von Calatrava – Garküche in einem Dorf in der Nähe eines großen Franziskanerklosters – Franziskanerkloster auf der Höhe eines Berges, im Hintergrund die Kirche, links das Konventgebäude, neben dem geschlossenen Tor ein kleiner Eingang mit Glockenzug und Pförtnerfensterchen, in der Mitte ein riesiges Steinkreuz auf einem Sockel – In der vordersten Stellung der verbündeten Truppen – Der Marktplatz von Velletri mit zerschossenen Häusern und einigen Jahrmarktsbuden – Der Hof des Franziskanerklosters – Berglandschaft mit Eremitenhütte, eine Glocke über dem Eingang.
Zeit: Mitte des 18. Jahrhunderts.
Dauer: ca. 3 Stunden.

Der Marchese von Calatrava ist Oberhaupt einer stolzen und angesehenen spanischen Familie. Sein Sohn ist Don Carlos de Vargas, seine Tochter Leonore de Vargas – die Mutter ist verstorben.
Auch angesehene spanische Familien haben ihre Sor-

Es gibt zwei Möglichkeiten: Man spielt sehr oft erst die einleitende Szene und dann die Ouvertüre. Man kann aber auch, wenn man will, mit der Ouvertüre beginnen –

187

einmal muß sie mit ihren drängenden Akkorden drankommen, das verlangt der Opernfreund.

Das einzige leidenschaftliche und gemeinsame Duett der Oper – die Protagonisten werden ja dann bis zum Finale auseinandergerissen. Man genieße den großen Moment am Beginn.

Die große Volksszene ist dramaturgisch kaum notwendig. Aber das Gebet auf der Bühne gehört zur italienischen Operntradition, und Verdi ist immer Traditionalist gewesen. Außerdem brauchte er Gelegenheiten, dem Bariton eine Arie und der Mezzosopranistin einen Auftritt zu verschaffen. Die wenigen Takte der Leonore ganz zuletzt überhört man hoffentlich nicht.

Leonores berühmter Auftritt, das Flehen zur Himmelsmutter, die Konfrontation mit dem Pater Guardian – einem verdienten Bassisten, der in

188

gen. Die der Calatravas ist, daß ein Mestize, ein Halbblut also, in keiner Weise einem Spanier von adeligem Blut ebenbürtig, in Leonore de Vargas verliebt ist und geliebt wird. Der Mestize Alvaro ist tapfer und ansehnlich, für irgendeine gewöhnlichere Familie wäre er ein prächtiger Schwiegersohn. Für die Calatravas wäre er ein Schandmal auf dem Wappenschild.
Leonore aber denkt nicht so, sie hat die gemeinsame Flucht arrangiert, sie will mit ihrem Alvaro glücklich werden. Sie zögert zwar, als es endlich soweit ist, und bittet ihren Geliebten um Aufschub, um noch eine Nacht und einen Tag im Haus ihres Vaters verbringen zu dürfen – doch diese Bitte bringt das Verhängnis, das über alle hereinbricht. Leonores Vater schläft unruhig, er überrascht die Liebenden, er ist keineswegs bereit, mit Alvaro zu kämpfen, er behandelt ihn als ganz und gar unebenbürtig. Alvaro wirft vor dem Alten Herrn die Waffen weg, wobei sich ein Schuß aus seiner Pistole löst und den Marchese trifft. Alvaro ist ein Mörder, Leonore hat sich schuldig zu fühlen. Die Tragödie kann ihren Lauf nehmen.
Für Leonore de Vargas ist das Leben entschieden, sie kann nur noch vor der Welt fliehen – und vor dem Bruder, der nicht begreifen wird, was geschehen ist, der sie und Alvaro als Mörder des Vaters und Schänder der Familienehre zur Verantwortung zu ziehen hat.
Die Flucht geht quer durch's Land. Leonore ist in Männerkleidung unterwegs, ihr Bruder hat auf seinen Titel verzichtet und bezeichnet sich als Student. Manchmal sind die Gejagte und der Jäger einander ganz nahe, einmal sogar in ein und demselben Gasthof abgestiegen. Würden nicht gerade Soldaten angeworben und Marketenderinnen unterwegs sein und fromme Menschen, gäbe es nicht rundum immer wieder Getümmel, wenigstens Leonore wäre bald in der Gewalt des Rächers.
Sie entkommt aber, sie flieht zu der einzig denkbaren Stätte, die sie aufnehmen kann; ein Franziskanerkloster und dessen gütiger Pater Guardian nehmen sie auf. Allerdings auf eine besondere Art und Weise – sie wird in einer Einsiedelei leben, beten und von der Welt nichts

mehr sehen. Sie wird ein geschlechtloses Wesen sein, büßen, bis Gott, der Herr, sie abberuft. Nicht einmal die Franziskaner wissen, wen ihr Pater Guardian da einkleiden und in die Klause bringen läßt.

Der Bruder, der somit die Schwester aus den Augen verloren hat, ist bei den Soldaten. Man kämpft bei Velletri in der Nähe von Rom. Er gerät in Gefahr und wird von einem anderen tapferen Soldaten gerettet. Er behauptet, Don Felice de Bornis zu heißen. Sein Retter bezeichnet sich als Kapitän Heros – alles angenommene Namen; die beiden Helden sind Jäger und Gejagter, denn Kapitän Heros ist in Wahrheit der Mestize Alvaro.

Die beiden heldischen Soldaten haben bald Gelegenheit, einander trotzdem zu erkennen. Heros wird verwundet und übergibt Don Felice einen Packen Briefe, die mit ihm begraben werden sollen. Don Felice argwöhnt, daß hier ein Geheimnis besonderer Art vorliegt, und will sich als Mann von Ehre erweisen. Er schleudert die Briefe von sich – und erkennt ein Bild seiner Schwester. Der schwer verwundete Heros überlebt. Jetzt können Alvaro und Don Carlos de Vargas ihren Kampf um die Ehre eines alten spanischen Geschlechts aufnehmen.

Eine Schlacht ist geschlagen. Soldaten und der unvermeidliche Troß von Händlern, von Marketenderinnen, von Feldkuraten – alle feiern. Die Auseinandersetzung der beiden Kämpfer auf dem Feld der Ehre aber beginnt erst. Alvaro, der bei dieser Gelegenheit erfährt, daß Leonore noch lebt, will keineswegs ihren Bruder umbringen. Dieser wiederum will nichts von der „ordentlichen" Herkunft Alvaros wissen, sondern einfach den Mörder seines Vaters töten. Zwei Männer von Ehre, zwei Standpunkte; sie reizen einander mit Worten. Sie kämpfen. Der Mestize, der Gesinnung nach unzweifelhaft der edlere, findet rascher aus der Raserei als sein Gegner. Als Wachen sie im Kampf trennen, weiß er für seine Person die einzige annehmbare Lösung. Er wird in ein Kloster gehen.

Dort allerdings wird er wieder vom Schicksal aufgespürt. Nicht unbedingt vom Schicksal, sondern vom

wenigen Minuten Größe ausstrahlen muß. Wieder hat Verdi Opernklischees mit Leben gefüllt.

Die Rataplanszene wird manchmal stark gekürzt, manchmal sogar weggelassen. Sie ist allerdings für das Verständnis der Handlung unnütz. Aber sowohl die Kapuzinerpredigt wie das Chorfinale mit Preziosilla kann man nur schwer weglassen. Es ist meines Wissens die einzige Szene der Opernliteratur, in der von einem Mezzo ein hohes C verlangt wird.

über alle Grenzen und Zeiten hinweg rachsüchtigen Bruder Leonores, diesem Inbegriff an Mannesstolz.

In einem Kloster, in dem sich die handelnden Personen alle, alle wiederfinden. Da ist der geschwätzige und unfromme Fra Melitone, ein kleiner, kleinlicher Mönch. Da ist der weise Pater Guardian, ein frommer Mann. Und da ist Pater Raffael, früher der Mestize Alvaro, der mit seiner ganzen Seele sühnen will und also ein guter Mönch ist.

Don Carlos de Vargas fordert ihn trotzdem noch einmal zum Zweikampf. Er muß ihn Feigling nennen und Mischling, bevor er aus dem Mönch noch einmal einen Duellanten macht, noch einmal einen Mann von Ehre, wie man das nennt.

Das Duell endet gräßlich. Der Herausforderer stirbt. Der zum zweiten Mal wider Willen zum Kampf gegen einen der Herren von Calatrava angetretene Alvaro ersticht den Bruder seiner Geliebten. Und da sich dies ganz in der Nähe der Einsiedelei abspielt und Don Carlos nach einem Geistlichen ruft, bleibt ihm nicht einmal erspart, Leonore wiederzuerkennen und ihr sagen zu müssen, daß er soeben ihren Bruder getötet habe. Die geschwächte, ekstatische Leonore erträgt diese Nachricht nicht – und stirbt. Zurück bleiben ein dreifach unschuldiger Mörder und der Pater Guardian, der für sehr viele Verstorbene zu beten hat.

Die Auseinandersetzung Tenor–Bariton verlangt eine Fülle von Kraft von beiden Sängern, vor allem der Tenor kann für die Partie des Alvaro nicht heldisch genug besetzt sein. In Wien sangen sie zumeist Wagnertenöre, und das klang trotzdem gut. Ihre Grenze, von Verdi respektiert: das hohe A.

GIUSEPPE VERDI

Don Carlos

Oper in vier Akten. Dichtung von Joseph Méry und Camille du Locle.

URAUFFÜHRUNG: Paris, 1867.
SOLISTEN: *Philipp II.*, König von Spanien (Baß) – *Elisabeth von Valois*, seine Gemahlin (Sopran) – *Don*

Carlos, Infant von Spanien (Tenor) – *Prinzessin Eboli* (Mezzosopran) – *Gräfin von Aremberg* (Stumme Rolle), Dame der Königin – *Marquis von Posa, ein Malteserritter* (Bariton) – *Graf von Lerma* (Tenor) – *Tebaldo, ein Page der Königin* (Sopran) – *Ein königlicher Herold* (Tenor) – *Der Großinquisitor des Königreichs*, ein Greis von neunzig Jahren und blind (Baß) – *Ein Mönch* (Bariton) – *Eine Stimme von oben* (Lyrischer Sopran).

ORT: Spanien.

SCHAUPLÄTZE: Das Kloster von St. Just, eine Kapelle mit dem Grab Karls V. hinter einem vergoldeten Gitter – Eine freundliche Gegend vor den Toren des Klosters von St. Just – Die Gärten der Königin in Madrid – Ein großer Platz vor der Kirche Unserer Frau von Atocha, links ein Palast, im Mittelgrund eine Treppe nach einem tiefer gelegenen Platz, auf welchem sich ein Scheiterhaufen befindet – Das Kabinett des Königs – Das Gefängnis des Don Carlos – Das Kloster von St. Just, wie zu Anfang.

ZEIT: Um das Jahr 1560.

DAUER: ca. 3¹/₂ Stunden.

Zwischendurch wieder einmal eine von den Bemerkungen, die im Textbuch eines Theaterstücks „beiseite" geschrieben werden? Es gibt Stoffe, Tragödien, deren Größe man auf dem Theater jederzeit anerkennt – obgleich sie da von wirklich außerordentlichen Theaterleuten wie zum Beispiel Fritz Kortner gar nicht so geschätzt werden. Wenn diese Stoffe dann aber in einer zum Beispiel Fritz Kortner viel gemäßeren Form auf die Opernbühne kommen? Dann glaubt man erstaunt fragen zu können, wie denn dergleichen glaubhaft sei? Ich spreche hier einmal von „Don Carlos" und damit von einer Oper, die um sehr viele Nuancen aufregender ist als ihr „Vorwurf" von Schiller. Muß ich aber „Don Carlos" als ein Drama nacherzählen? Lassen wir's. Ich nehme einfach an, der gebildete Leser hätte wenigstens seinen Schiller noch bei der Hand und muß von mir nur erfahren, wieviel straffer, wieviel dramatischer dieses Werk in der üblichen Opernfassung ist.

In der Opernpraxis ist es nicht nur möglich, dieses erste Bild zu streichen, man hat sogar eine ergreifende Erklärung dafür, die von Verdi selbst stammt: Er mußte eine Fassung für Wien herstellen, diese sollte knapper sein, und Verdi schrieb an einen Freund, das sei nur, weil die mit der Schließung der Haustore befaßten Wiener Hausmeister halt früh daheim sein müßten, habe er jetzt ein Werk zu verändern. Daran ist selbstverständlich nichts zu ändern, die Pointe bleibt an Wien für alle Zeiten hängen.

Das Duett Carlos–Posa, mit dem dieses Bild schließt, kommt später noch zweimal thematisch wieder – trotzdem ist's falsch, von einem Leitmotiv à la Wagner zu reden. Verdi hat nie dergleichen komponiert.

Das maurische Lied der Eboli ist eine Bravourarie, die von der Sängerin durchgestanden werden muß – und zwar mit zwei Strophen. Neuerdings machen es sich sehr bedeutende Damen leichter und singen nur eine.

Wahrscheinlich eine respektlose Bemerkung: Bei der ersten großen Arie der Elisabeth muß eine stumme Person auf der Bühne sein, die Gräfin von Atemberg – und zwar eine der ganz wichtigen stimmlosen Personen, ohne die man einige Opern einfach nicht aufführen könnte.

Die Auseinandersetzung Philipp–Posa ist berühmt, nicht schwer zu singen und besonders effektvoll.

Die „schönen Tage von Aranjuez" werden zumeist gar nicht gespielt, es gibt einen komponierten Fontaineblau-Akt, doch der ist mit Billigung des Komponisten wegzulassen.

Wenn wir sagen, daß hier die Oper beginnt, dann sind wir bei der großen Szene, in der der spanische König sich ins Kloster zurückzieht und sein Enkel dem Marquis Posa zu verstehen gibt, er wäre auf immer unglücklich, da er in seine Stiefmutter verliebt sei, in Elisabeth, die ihm einmal gut war, dann aber aus staatspolitischen Gründen an seinen Vater verschachert wurde. Posa, der aus Flandern kommt und ein Revolutionär ist, will Don Carlos durch Taten trösten – er will den Infanten auf sein Amt als König vorbereiten und meint, das würde ihn auch von einer sinnlosen Liebe abhalten.

Immerhin aber verschafft Posa seinem königlichen Freund ein Gespräch mit der Königin. Er muß ein wenig Durchstecherei betreiben, Prinzessin Eboli, die schönste aller Hofdamen, glaubt immerhin, Don Carlos werde bei seiner Mutter um ihre Hand anhalten – aber die eigentliche Tragödie spielt sich doch zwischen den jungen Menschen ab, die einander einmal liebten und es jetzt nicht mehr dürfen. Denn Elisabeth ist standhaft und treu, sogar einem alten und kalten Mann gegenüber. Und bleibt es auch, als dieser sie allein findet und ihre eine „Szene" macht, denn sie als Königin darf nie allein, nie schutzlos, aber auch nie unbeobachtet sein.

König Philipp, der bei dieser Gelegenheit auf Posa trifft, ist alles andere als ein glücklicher Monarch oder Mann. Er weiß, daß seine Völker unter seiner Herrschaft zittern, aber er kann sie nicht anders als durch Gewalt und die bestimmende Kraft der Inquisition beherrschen. Er glaubt zudem, daß er von seinem Sohn betrogen wird – und ist somit auch als Ehemann unglücklich. Wenngleich nicht unschuldig, er selbst hat nämlich, gleichsam zur Selbstbestätigung, ein Verhältnis mit Prinzessin Eboli.

Wundert man sich, daß er unter diesen Umständen einen Vertrauten sucht und sich Marquis Posa aussucht, einen jungen, furchtlosen Mann? Der wenigstens soll auf seiner Seite sein, dem würde er sogar zutrauen, sich gegen die Instanz Inquisition durchzusetzen – gegen die Philipp selbst nicht antreten würde.

Wo Menschen einander haben möchten, aber sich nicht erklären dürfen, entstehen die gräßlichsten, tödlichsten Irrtümer. So wie Philipp glaubt, betrogen zu sein, glaubt die Eboli, geliebt zu werden. Sie trifft im Garten auf Don Carlos, den sie in einem Brief um ein Rendez-vous gebeten hat. Und Carlos wieder glaubt, ebenfalls geliebt zu werden und auf die Königin zu treffen. Er ist beim Anblick der Eboli so enttäuscht, daß diese sofort ahnt, wen er wirklich erwartet hat. Und Rache schwört, Rache an Carlos und Elisabeth, der sie jetzt auch alles zutraut.

Gibt es aus einer solchen Situation noch einen Ausweg? Marquis Posa glaubt einen zu wissen. Er will fortan der Schild zwischen Vater und Sohn sein, er läßt sich von Don Carlos alle Briefschaften geben, die auf Liebe oder Hochverrat deuten könnten –, und er übernimmt alle Verantwortung.

Man könnte meinen, es ginge um komplizierte menschliche Auseinandersetzungen, die gerade etwas über einen Familienkreis hinausreichen. Nun spielt die Tragödie jedoch am mächtigsten Hof der Erde, also gibt es keine nur menschlichen Gefühle, sondern immer auch noch die Verantwortung gegenüber dem „Volk". Das drängt zu einer Ketzerverbrennung, einem gräßlichen Schauspiel, wie die grausame katholische Kirche es zu geben gewohnt war. Don Carlos stört die Zeremonie. Er verlangt vor versammelter Menge die Statthalterschaft von Flandern für sich, er revoltiert damit offen gegen den Vater, der allein König sein will. Niemand drängt sich zwischen die zwei, sie geraten in Rage und ziehen sogar die Degen – da schlägt sich Posa auf die Seite des Rechts, entwaffnet Don Carlos und sorgt für (kurze) Ruhe.

Was ihm freilich nicht gelingen kann, ist: für die Seelenruhe des Königs zu sorgen. Der glaubt sich betrogen, nie geliebt, ohnmächtig nicht nur dem Volk, sondern auch den Menschen in seiner Umgebung gegen-

Mitten in der Volksszene, die unerhört beliebt ist, gibt's eine kleine Partie: Der Herold des Königs singt ohne Begleitung und hat oft Schwierigkeiten mit der Intonation. Junge Tenöre haben hier Gelegenheit, auf sich aufmerksam zu machen. Kleine Opernhäuser machen einen „Strich".

193

Mit der langen Solo-Cello-
Einleitung und der berühmtesten aller Philipp-Arien beginnt das Bild, in dem das Publikum zur Verzückung getrieben wird. Hier entscheidet sich der Erfolg des Abends.

Nach der lautstarken Auseinandersetzung zweier Bässe und der erregten Ensembleszene gehört das Finale des Bildes der Eboli. Ihre Verzweiflungsarie ist unendlich lang, verlangt alle Kraft und sehr viel sichere Höhe und tröstet die Sängerin darüber hinweg, daß sie am Ende der Oper nicht mehr dabei ist.

Marquis Posa hat im Kerker seine schönste Arie zu singen. Weil sie lyrisch ist und man auf „Aktion" wartet, wird sie oft unterschätzt. Der Bariton, der diese weit ausschwingende Arie richtig singt, kann alles in seinem Fach singen.

Selbstverständlich noch eine Arie der Elisabeth und das große Duett zum Finale sowie der musikalisch den jeweiligen Intentionen des Regisseurs angepaßte Schluß. Habe ich geschrieben, daß auch in dieser Oper im Original ein Ballett vorgesehen ist? Ich habe es vergessen, es wird wirklich zu selten getanzt.

über – dabei ist er doch ein König von Gottes Gnaden. Der Großinquisitor, der sich bei Philipp melden läßt, gibt diesem den letzten Stoß ins Elend, denn er läßt ihn spüren, daß er auch als Regent nur eine Art von Puppe in den Händen der mächtigen Kirche ist.

Wen wundert es da, wenn Philipp sich gegenüber seiner Frau vergißt, sie lauthals des Ehebruchs anklagt, den Escorial zusammenschreit und zugleich aber leise weggeht, weil die Reinheit Elisabeths aus jeder Geste dieser Frau zu ersehen ist? Prinzessin Eboli, gleichfalls Zeugin der Szene, tut Buße. Sie beichtet der Königin, daß sie aus Eifersucht verraten hat, daß Carlos einst Elisabeth liebte, und sie beichtet, weil es schon einmal aus ihr hervorsprudelt, daß sie selbst es mit der Ehrfurcht der Ehe gegenüber sehr viel weniger genau nahm, mit dem König schlief – in einem Furor von Selbstdarstellung und Bußfertigkeit reibt sich die Eboli auf. Was kann sie noch tun, um das sich vollendende Drama aufzuhalten? Nichts, sonst würde sie nicht so schreien.

Posa konnte immerhin Zeit gewinnen. Er konnte dem König gestehen, daß er für Flandern arbeitet, nicht Don Carlos. Er konnte sich damit selbst den Tod geben – im Kerker nimmt er Abschied von seinem Freund, wird heimtückisch erschossen und fleht Carlos sterbend an, jetzt den gemeinsamen Traum von einer besseren Welt zu verwirklichen und ein von Philipp grausam unterdrücktes Land zu retten. Posa hat getan, was die Eboli sich wünschte. Er hat ein Menschenleben geopfert. Sein eigenes.

Don Carlos begreift das. Als man ihn holt, ihn rehabilitiert, will er das Geschenk der Freiheit zuerst gar nicht annehmen. Daß es die Kirche und die Staatsraison verlangten, einen Menschen wie Posa zu töten, bringt ihn beinahe um den Verstand.

Dann aber macht es ihn stark. Er trifft noch einmal Elisabeth, sagte ihr, daß seine Liebe nicht kleiner geworden ist, daß er jetzt aber eine größere Aufgabe als sein persönliches Glück vor sich hat. Daß er sich verabschieden will.

194

Hier sind wir wieder, wo wir am Beginn dieses „Beiseite" gewesen sind, denn es gibt wenigstens zwei vom
Komponisten gestattete Möglichkeiten, wie das Drama
endet. Einmal der logische Schluß: Auch Don Carlos
entgeht der Inquisition nicht, er wird dieser sogar vor
den Augen der Königin von Philipp überantwortet.
Und ein andermal: Genau in diesem Augenblick erscheint der alte König, der sich bereits ins Kloster zurückgezogen hat, Karl, und holt gegen alle Mächte dieser Welt seinen Enkel zu sich. Wenn man etwas bele-
sen ist und weiß, daß ein Klosterleben für einen abge-
dankten Monarchen durchaus in Prunk und Würde
existiert, dann ist auch das ein mögliches Finale, so etwas wie ein staatspolitisches Happy-End. Es ist allerdings, womit sich der Bogen ein für allemal schließt,
nicht von Schiller.

GIUSEPPE VERDI

Aida

Oper in vier Akten. Dichtung von Antonio Ghislanzoni.

URAUFFÜHRUNG: Kairo, 1871.
SOLISTEN: *Der König* (Baß) – *Amneris,* seine Tochter
(Dramatischer Alt) – *Aida,* äthiopische Sklavin (So-
pran) – *Radamès,* Feldherr (Tenor) – *Ramphis,* Ober-
priester (Baß) – *Amonasro,* König von Äthiopien und
Vater von Aida (Bariton) – *Ein Bote* (Tenor) – *Eine
Tempelsängerin* (Mezzosopran).
ORT: Memphis und Theben.
SCHAUPLÄTZE: Saal im Königspalast zu Memphis – Das
Innere des Vulkan-Tempels zu Memphis – Gemach der
Amneris – Eine der Eingangspforten von Theben,
rechts der Ammontempel, links ein Thron mit Purpur-
baldachin, im Hintergrund ein Triumphbogen – Nil-

ufer; auf einem mit Palmen bewachsenen Granitfelsen
ein Isistempel – Saal im Königspalast, links eine große
Tür zum unterirdischen Gerichtssaal, rechts Zugang
zum Gefängnis des Radamès – Bühne geteilt in zwei
Stockwerke: Das obere zeigt das Innere des Vulkan-
tempels, das untere einen unterirdischen Raum, Kolos-
salstatuen der Osiris tragen die Stützpfeiler.
ZEIT: Zur Zeit der Herrschaft der Pharaonen.
DAUER: ca. 3¹/4 Stunden.

Dies ist die Oper, die Verdi den Ruf eingebracht hat, er orientiere sich an Wagner. Kein Opernfreund der Gegenwart würde das so sagen, aber Verdi hatte unter diesem seltsamen Urteil zu leiden.

Daß sich zwei Frauen um einen Mann streiten und dieser aus Ehrenhaftigkeit die ärmere haben will und
daran gleich alle drei Liebenden zugrunde gehen, ist
eine gar nicht so seltene Geschichte. Nur, wenn sie zufällig in einem ziemlich gehobenen Milieu und außerdem in einer ziemlich exotischen Zeit spielt – dann
wird sie bemerkenswerter als in ihren vielen anderen
Varianten, von denen jedermann gewiß einige kennt.
Bemerkenswerter und aufregender, man lese das nur ja
recht langsam und bedenke, wie eine Dienstmädel-
geschichte doch ganz anders aussieht, wenn sie unter
den Mächtigen dieser Erde spielt. Oder, wie auch die
Mächtigen dieser Erde in gewissen Belangen gar nicht
anders reagieren können als wir einfachere Menschen.

Schon in der ersten Arie kann der Tenor nachweisen, wie gut er ist. Er soll zuletzt pianissimo sein – und ein hohes B singen. Zumeist ist er forte, und Opernfreunde sprechen vom strahlenden C. Das ist der Lauf der Welt.

Der Mann, um den gestritten wird, ist Radamès, ein
junger ägyptischer Feldherr, ein Soldat also, attraktiv
und auf dem Weg nach oben. Da ein Feldzug gegen
Äthiopien bevorsteht, hat er zudem eine gute Chance,
Oberbefehlshaber zu werden und zu siegen.
Die beiden Frauen, die ihn lieben, sind allerdings sehr
voneinander verschieden. Da ist Amneris, die Tochter
des Königs aller Ägypter: verwöhnt, maskenhaft, verliebt; das paßt nicht sehr zusammen. Ob Radamès
überhaupt weiß, daß er ihr gefällt? Und da ist Aida,
zwar die Tochter des Königs der Äthiopier, doch jetzt
nur eine Sklavin der Amneris, in einem unglücklichen
Krieg als Beute eingebracht. Sie weiß, daß Radamès sie
liebt. Ihr hat der junge Feldherr bereits ins Gesicht gesehen.

Aida kann souverän abgehen, das Orchesternachspiel hilft ihr, und außerdem hat sie noch viele Gelegenheiten, wenn sie zu Beginn noch nicht eingesungen war: Im Zwiegespräch mit Aida wird sie dann auch zum hohen B getrieben werden.

Der Feldherr allerdings ist von Anbeginn dumm. Er
hofft, Krieg führen und dann Aida heiraten zu dürfen.

Er spürt nicht, daß er Krieg führen und Amneris heiraten soll – denn der Krieg ist ihm das Wesentlichste. Die beiden Frauen, wenn sie es auch nicht zugeben, wissen längst, daß sie Rivalinnen sind.

Radamès hat Glück. Er wird in die Schlacht geschickt. Wenn er nicht als Sieger heimkehrt, wird er tot und vergessen sein. Doch er ist ja als Sieger geboren. Er ahnt nicht, wie er denen, die ihn lieben, allein durch sein Glück wehtut. Denn jetzt warten zwei Verliebte, daß ihr Held heimkommt. Amneris, um ihn dann zu sich emporziehen zu können, und Aida, um nicht mehr zu wissen, was sie dann soll: Radamès als Sieger über ihren Vater, ihr Volk, lieben? Oder einen siegreichen Vater, der ihren Geliebten erschlägt, um sie zu befreien, in die Arme schließen und Radamès vergessen? Amneris nützt die Abwesenheit des Radamès immerhin, um mit einer Finte Gewißheit zu erlangen. Sie hat's ja einfach. Sie muß nur Aida erklären, zwar seien die Äthiopier geschlagen, doch sei auch Radamès gefallen – und schon ist Aida unglücklich. Sie muß dann nur noch zugeben, daß dies nicht die ganze Wahrheit war, daß die Äthiopier geschlagen sind, doch Radamès heimkehrt – und schon lebt Aida auf. Der Schluß? Aida liebt Radamès. Amneris aber erklärt ihre eigene Liebe zu dem Feldherrn, und damit wissen beide Frauen auch, was jetzt zu geschehen hat. Radamès gehört der Königstochter, die Sklavin Aida hat verloren. Ob man sich einmal in die Zeit der Pharaonen zurückdenken kann? Es ist zweifellos schwierig, doch anderseits genügt's bereits, sich heute in das Land der Pharaonen zu begeben. Man sieht dann, worauf es mir ankommt. Da sind die armen Menschen, die mit ihren Händen und einem Beutel über dem Rücken Wolkenkratzer bauen, wie ihre Vorfahren an den Pyramiden arbeiteten. Ihnen wird etwas Arbeit gegeben, etwas Lohn, etwas Leben. Sie werden verwendet, sie dürfen existieren. Ihr Schicksal, das auch sie mit Liebe zu einem Weib belasten kann, ist wahrscheinlich kaum uninteressanter als das von Radamès, Amneris und Aida. Aber sie waren und sind namenlos.

Radamès kehrt als Sieger heim. Er feiert seinen Einzug

Das hier „eingelegte" Mohrenballett ist immer zu sehen, es wird unter allen Umständen getanzt, auch wenn „Aida" einmal an einem kleineren Haus gegeben wird – es schafft den Sängerinnen die notwendige Atempause vor der Auseinandersetzung (siehe die Anmerkung zuvor).

197

Zum Triumphakt, der zwei-
fellos als große Szene konzipiert ist, hat Verdi von seinem
Verlag auch die Trompeten
mitliefern lassen, wenn irgendwo „Aida" gespielt wurde. Musikalisch gibt's auch
einen bis heute in der Schla-
gerbranche beliebten Effekt:
Die Trompeten blasen die
„Kennmelodie" in As-Dur,
das volle Orchester setzt darauf mit H-Dur ein.

Das Ballett, der Chor: Obgleich es manchmal aussieht,
als ließe sich hier eine Strei-
chung vornehmen, hat Verdi
den Triumphakt so genial
konzipiert, daß man ihn eigentlich nur in voller Länge
geben kann.

Im Nilakt kommt jeder zu
seinem Recht. In ihrer großen
Arie muß Aida endlich ein
korrektes hohes C singen,
Amonasro hat seine große
Melodie, Radames einen der
berühmtesten Tenorauftritte,
und alle drei sind in keinem
Akt so leidenschaftlich wie
gerade in dem angeblich so
diskreten Nilakt.

mit dem erwarteten Prunk, mit den erbeuteten Waffen
und Trophäen, mit einer Schau der neu eingebrachten
Gefangenen. Unter ihnen der Vater von Aida. Allerdings: Man wußte bisher nicht, daß Aida die Königstochter der Äthiopier ist, also identifiziert man jetzt
auch ihren Vater nur als einen Äthiopier und nicht als
den König selbst.

Amneris wird ihres Sieges nicht froh. Ihr Vater hat Radamès versprochen, ihm einen Wunsch zu erfüllen,
was immer er auch wünsche. Natürlich wird erwartet,
daß Radamès den Wink versteht und um die Tochter
anhält. Doch der siegreiche Feldherr ist immer noch
ein dummer Soldat. Er bittet um Freiheit und Leben
der Äthiopier – immerhin kann er so den Vater von
Aida retten, und das wird sie ihm doch lohnen? Der
Pharao versteht, doch er muß das ja nicht zugeben. Er
läßt die Gefangenen frei und verkündet aus eigenem,
Radamès habe die Hand seiner Tochter zu nehmen, er
werde nämlich einst an ihrer Seite König in Ägypten
sein. So rettet er die Situation, die für einen Pharao, vor
allem aber für den Vater einer verliebten Tochter,
schon ziemlich peinlich aussah.

Auch das kennt man: Man lebt und lebt, und nichts
passiert. Und dann, in ein paar Stunden, geschieht so
viel, daß man für mehrere Jahre wieder genug erlebt
hat. So ist das Leben, und wenn man es zeigen will,
dann kann man – um sich Aufmerksamkeit zu sichern
– nur diese Stunden zeigen, in denen, ganz realistisch,
alles auf einmal geschieht.

Also die Stunden in der Nacht: Amneris fleht im Tempel um die Liebe des Mannes, den sie sich erkämpft
hat. Aida kämpft mit den Gefühlen, die ihr Vater ent-
facht – er will, daß sie Radamès zu einem Äthiopier
macht. Radamès kämpft mit seiner Liebe – er will noch
einen Sieg erringen und dann den Pharao bitten, Amneris nicht heiraten zu müssen. Er läßt sich, aus Liebe,
von Aida umstimmen. Er denkt, mit ihr zu fliehen. Er
entwirft den Plan, verrät dabei die Strategie der Ägypter, verrät sie an den Vater Aidas, der sich ihm zu erkennen gibt. Amneris und Priester sind in der Nähe
und hören auch das. Radamès kann Amonasro, den

Vater seiner Geliebten, nur noch retten, indem er sich dem Priestergericht stellt.

Er ist jetzt nicht mehr der Retter Ägyptens, sondern derjenige, der am Untergang des Landes schuld sein könnte. Da sitzt man rasch Gericht. Für einen Soldaten gibt es da nur noch den Tod.

Amneris aber, die Königstochter und die Frau, die Radamès haben will: Sie beschwört ihn zu kämpfen, sie will bei ihrem Vater für ihn bitten, sie will ganz einfach ihn. Er widerspricht, denn er liebt weiterhin die andere, die er nicht mehr sehen wird. Sie überläßt ihn seinen Richtern und ist blind vor Trauer, als diese rasch das Urteil fällen. Radamès soll bei lebendigem Leib begraben werden. Er wird im Ptahtempel eingemauert.

Ist es erlaubt, zu unterbrechen? Darf man beiseite schreiben, wie man im Theater plötzlich beiseite, gleichsam zum Publikum und als heimlich Vertrauter, spricht? Dies ist eine der Szenen, die zum ewigen Arsenal der Oper gehören und die zugleich das genaue Gegenteil dessen sind, was sie darstellen. Sie sind sozusagen verrückt, sie sind die Verklärung eines Sachverhaltes, der nicht schön sein kann. Damit muß man sich abfinden wie mit dem Tod – immerhin geht es in diesen Szenen und vor allem in dieser einen um den Tod. Und vielleicht kann, soll man ihn verklären?

Radamès hat eine ziemlich lange Zeit vor sich. Er hat Luft für einige Tage, er hat nur keine Möglichkeit mehr, aus der Grabkammer zu entkommen. Er wird wahrscheinlich an Entkräftung sterben und nicht ersticken.

Aida hat geahnt, was geschehen wird. Oder sie hat den Spruch des Gerichts abgewartet und dann den letzten Moment genützt. Sie ist auch in der Grabkammer. Sie triumphiert über die große Rivalin. Sie wird mit Radamès sterben. Amneris aber weiß nicht, daß die beiden im Tod vereint sind. Sie betet für Radamès.

Nach der brillanten Auseinandersetzung zwischen Amneris und Radamès erscheinen die Priester – und eine der seltenen Stellen, an denen Kontrabässe ihre beunruhigende Wirkung auf die Nerven musikalischer Menschen nachweisen können, leitet die Gerichtsszene ein.

„Leb wohl, du Erde, o du Tal der Tränen" heißt deutsch, was man längst nur noch italienisch hört – das Todesduett, mit dem ganz leise eine Oper schließt, die als Festoper bestellt und komponiert wurde.

199

GIUSEPPE VERDI

Othello

Oper in vier Akten. Dichtung von Arrigo Boito.

URAUFFÜHRUNG: Mailand, 1887.

SOLISTEN: *Othello,* Mohr, Befehlshaber der venezianischen Flotte (Tenor) – *Jago,* Fähnrich (Bariton) – *Cassio,* Hauptmann (Tenor) – *Rodrigo,* ein edler Venezianer (Tenor) – *Locovico,* Gesandter der Republik Venedig (Baß) – *Montano,* der Vorgänger Othellos in der Statthalterei von Zypern (Baß) – *Ein Herold* (Baß) – *Desdemona,* Othellos Gemahlin (Sopran) – *Emilia,* Jagos Gattin (Mezzosopran).

ORT: Eine Hafenstadt der Insel Cypern.

SCHAUPLÄTZE: Ein Platz vor dem Schloß, eine Schenke mit Lauben, Aussicht auf die Hafenwerke und das Meer – Ein ebenerdiger Saal im Schloß mit Erker, durch große Fensteröffnungen Ausblick auf einen weiten Garten – Der Hauptsaal des Schlosses, rechts ein breiter Säulengang in Verbindung mit einem kleinen Saal, im Hintergrund ein Erker mit Balkon – Schlafgemach der Desdemona mit Bett.

ZEIT: Ende des 15. Jahrhunderts.

DAUER: ca. 3 Stunden.

Gleich zu Beginn eine der einprägsamsten Chorszenen, die je geschrieben wurden, der Sturm, die hohe See, die Not der Seeleute, die Angst der Beobachter – und alles kulminiert im jubelnden Auftritt des geretteten Othello. Verdi hat sich kaum je genialer gezeigt als in dieser Oper.

Solange der Geschichtsunterricht funktioniert, wird man auch erfahren können, daß Venedig einst nicht eine Stadt für Hochzeitsreisende und Urlauber, die nebstbei billige Schuhe kaufen wollen, sondern ein Synonym für einen mächtigen und oft auch gewalttätigen Stadtstaat war. Da gab es einen Dogen, da gab es vor allem aber gekaufte Krieger, die zur höheren Ehre und zur Vermehrung der Macht Venedigs die Welt mit Krieg und Gewalt überzogen. Einige von ihnen wurden dabei selbst reich, und alle waren mächtig. Wenn sie irgendwo Statthalter für Venedig waren, waren sie kleine Götter.

Ein solcher kleiner Gott war Othello, Befehlshaber der venezianischen Flotte und Statthalter von Cypern. In Venedigs Auftrag, aber doch kraft seiner Vitalität, sei-

200

ner Kriegserfahrenheit, seiner imponierenden Persönlichkeit. Man muß nur eines noch hinzufügen: Othello war ein „Mohr", ein Farbiger, ein Außenseiter also. Allerdings wäre damit noch immer nicht genug von ihm erzählt, denn er war ein Mann von Kultur, er hatte keineswegs nur seiner rohen Kraft zu danken, daß er die Statthalterei auf Cypern verliehen erhielt – ein Venezianer hatte ihm seine Tochter zur Frau gegeben; das tut man nicht aus Gewinnsucht, das spricht dafür, daß Othello das war, was man einen liebenswerten Menschen nennt. Denn Desdemona, die Tochter dieses Venezianers, hatte ihn heiraten wollen.

Aus dieser zweifellos auch heute noch ganz und gar nicht alltäglichen Situation konnte nichts anderes entstehen als eine Tragödie, in der viele Menschen ihr Leben lassen – und doch würde ich gern erklären, daß diesmal die Rassenfrage nicht entscheidend war, daß wir den Mohren Othello nur als ein ganz außergewöhnliches Exemplar der Gattung Mensch sehen müssen, nicht permanent als einen Schwarzen, einen Nigger. Othellos ganz besondere Eigenschaften waren nicht schwarz, sondern diejenigen, die man bei großen Kriegern und Verliebten immer suchen darf: Leidenschaft, Temperament, Großzügigkeit, Bereitschaft zu jeder Art von großem – und also gefährlichem – Gefühl.

Von recht aktuellen kämpferischen Aktionen weiß man es, in der Geschichte vom Tod Othellos ist's der Beginn: Wer im Besitz von Cypern ist, der hat mit den Türken zu kämpfen. Othello mußte es als Statthalter und Kriegsherr immer wieder, er kam dabei auch in Seenot, doch er war tüchtiger und glücklicher als die Türken, er entkam Schlachten und Stürmen und kehrte heim.

Zur großen, aufrichtigen Freude seiner Gemahlin Desdemona, zur Trauer eines Fähnrichs, der Jago hieß und zur Gattung der glücklosen Bösewichte zählte. Jago war nach dem strengen Reglement der Armee ein Untergebener Othellos, seinem Selbstverständnis nach aber ein Weißer, ein Tapferer, ein aus purer Ungerechtigkeit nicht in den obersten Rang aufgerückter Krie-

Auch das Liebesduett Desdemona–Othello ist da als besonderes Beispiel zu nennen. Verdi braucht längst keine lauten Aktschlüsse mehr, ihm gelingen im Gegenteil auch in dramatischen Momenten die stillen Situationen besonders.

Die allgemein als das „Credo" bekannte Arie des Jago wird zu oft als Brüllarie gesungen. Sie wird von intelligenten Sängern mit weit weniger Stimmaufwand zu einem Erfolg sondergleichen gebracht: In der Erinnerung aber bleiben einem unweigerlich die Protagonisten, die das „Credo" im Fortissimo sangen. Leider.

ger. Jago war von der Mannschaft Othellos der, der selbst Othello sein wollte.

Jago war selbstverständlich auch ein Intrigant. Ein Gustostückerl war für ihn ganz nebenbei ausführbar: Er mußte nur ringsum feiern lassen, daß Othello aus seinem Seegefecht heimgekehrt war, mußte den Hauptmann Cassio – eine Stufe über ihm auf der Leiter zur Position Othellos – zum Trinken animieren, einen anderen Venezianer, Rodrigo, um die Gefälligkeit bitten, dem Hauptmann Cassio eine Beleidigung an den Kopf zu werfen. Und? Und der auf Zucht und Ordnung versessene Othello mußte Cassio bestrafen und glauben, Jago sei ein besserer, disziplinierterer Mann. So einfach war eine kleine Intrige für Jago. Nur: Sie allein genügte nicht, den Mohren Othello aus der Ruhe zu bringen. Othello blieb ein souveräner Feldherr und derjenige, der in den Armen seiner geliebten Desdemona glücklich war.

Jago wollte allerdings mit einer kleinen Intrige nur die Basis für Größeres, für sozusagen Satanisches geschaffen haben. Wozu er nichts weiter bedenken mußte, als die Hoffnung des Hauptmanns Cassio, wieder in Gnaden aufgenommen zu werden – am ehesten durch die Fürsprache der Venezianerin Desdemona. Und die Eifersucht Othellos gegenüber Cassio und Desdemona – am ehesten durch einige klug hingeworfene Bemerkungen, der Hauptmann Cassio werde ja wohl eine besonders eifrige Fürsprecherin in seiner Landsmännin Desdemona haben.

Ein anderer als ein Mensch der großen Gefühle hätte an Jagos Bemerkungen nichts Besonderes, vor allem nichts Verdächtiges gefunden. Warum sollte sich die blonde Desdemona nicht für den Hauptmann Cassio einsetzen? Nur einer, der als „Mohr" und rasend Liebender dergleichen als möglichen Beweis für eine Liebschaft angeboten erhält, ist imstande, ihn auch anzunehmen. Othello war in Gefahr.

Immerhin, um mehr als Eifersucht zu erzeugen, mußte Jago schon so etwas wie einen Beweis erbringen. Und fand einen, der uns primitiv erscheinen mag, solange wir unseren Frauen trauen und nicht darüber nachdenken, ob sie nicht einen Jugendfreund oder Bekannten aus ihrer eigenen Umgebung mit mehr als Sympathie beschenken. Es ist dies die Geschichte eines gestickten Taschentuches, das Desdemona als Geschenk von Othello erhielt, das sich Jago von seiner Frau, der Dienerin Desdemonas, unschwer besorgen konnte und daß er Othello schildern konnte, als habe er es in den Händen des Hauptmannes Cassio gesehen. Dieses gestickte Taschentuch war der Beweis, den Othollo rasend, selbstzerstörerisch, eifersüchtig bis zum Exzeß gelten ließ, bevor er es selbst bei Cassio sah.

Man glaubt es ungern, doch man könnte Ähnliches immer wieder beobachten. Wenn einer einmal eine Situation in einem bestimmten Licht sehen will, dann sieht er sie auch so. Als Othello nichts weiter zum Beweis der Untreue seiner Desdemona hatte als die Tatsache, daß sie das bewußte Tuch nicht finden konnte, war ihm das bereits Beweis genug. Und eine sehr viel gefährlichere Situation, die Jago mit einigem taschenspielerischen Geschick herbeizuführen wußte, wäre wahrscheinlich gar nicht mehr notwendig gewesen, paßte jedoch allzu hervorragend zum Naturell eines Bösewichts, der nicht nur Nebenbuhler zerstören, sondern auch für sich immer wieder alles auf's Spiel setzen will.

Dieses Spiel? Jago verwickelte Cassio in ein Gespräch, das sich um dessen Erfolg bei Frauen drehte. Er ließ den lauschenden Othello immer nur die Passagen hören, die auch auf Desdemona bezogen werden können. Und er zog schließlich triumphal das gestickte Tuch hervor, als hätte er es von Cassio. Das war ein Spiel, das unschwer anders hätte ausgehen können; Othello hätte nur das ganze Gespräch verstehen müssen, und Jago wäre zweifellos gestorben. Das Risiko aber lockte Jago. Er wollte risikoreich gewinnen.

Durchaus nicht in seinem Plan allerdings, daß ein Gesandter des Dogen von Venedig mit Befehlen nach Cypern kam. Man brauchte Othello für einen Feldzug. Man ernannte Cassio zum neuen Statthalter auf Cypern. Was immer hinter dem Entschluß des Rates von Venedig stand, war unerheblich. In gerade diesem

Wieder und bis zum Überdruß: An dieser Stelle gibt's im Original ein Ballett. Man läßt es gottlob längst weg. Die Szene hat nur Sinn, wenn der zutiefst getroffene Othello im Mittelpunkt steht und kein Gehüpfe ablenkt.

Moment hatte Othello seine Position an denjenigen abzugeben, den er für den Geliebten seiner Frau hielt. Das war mehr als ein Tropfen, der das Faß zum Überlaufen brachte. Das war eine Sintflut, die sich auf den Mann der großen Gefühle ergoß.

Desdemona ist nicht nur blond und Venezianerin, vielleicht gar nicht blond, ihrem Mann gegenüber jedoch unter allen Umständen ein strahlend weißes Geschöpf. Desdemona, die von den Machenschaften Jagos so gut wie nichts wußte, bekam nur die Eifersucht ihres Mannes zu spüren. Und begriff nicht. Sie war eine unschuldige, liebende Frau, die Anschuldigungen nicht einmal verstand. Freilich begriff sie, als er vor versammelten Herrschaften und angesichts des Boten aus Venedig die Fassung verlor, daß er jetzt wild und wahnwitzig sei. Vielleicht sogar, daß sie in Gefahr war. Er hatte sie zu Bett geschickt. Sie betete, wie sie jeden Abend betete.

Othello aber war tatsächlich wahnsinnig vor Eifersucht und dem nicht minder gefährlichen Gefühl eines abgesetzten Feldherren. Er kam zu Desdemona und erdrosselte sie, ermordete seine eigene, einzige Liebe. Um einen Moment später, weil Jagos Frau durch die Zimmer schrie, zu begreifen, daß er eine Unschuldige getötet hatte.

Das Ende? Kein Triumph des Bösen. Othello gehörte nicht zu der Sorte Mensch, die sich einem Gericht stellen. Es hätte ihn in Ansehen seiner Verdienste und der Einflüsterungen eines gewissen Jago freisprechen können. Othello erstach sich. Er war, wie man so sagt, im Tod mit seiner Geliebten vereint.

Desdemona singt ihr berühmtes Nachtlied, dann kommt die Stelle, an der wiederum die Kontrabässe ertönen (wie in „Aida") und eine Stelle spielen, die jeder Anwärter auf einen Posten in einem Opernhaus auswendig können muß. Sie symbolisiert den zum Mord schleichenden Othello. Und dann vergißt man als Opernfreund das wieder, denn der Abschied des Othello von Desdemona ist über alle Maßen schön komponiert.

GIUSEPPE VERDI

Falstaff

Lyrische Komödie in drei Akten. Dichtung von Arrigo Boito.

URAUFFÜHRUNG: Mailand, 1893.
SOLISTEN: *Sir John Falstaff* (Bariton) – *Ford,* Alicens Mann (Bariton) – *Fenton* (Tenor) – *Dr. Cajus* (Tenor) – *Bardolph* (Tenor) – *Pistol* (Baß) – *Mrs. Alice Ford* (Koloratursopran) – *Ännchen,* deren Tochter (Koloratursopran) – *Mrs. Quickly* (Alt) – *Mrs. Meg Page* (Alt) – *Der Wirt* vom „Gasthaus zum Hosenbande" (Stumme Rolle) – *Robin,* Falstaffs Page (Stumme Rolle) – *Ein kleiner Page* Fords (Stumme Rolle).
SCHAUPLÄTZE: Das Innere des Gasthauses „Zum Hosenbande" – Garten mit Baumgruppen, links Fords Haus – Zimmer im Haus Fords mit einem großen Fenster im Hintergrund und einem zusammengeklappten Wandschirm am Kamin – Ein offener Platz vor dem Gasthaus „Zum Hosenbande" – Im Park von Windsor mit der großen Eiche Hernes in der Mitte.
ZEIT: Während der Regierung Heinrich IV. (1399–1413).
DAUER: ca. 2¹/₂ Stunden.

Sir John Falstaff ist, was man heute noch einen verarmten Landadeligen nennt. Ein nicht mehr junger, kaum mehr ansehnlicher, jedoch beileibe nicht vertrotteter Herr, der mit zwei Dienern in einem Gasthaus Quartier aufgeschlagen hat und seine Rechnung nicht bezahlen kann. Dergleichen gibt's noch immer, die Zeiten haben sich noch immer nicht so sehr verändert, ein klingender Titel bedeutet für eine Weile Kredit.
Falstaff selbst allerdings weiß, wie lange der Kredit noch halten und also, daß die Zeit demnächst ausgelaufen sein wird. Er schreibt gleichzeitig an zwei blühende und vor allem in blühenden Verhältnissen lebende Bürgersfrauen von Windsor Billette: Es wird bei etwas Liebe vielleicht auch etwas Unterstützung für ihn abfallen, rechnet er. Und seinen Dienern, die behaupten,

Die letzte Oper Verdis, kein wirklicher Erfolg auf Opernbühnen, ein Stück für Feinschmecker und brillante Musiker – einige Dirigenten hoffen, daß sie sie populär machen können, und tatsächlich kommt sie in neuester Zeit öfter ins Repertoire.

Nach einem (musikalisch) rasend raschen Beginn, bei dem
man einzelne Sätze kaum
mehr versteht, kommt mit
Fallstaffs Monolog über die
Ehre zum ersten Mal etwas
Ruhe in das Stück. Es ist aber
insgesamt doch von großer
Rapidität und ohne Zweifel
als Konversationsoper ge-
dacht.

Sollten im zweiten Bild auf
der Bühne Wackelkontakte
zwischen Frauen- und Män-
nerstimmen entstehen, dann
ist das kein Zufall, sondern
beinahe immer so; Verdi hat
wenige so komplizierte Ensembles geschrieben.

es sei unter ihrer Ehre, dergleichen Briefe auszutragen,
wirft er den Besen nach. Denn seine Philosophie ist
sehr viel einfacher. Von Ehre kann man auf die Dauer
keineswegs leben. Wer wollte ihm da widersprechen?
Nur solche, die einem ehrenhaften Mann zu dienen
wünschen.

Heiratsschwindler, in gewisser Hinsicht hart arbei-
tende Menschen, haben oft Glück. Sir John Falstaff,
zum Schwindler nicht geboren, hat kein Glück. Die
Damen, von denen er sich Zuneigung und Unterstützung erhofft, kennen einander und vertrauen einander
alle Geheimnisse an – also auch Briefe, die ihnen zuge-
steckt werden. Damit ist die Partie für Falstaff von
vornherein verloren, denn selbst unter der Annahme,
daß eine ehrsame Bürgersfrau einmal schwach werden
könnte, bleibt für ihn nichts zu holen – zwei ehrsame
Bürgersfrauen fühlen sich gefoppt und passen aufeinander auf.

Nebstbei: Die eine, Alice Ford, hat eine Tochter Na-
netta, und diese wiederum will einen jungen Burschen
heiraten, ist aber von ihrem Vater einem weniger jungen Dr. Cajus versprochen. Das aber wirklich nur
nebstbei.

Wichtig ist, daß über Sir John Falstaff Unglück hereinbricht. Zuerst einmal, indem eine quicklebendige
Kupplerin Liebesgrüße von beiden Damen überbringt
und für das Rendezvous mit Madame Ford auch schon
einen Termin. Dann, indem Herr Ford selbst erscheint
und erklärt, er sei ein immer wieder abgewiesener
Liebhaber der Frau Ford, er habe von den Fähigkeiten
Falstaffs gehört und denke, wenn dieser – auf seine
Rechnung – die unnahbare Alice Ford bezwinge, dann
habe er auch Chancen.

Wie Ford zu dieser sinnlosen, nur von einem Mann in
der Gemütsverfassung Falstaffs glaubhaft genomme-
nen Geschichte kommt? Die beiden hinausgeworfenen
Diener Falstaffs kennen nur den einen Teil der Geschichte, wissen nur von der Werbung ihres „ehrlo-
sen" Chefs. Und haben Ford erzählt, was diesen immerhin stutzig macht.

Falstaff selbst, der auf dem Weg zu Madame Ford ist,

die dem angeblich schmachtenden Liebhaber gern erzählt, schürt eine sinnlose Eifersucht. Und jetzt braucht man wahrscheinlich nur mehr wenig Phantasie, um sich die folgenden Ereignisse vorzustellen. Sie sind ganz so, wie man sie unter Eifersüchtigen, und seien sie auch seit vielen Jahren verheiratet, kennt. Sie sind kompliziert, schwer zu verstehen – für Außenstehende aber unerhört amüsant zu beobachten.

Das bedeutet: Falstaff wird zwar von den von ihm umworbenen Frauen nicht ernst genommen, jedoch vom eifersüchtigen Herrn Ford als Gefahr angesehen. Wo dieser rasende italienische Ehemann Rache für eine mögliche Verletzung seiner Ehe nehmen will, dort revanchiert sich Frau Ford samt ihren Mitverschwörerinnen an Falstaff und Ford zugleich. Den Ehemann lassen sie durch's Haus toben, den chancenlosen Liebhaber in einem Korb in die Themse werfen – hätte er nur einer der reichen Bürgersfrauen geschrieben, wäre er nur schlau und nicht überschlau gewesen, vielleicht hätte er sogar Glück gehabt.

So aber hat er Pech, nichts als Pech. Denn auch die weiteren Akteure verbinden sich zu einer häßlichen Intrige gegen ihn, er wird zu einem Redezvous in den Park bestellt, er wird um Mitternacht von Kobolden, die sich beinahe zu spät als die Einwohner Windsors entpuppen, geplagt. Er wird geschlagen und verspottet. Aber: Er ist ein Edelmann, und als solcher findet er, ohne etwas dafür zu können, zuletzt noch eine Pointe, die sich nicht einmal gegen ihn richtet. Im Eifer, Falstaff ein für allemal zu schrecken, vergißt Herr Ford, der Bürger, ganz auf die Angelegenheiten der nächsten Generation, er hat sie ganz kurz nicht unter Kontrolle – und plötzlich hat seine Tochter den Ehemann, den sie sich gewünscht, und nicht den, den ihr Vater ihr zugedacht hat. Und Falstaff merkt das und kann wieder lachen. Sein Mißgeschick ist vorüber. Eine soeben geschlossene Ehe aber, die bleibt. Daß Sir John Falstaff außerdem immer lachen wird, dafür garantiert sein Adel. Wer auch nur eine Nuance über den Dingen steht, der findet zuletzt alles, inklusive sich selbst, nicht so todernst, wie es aussieht.

Von Rechts wegen müßte Alice Ford die beste Partie sein, doch Verdi schreibt eine komische Oper, deshalb ist die Kupplerin im Mittelpunkt.

Wie sehr der Komponist seinen Falstaff liebt, ersieht man aus der Behandlung: Da ist eine wunderschöne Arie, da ist das große Auftreten im letzten Bild, da ist die absolute Führung in der Schlußfuge, der einzigen, die Verdi je in einer Oper komponierte. Alles gehört Falstaff, neben dem die anderen zu Stichwortbringern werden.

Die große Gefahr bei Aufführungen: Man hat die jungen Verliebten selten in idealer Besetzung, vor allem zumeist einen nur schwachen Tenor. Und die Dirigenten, die ja bei „Falstaff" immer als erste engagiert werden, befassen sich immer zu spät damit, wer den Fenton singt...

Ein Mißverständnis, von Verdi provoziert: Die Schlußfuge wird von Interpreten und Publikum als heiterer Kehraus gesungen und gehört. Man vergißt zumeist auf das Höllengelächter, das Verdi im Orchester anstimmt. Er lacht über alle.

Immer wieder – und daher auch gleich zu Beginn – das Verdi-Prinzip des Kontrapunktes: Zu einer bedrohlichen Situation ein scheinbar munterer Chor, eine auf Anhieb populäre Arie, ein Kostüm über der Tragödie.

RICHARD WAGNER

Der fliegende Holländer

Romantische Oper in drei Aufzügen. Dichtung vom Komponisten.

URAUFFÜHRUNG: Dresden, 1843.

SOLISTEN: *Daland,* ein norwegischer Seefahrer (Baß) – *Senta,* seine Tochter (Sopran) – *Erik,* ein Jäger (Tenor) – *Mary,* Sentas Amme (Alt) – *Der Steuermann* Dalands (Tenor) – *Der Holländer* (Bariton). Matrosen des Norwegers, die Mannschaft des fliegenden Holländers, Mädchen.

ORT: Die norwegische Küste.

SCHAUPLÄTZE: Steiles Felsenufer mit dem Schiff Dalands – Ein geräumiges Zimmer im Haus Dalands mit Abbildungen von Seegegenständen, Karten usw.; an der Wand das Bild eines bleichen Mannes mit dunklem Bart und in schwarzer Kleidung – Seebucht mit felsigem Gestade, das Haus Dalands zur Seite im Vordergrund.

DAUER: ca. 2¹/₂ Stunden.

Diese Oper ist ursprünglich als ein Werk in einem einzigen Akt komponiert worden und wird mitunter jetzt noch in dieser Form aufgeführt, geringfügige musikalische Manipulationen genügen. Und tatsächlich wird es noch intensiver und großartiger, wenn man es „in einem Guß" sieht.

Eine Choroper? Gewiß nicht, aber die Herren und die Damen haben doch ihre besonders hervorragenden Momente in jedem der drei Akte – und genießen das auch.

Von Zeit zu Zeit materialisieren sich legendäre Figuren, um uns ihre Existenz zu beweisen. Und verschwinden wieder, wenn sie wenigstens einigen Menschen diesen Nachweis geliefert haben. So könnte man wenigstens erklären, warum man plötzlich unter den absonderlichsten Umständen jemanden kennengelernt hat und glaubt, das sei der ewige Jude, der rastlos wandernde – und da er bald wieder ganz und gar aus der Bekanntschaft verschwindet, kann man sich ruhigen Gewissens einreden, es sei tatsächlich der ewige Jude gewesen. In Wahrheit war es vielleicht ein interessanter, nervöser Geschäftsreisender, der seine Route wieder geändert hat.

An der norwegischen Küste im Sturm. Ein Segelschiff samt Mannschaft hat er nur sieben Meilen vom Heimathafen gezwungen, in einer Bucht vor Anker zu gehen und abzuwarten, bis dieses ungünstige Wetter vorüber ist. Die Bucht heißt Sandwike, falls jemand es

208

genau wissen will. Und der Kapitän des Schiffes Daland.

Seeleute sind gewohnt, eine Ruhepause zu nützen. Sie können immer schlafen, wenn man ihnen Gelegenheit dazu gibt. Sie tun's, und der Steuermann, der pro forma Wache halten soll, tut's ihnen nach.

Da kommt noch ein Schiff in die Bucht. Groß, gespenstisch, bei der Einfahrt sieht man niemanden an Bord. Um Unwahrscheinliches so zu erzählen, als sei es immerhin möglich: Der Kapitän dieses zweiten Schiffes behauptet von sich, der fliegende Holländer zu sein. Er ist mit einem Fluch beladen, ohne Heimathafen über's Meer zu fahren, alle sieben Jahre an Land zu gehen, ein Mädchen auf seine Treue zu prüfen – und enttäuscht, weil es kein treues Mädchen gibt, wieder in See stechen zu müssen. Kann sein, daß ihn nichts anderes als Unrast erfüllt und er deshalb auch keine treue Frau findet. Kann sein, daß er ein zu wilder, verwegener Kapitän ist und sich einbildet, der aus jeder Seemannssage berüchtigte fliegende Holländer zu sein. Kann sein, daß er die ausnahmsweise und für diesmal materialisierte Sage in Person ist.

Immerhin, er ist aus Fleisch und Blut, er kann sich mit dem Kapitän des anderen Schiffs unterhalten. Er kann diesem zeigen, daß er ein reicher Kapitän ist und, sofern man ihn richtig einlädt, bereit, um eine Frau zu werben. Daland hat eine Tochter und ist raffgierig. Er braucht sehr wenige, fatal wenige Sekunden, um dem gerade noch fremden Mann die Hand seiner eigenen Tochter zu versprechen. Seine Seemannsnase verspürt jedenfalls nichts von Gespensterhauch. Sie riecht aber das Gold im Bauch des anderen Schiffes.

Zweifellos ist Daland alles andere als eine feinfühlige Seele. Sonst wüßte er, daß seine Tochter, einsam aufwachsend, zur Sorte der wunderschönen, aber hysterischen Mädchen zählt. Sie ist die reichste am Platz, sie ist verwöhnt, vor allem aber ist sie von der Sage des fliegenden Holländers, der auf der Suche nach Treue ist, fasziniert. Seit Jahren schon.

Daß sie einen Verlobten hat, der Jäger ist und also aus einer ganz anderen, den Seeleuten fremden Welt

Man sollte sich beim Auftrittslied des Holländers daran erinnern, daß Wagner selbst vom Darsteller verlangte, er solle erst in der letzten Phase dieses Monologs mit ganzer Leidenschaft singen und spielen – vorher ist also Zurückhaltung geboten und auch Vorsicht, denn der sehr lange Monolog endet mit einem hohen E, das ein Baß nicht immer leicht singen kann.

Der Übergang vom Herrenchor zum Chor der Spinnerinnen, das wäre also die im originalen Zustand einleuchtende Überleitung zur großen Ballade der Senta.

Die Ballade der Senta war das erste, was Wagner für diese Oper komponierte, man kann es auch die Keimzelle des Werkes nennen, denn die meisten wesentlichen Motive finden sich in ihr – und aus einem schwer zu bezeichnenden Grund ist sie auch dort schwierig zu singen, wo Wagner keine extremen Spitzentöne setzt.

Die Partie des Erik gehört einem schweren Tenor und ist sehr oft „unterbesetzt". Kunststück, er hat eine einzige große Erzählung, und auch die ist weggewischt, wenn Senta auf ein falsches G rutscht, und eine unendlich lange Fermate signalisiert, daß die Tür aufgeflogen und der Holländer sichtbar ist. Ein Wagner-Tenor als Kümmerer, das geht nicht gut.

Ganz selten ist das auf der Opernbühne ohne Krampf gelungen: Ein Paukensolo ist als Herzschlag der Senta und unerhörte Einleitung zur nächsten Szene komponiert. Das Paukensolo aber ist nur eine Serie von Schlägen auf einem Ton...

Da ist also der dritte große Moment des Chores und zumeist Glanzpunkt der Aufführung, denn hier müssen Zusatzchor und Verstärkung heran und müssen wenigstens zwei ganze Chöre simulieren.

kommt, ist bezeichnend für sie. Sie hat sich einen jüngeren Mann ausgesucht, weil das so üblich ist. Aber sie findet diesen jungen Mann ganz und gar nicht wichtig. Er heißt Erik.

Die Mädchen sitzen beisammen und machen Hausarbeit, die spinnen Leinen. Senta aber singt die Ballade vom fliegenden Holländer, dem armen Seemann, der kein treues Weib findet und daher ruhelos über die Weltmeere segelt. Käme er zur Tür herein, sie würde sein treues Weib werden.

Zur Tür aber kommt nicht der fliegende Holländer, sondern Erik herein, der die Ankunft des Schiffes angekündigt und Senta bittet, nicht mehr an einen fliegenden Holländer, ein Gespenst, sondern an ihn, ihren Bräutigam, zu denken. Sein Anruf bringt Senta für Minuten in die Wirklichkeit zurück; sie spottet ihn sogar aus und meint, er könne doch auf ein Bild, auf eine Vision nicht eifersüchtig sein.

Gleich darauf aber ist diese Wirklichkeit für Senta wieder vorüber. Denn ihr Vater bringt einen Seemann mit, der wie der fliegende Holländer aussieht, der abenteuerlich und unheimlich wirkt – und von dem ihr außerdem gesagt wird, sie könne ihn heiraten, wenn sie nur einverstanden wäre. Und das, nachdem sie gerade noch die bewußte Ballade gesungen hat und sogar ihr Verlobter vom fliegenden Holländer sprach.

Senta ist das alles zuviel. Sie weiß jetzt, daß die Sagengestalt wirklich vor ihr steht, daß sie ausersehen ist, in dieser Sage mitzuspielen, daß sie Treue bis in den Tod schwören muß.

Sie tut's. Für den Vater bedeutet es ganz einfach, daß er einen reichen Schwiegersohn erhält. Für Senta ist es die Rechtfertigung aller ihrer Träume, die sie seit ihren Kindertagen hatte.

Wenn Seeleute nach einer langen Fahrt heimkommen, wird gefeiert. Wenn die Tochter des Kapitäns sich mit einem anderen Kapitän verlobt, wird selbstverständlich lauter gefeiert als sonst. Also ist's vor dem Haus des Kapitäns Daland sehr laut. Wundert es da irgendwen, wenn das fremde Schiff nebenan, das Schiff, das dem Bräutigam gehört, auffällt: Man sieht weder die Matrosen noch irgendeine Bewegung, es ist diszipliniert und unheimlich still – erst auf sehr laute Spottgesänge kommen die Burschen an Bord und über die Landungsstege an Land und geben sich verwegen und wild; man hat den Eindruck, sie führen sich ganz so auf, wie man es von ihnen erwartet; sie spielen gespenstisch echt Geister.

Dann wird es endlich Nacht. Nur Erik ist noch wach und versucht Senta daran zu erinnern, daß er ja ihr Verlobter ist und nicht dieser fremde Mann, von dem sie nichts weiter wissen kann als daß er ein Schiff hat und unheimlich still ist. Erik hat ältere Rechte, meint er, und ruft sie Senta dringend ins Gedächtnis. Hat sie nicht ihm Treue geschworen? Wie kann sie da einem anderen auch Treue schwören? Ein einfacher Jäger begreift nicht, daß eine Frau zweimal dieselben Worte sagen und sie auch beim zweiten Mal aufrichtig meinen kann.

Der fremde Kapitän hat zugehört. Er begreift rascher. Er hat in die älteren Rechte eines Mannes eingegriffen. Er ist erst angekommen, er kann wieder abreisen. Senta hat vorläufig nichts getan, was sie wirklich an ihn bindet. Sie hat nur unter dem Eindruck der ersten Begegnung behauptet, sie würde seine Frau werden. Auf und davon, schreit der fremde Kapitän, dem man soeben wieder bewiesen hat, daß Frauen nicht wirklich treu sind. Auf's Meer, ich werde wieder sieben Jahre nicht an Land gehen, denn ich bin der fliegende Holländer. Ich bin der Schrecken aller Meere und aller christlichen Seefahrer. Er schreit laut und ist sicher, die Wahrheit zu sagen.

Auch Senta ist jetzt sicher. Es war keine Sage, keine Sagengestalt. Sie war nicht irgendwo in einem Traum, sondern in der Wirklichkeit. In der hat sie versagt. In ihrer Aufregung darüber weiß sie nur einen Ausweg. Sie hat Treue bis in den Tod geschworen, weil das auch in der Ballade so gefordert wird. Sie stürzt sich ins Meer. Treu bis in den Tod. Das Schiff des fremden Kapitäns geht unter. Entweder hat der Steuermann versagt, und eine der gefährlichen Klippen ist schuld. Oder der fliegende Holländer war wirklich der flie-

Erstaunlich, was noch relativ viel Zeit zum Erzählen braucht, das ist in wenigen Minuten in der Oper vorüber. Wenn ein Komponist will, dann werden die Vorgänge unerhört vorangetrieben.

Man höre einmal, wie relativ einfach Wagner noch komponiert – die Streicher tremolieren, wenn er sich als Holländer zu erkennen gibt, und das hymnische Finale besteht noch einmal aus Blechbläsern, die das Motiv des fliegenden Holländers hervorstoßen – Geigenfirlanden aber bedeuten, daß dieser jetzt erlöst ist. Und die Harfe fehlt nicht...

gende Holländer und hat Ruhe gefunden, weil sich endlich eine Frau für ihn geopfert hat.

Diejenigen, die am Ufer gesehen haben, daß die Tochter ihres Kapitäns sich ins Meer stürzte und das Schiff des fremden, wortkargen Mannes gleich darauf sank, werden auf Ewigkeit schwören, der sei der fliegende Holländer gewesen.

RICHARD WAGNER

Tannhäuser und der Sängerkrieg auf Wartburg

Romantische Oper in drei Aufzügen. Dichtung vom Komponisten.

URAUFFÜHRUNG: Dresden 1845.
SOLISTEN: *Hermann*, Landgraf von Thüringen (Baß) – *Tannhäuser* (Tenor), *Wolfram von Eschenbach* (Bariton), *Walther von der Vogelweide* (Tenor), *Biterolf* (Baß), *Heinrich der Schreiber* (Tenor), *Reimar von Zweter* (Baß), Ritter und Sänger – *Elisabeth*, Nichte des Landgrafen (Sopran) – *Venus* (Sopran) – *Ein junger Hirt* (Sopran) – *Vier Edelknaben* (Sopran und Alt).
SCHAUPLÄTZE: Das Innere des Hörselberges bei Eisenach – Tal vor der Wartburg – Auf der Wartburg – Tal vor der Wartburg.
ZEIT: Am Anfang des 13. Jahrhunderts.
DAUER: ca. 2 ½ Stunden.

Auch hier darf ich auf den Untertitel hinweisen, der noch von „Oper" spricht, und nebstbei daran erinnern, daß Wagner für diese Oper zwei verschiedene Fassungen vom Bacchanale komponiert hat – das ausführlichere als Konzession an den Pariser Geschmack; was eigentlich

Die bittersüße Geschichte von einem revolutionären Sänger, einer in ihn verliebten jungen Frau und einem ordentlichen Freund, der selbst auch geliebt sein möchte, spielt zu einer Zeit, in der nur die Bräuche andere waren als heute, die Menschen aber, weil sie Menschen waren, ganz so reagierten, wie man das auch heute täte, heute sogar manchmal tut. Wieder kann jedermann sich Beispiele aus dem reichen Fundus an Be-

gebenheiten im Bekanntenkreis oder im Kreis der bekannten Barden und Popsänger in Erinnerung rufen.
Die wesentlichsten Bräuche, gesellschaftliche Regeln,
die man einzuhalten hat, noch einmal in Erinnerung
gerufen: Es gibt tugendsame Frauen, die das Ziel ihres
Lebens darin zu sehen haben, einen Mann in der Ehe
glücklich zu machen. Und es gibt ehrsame Männer, die
Heldentaten – was immer man darunter verstehen will
– zu vollbringen haben, die aber gleichfalls nach einem
Ehrenkodex leben müssen. Sie müssen sich der oben
erwähnten tugendsamen Frauen würdig erweisen. Eine
sehr geordnete Gesellschaft wacht darüber, daß Ver-
stöße gegen diese Regeln nicht bekannt werden oder
aber den Ausschluß aus der Gesellschaft zur Folge haben – wer sündigt (und was die Kirche unter Sünde
versteht, das ist auch in den Augen der weltlichen
Macht gräßlich), muß büßen.

Tannhäuser, ein Ritter, der wie alle anderen Ritter auch
zu eigenen Weisen Lieder singt, so ist es Sitte und ein
kluges Gegengewicht gegen die weniger lyrischen Taten, die ein Ritter untertags auf der Jagd oder einem
Beutezug hinter sich bringt – Tannhäuser ist ein Revolutionär. Er huldigt, obgleich als Kämpfer wie als Sänger sehr angesehen, der freien, wilden Liebe. Er ist leidenschaftlicher als die anderen, er verletzt Tabus, er
überschreitet alle von den gesellschaftlichen Gesetzen
vorgegebenen Grenzen. Er liebt „Frau Venus" selbst.
Am besten übersetzt man das wohl damit, daß er sich
einer außerordentlich verrufenen Frau widmet, daß er
nicht tugendsam um ein ordentliches Mädchen wirbt,
sondern mit seiner ganzen Kraft die Freude an der Seite
einer Frau erlebt, die die personifizierte Erotik zu sein
scheint.

Freilich, auch ihr singt er seine Minnelieder vor, und
auch sie hat ihr Vergnügen dran. Sie ist allerdings mit
Liedern allein nicht zufriedenzustellen, sondern will
immer wieder und immer mehr Liebe. Und will sehr
viel mehr Liebe, als ein einzelner Mann, auch der lei-
denschaftlichste, geben kann. Weshalb Tannhäuser,
der auf ganz verständliche, im Detail gewiß begreifli-
che Weise, müde wird und in die Lieder, die er singt,

beinahe undenkbar ist, doch
auch bei Wagner gibt's Kon-
zessionen.

Die szenischen Anmerkungen
zu dieser ersten Begegnung
Wagners mit dem großen Ballett lesen sich seltsam und sind
heute kaum noch ernsthaft zu
realisieren. Man hat allerdings
in neuerer Zeit auch wieder
seinen sehr seltsamen Ge-
schmack, und was die Orgien
rund um Frau Venus anlangt,
hat sogar Bayreuth schon sehr
komische „Einlagen" geliefert.

213

wieder Sehnsucht nach der anderen Welt einfließen läßt – nach der, in der ein Mann zwar eine Frau lieben darf, jedoch von dieser beinahe nie vergewaltigt wird. Der seltsame Zweikampf ist außerordentlich spannend: Die leidenschaftlich und mit allem Raffinement verführende Frau verliert bei Tannhäuser an Faszination, ein vorläufig keusches Mädchen, das die Tricks dieser Frau nie erfahren wird, erscheint ihm geradezu als Verlockung. Er ruft, mit aller Kraft, nach dieser anderen Welt und bringt es tatsächlich zuwege, sich von der Sünde zu trennen.

Die Freunde, die anderen Ritter, der Landgraf von Thüringen, Vater der keuschen Elisabeth, nehmen Tannhäuser wieder in ihren Kreis auf. Sie wissen nicht, was er getrieben hat. Er war immer etwas unstet, vielleicht hat er sich nur zurückgezogen, um zu dichten. Tannhäuser hütet sich, von der Frau zu erzählen, mit der er alle Freuden eines verbotenen Liebeslebens durchtobt hat.

Der Landgraf, ein guter Vater und ehrsamer Hüter der Gesetze, veranstaltet ein Sängerfest. Eine große gesellschaftliche Veranstaltung; vor unzähligen Gästen – und vor seiner Tochter – sollen die Ritter gegeneinander antreten. Ein Wettbewerb, er hat seine allgemein bekannten Regeln und gilt als besonders aufregend, wenn er auf der Wartburg stattfindet, dort ist die Zahl der Konkurrenten besonders groß und das Niveau der Darbietungen von vornherein gesichert. Ob es angekündigt ist oder nicht, die unvermählte Tochter des Landesherrn ist der wahre Anreiz für alle, zu singen und zu siegen. Anderswo sind die Preise weniger ansehnlich.

Elisabeth, die Tannhäuser liebt, hat alle Konkurrenzen ausgelassen, seit er nicht mehr in den Wettbewerben auftrat. Jetzt ist er wieder da, jetzt ist auch sie wieder voll Interesse, jetzt ist die Aussicht gegeben, daß eine Entscheidung fällt. Tannhäuser wird den ersten Preis gewinnen und endlich um ihre Hand anhalten.

Das Thema der Konkurrenz heißt daher auch „Die Liebe", und die ritterlichen Streiter und das Publikum

Der Hirte, der sofort nach dem Szenenwechsel singt, ist wieder eine von den Partien, in denen eine junge Sängerin auf sich aufmerksam machen kann. Sie muß mit ihrer Stimme allein und ganz ohne Tricks den Eindruck größter Reinheit erwecken. Laut Cosima Wagner war es dem Komponisten wichtig, zum Finale des 1. Aktes „viel positives Volk" auf der Bühne zu haben.

Die berühmte Hallen-Arie, Auftrittslied der großen Wagner-Sängerinnen, ist strahlend und schmetternd zugleich. Man versteht beinahe, daß diese von großem Orchester getragene Arie zumeist von einer eher voluminösen Stimme gesungen wird.

wissen ganz genau, warum der Landgraf dieses Thema gestellt hat und was auf dem Spiel steht.

Wolfram von Eschenbach singt als erster, mit Anmut und mit großem Ernst, ein schönes, preiswürdiges Lied. Tannhäuser entgegnet rasch, die von Wolfram besungene Liebe gäbe es, allerdings sei sie leidenschaftlicher zu genießen, als man das gehört hat. Walther von der Vogelweide folgt mit einem Lied auf die Tugend, das den von ganz und gar tugendhafter Liebe erfüllten Tannhäuser zu einer schärferen Replik verleitet; ein dritter Konkurrent, Herr Biterolf, dröhnt endlich ziemlich tapfer über die einzig preiswürdige Liebe, die sich in Frauenehr' und Tugend und Schwertkampf um diese allein beweist. Tannhäuser aber kann diese seriösen Gesänge nicht mehr ertragen, sondern beginnt von dem zu singen, was er als Liebe kennengelernt hat. Von der nervenzerfetzenden, herrlichen, sündenreichen Liebe bei der gewissen verrufenen Frau.

Damit stellt er sich zwar außerhalb aller Regeln und gibt sich selbst der Ächtung preis, doch gleichzeitig hat er auch in allen seinen Zuhörern Spannung erzeugt. Ein Schiedsgericht müßte ihm wahrscheinlich den ersten Preis geben. Das Gegenteil geschieht selbstverständlich, die Konkurrenten greifen ohne Bedenken zum Schwert und wollen den, der gegen ihre Gesetze verstoßen hat, erschlagen. Elisabeth rettet ihn. Auch sie müßte eigentlich seinen Tod fordern, denn er hat ja öffentlich zugegeben, daß er nicht Tag und Nacht von ihr geträumt, sondern Tag und Nacht mit einer anderen Liebe getrieben hat. Elisabeth rettet ihn aber, weil sie spürt und weiß, daß ein Mann von so großer Leidenschaft sich über jedes Gesetz wagen müßte.

Es gibt für Tannhäuser nur eine Chance, nicht zu sterben und sich die Achtung der Gesellschaft zurückzugewinnen: Er muß als Pilger nach Rom. Diese Chance zeigt ihm Elisabeth, diesen Ausweg begreifen alle. Tannhäuser hat die Verzeihung des Papstes zu erbitten. Elisabeth liebt Tannhäuser, von dem man lange nichts mehr gehört hat. Wolfram von Eschenbach, der Tannhäusers Freund war, aber auch Elisabeth liebt, ist zu vornehm, um die Gelegenheit zu nützen. Er wartet mit

Der Chor zum Einzug der Gäste auf der Wartburg ist herrlich zu singen – und keinem Regisseur fällt ein, was die Chorsänger während dieser Zeit „tun" sollen. Wieland Wagner marterte sie besonders, er ließ sie stundenlang stehen.

Nicht erst vor dem berühmten dritten Akt und dem Pilgerchor ist diese Oper von den Geigern im Orchester ungeliebt – sie haben unendlich viel zu spielen und kommen doch kaum zu Wort, sie sind immer nur Floskel rund um das „Fleisch".

215

Das Lied an den Abendstern, durchaus allgemein bekannt, ist zugleich eine der sichersten Nummern, die sich ein Bariton wünschen kann. Nicht schwer zu singen und immer fromm umjubelt.

Bei der Rom-Erzählung erkennt man den heldischen Wagner-Tenor. Sie ist so lang und erschöpfend, daß nur die Besten ohne Ermüdungserscheinungen zum Ende kommen. Und noch die notwendige Reserve für das Finale haben.

ihr und singt und hofft vielleicht, daß die Zeit Wunden heilt und er das einfachere Glück finden wird, wenn man erfährt, was der Heilige Vater in Rom für ein Urteil über Tannhäuser, den Rebellen, gesprochen hat. Sie müssen lange warten, die Pilger sind aus Rom zurück, Tannhäuser ist nicht mit ihnen gekommen. Vom Urteil weiß man immer noch nichts. Elisabeth betet, Wolfram richtet sich auf eine lange Wartezeit ein. Da kommt, allein und durchaus ungeläutert, Tannhäuser. Man hat ihm nicht verziehen. Der Heilige Vater hat ihm einen trockenen Hirtenstab gezeigt und gesagt, wenn dieser noch einmal grüne Blätter trüge, dann gäbe es eine Chance für ihn. Tannhäuser hat begriffen, was das Urteil sagen will: Er ist ausgestoßen aus der Gemeinschaft. Seine Reaktion ist so verständlich wie leidenschaftlich. Er meint, wenn er mit seiner ganzen Person bereit war zu bereuen und sich wieder den Gesetzen zu fügen, und wenn diese ihn nicht anders als mit lebenslanger Ächtung strafen, dann will er von ihnen nichts mehr wissen. Dann will er sündigen. Und zwar so lange und so intensiv, bis seine ganze Reue vergessen ist. Also zurück zu der verrufenen Frau, zurück – mit vollem Bewußtsein – in die Sünde.
Wolfram, wahrlich ein Freund, ringt um die Seele dieses Sünders. Er meint, es sei kein Ausweg, sich vor einem Urteil in das eigene Verderben zu stürzen. Tannhäuser weiß, daß Wolfram von etwas spricht, von dem er keine Ahnung hat. Er wäre von Wolfram von Eschenbach nicht abzuhalten. Der aber hat noch ein Argument vorzubringen: Elisabeth hat für Tannhäuser gebetet, hat wider alle Gesetze Tannhäuser verziehen und ist in diesem seltenen Zustand der großmütigen, reinen Liebe gestorben. Das gibt den Ausschlag. Tannhäuser, der einen Menschen kennt, der ihm verziehen hat, weiß, daß das vollauf genügt. Heilige Elisabeth, bitte für mich, kann er noch hervorstoßen, bevor er – kraftlos geworden – stirbt. Der Rebell hat nicht aufgegeben, er ist sozusagen aufrecht gestorben. Auf der Welt bleibt nur der milde Beobachter Wolfram von Eschenbach, der nicht sehr viel gewagt hat und drum weiterleben kann.

Richard Wagner

Lohengrin

Romantische Oper in drei Aufzügen. Dichtung vom Komponisten.

Uraufführung: Weimar, 1850.
Solisten: *Heinrich der Vogler,* deutscher König (Baß) – *Lohengrin* (Tenor) – *Elsa von Brabant* (Sopran) – *Friedrich von Telramund,* brabantischer Graf (Bariton) – *Ortrud,* seine Gemahlin (Sopran) – *Der Heerrufer* des Königs (Bariton) – *Vier brabantische Edle* (2 Tenöre, 2 Bässe) – *Vier Edelknaben* (2 Sopran, 2 Alt) – *Herzog Gottfried,* Elsas Bruder (Stumme Rolle).
Schauplätze: Eine Aue am Ufer der Schelde bei Antwerpen – Die Burg von Antwerpen – Das Brautgemach – Aue am Ufer der Schelde.
Zeit: Erste Hälfte des 10. Jahrhunderts.
Dauer: ca. 4 Stunden.

Diese Geschichte, obgleich in ihr ein verzauberter Schwan eine sehr wesentliche Person darstellt, ist unerhört realistisch, ja sogar genau in eine historische Epoche Europas einzuordnen – und wenn man will, ein politisches Drama genau so wie die Erzählung von einer großen, unglücklichen Liebe.
Nur mit bewußtem Schwan werden wir ein wenig Schwierigkeiten haben. Einigen wir uns wieder einmal darauf, daß es bei sehr großen Ereignissen immer auch Übertreibungen und Simplifizierungen gibt, die entweder von klugen Erzählern erfunden werden, um die Ereignisse dem einfacheren Menschen klarzumachen, oder – auch das kommt vor – die aus der Masse der einfacheren Menschen wie ein Volkslied erfunden werden? Zu den Übertreibungen, den Vereinfachungen, den Symbolen wollen wir den Schwan rechnen und so tun, als wüßten wir schon, wofür er zu stehen hat.
In Brabant, einem so reichen wie eigenständigen Land, das Handel betreibt und zugleich immer auch wehrhaft sein muß, ist der Herzog gestorben. Er hat seine beiden Kinder dem Grafen Friedrich von Telramund in

Diese Oper ist „bekanntlich" beinahe ausschließlich im Vierviertakt durchkomponiert – eine große Seltenheit, die allerdings auch eine große Kunstfertigkeit verlangt. Richard Strauss hat das neidisch betont. Ein überdurchschnittliches Opernorchester erkennt man in den ersten Takten des Vorspiels. Die vielfach geteilten Geigen müssen unendlich viele Nuancen haben, dürfen nicht flach klingen, müssen „interessant" sein. Der Autor darf ausnahmsweise Patriot sein – die Wiener Philharmoniker spielen das unnachahmlich.

Obhut überlassen; die ältere Tochter Elsa sollte Telramund heiraten, dem jüngeren Sohn Gottfried sollte der die Herrschaft bewahren. Da Telramund ein ehrenwerter Mann ist, wäre alles in guter Ordnung. Aber.

Das „Aber" ist Ortrud, eine ehrgeizige Person, heidnischen Ursprungs sozusagen und gewillt, Brabant unter ihre Fuchtel zu bekommen. Als Nachfahrin der Friesenfürstin ist sie in der Lage, Telramund zu erklären, sie habe gesehen, daß Elsa ihren Bruder Gottfried getötet habe – und sie sei bereit, an seiner Seite zu bleiben, selbst ihn zu heiraten und mit ihm für die Herrschaft im Land zu sorgen. Daß in Wahrheit sie versucht hat, Gottfried beiseite zu schaffen, verschweigt die wilde Frau. Ihr genügt, daß der Graf von Telramund ihr glaubt, auf die Hand von Elsa verzichtet, sie heiratet und versucht, vom deutschen König die Herrschaft über Brabant zugesprochen zu erhalten.

Man beobachte, wie lange Ortrud auf der Bühne ist, ohne zu singen. Sie kreist um das Geschehen und bestimmt es, aber sie muß dazu nicht einmal den Mund auftun. Ein hübscher Trick des Komponisten ...

Heinrich der Vogler (uns wohlbekannt aus einer Ballade Friedrich Löwes „Herr Heinrich sitzt am Vogelherd ...") hat Schwierigkeiten. Er befürchtet einen Einbruch der Ungarn und natürlich auch der hinter diesen lauernden Hunnen in Deutschland und muß von Gau zu Gau reisen, um sein Heer aufzustellen. Er ist gewählter König und hat selbst keine Streitmacht, er muß sich die Männer erst durch Eid verpflichten.

In Brabant trifft er somit als eine Art königliche Marketenderin und Heerwerber ein und ruft das Volk auf, der guten Sache Soldaten zur Verfügung zu stellen. Friedrich von Telramund, er spricht für die Brabanter, ist sofort zur Stelle und erbittet nur eine Art Formalität: Der König möge vorerst einmal feststellen, daß Elsa von Brabant ihren Bruder ermordet, somit keineswegs noch als Tochter ihres einst herrschenden Vaters Anrechte habe – und daß er, Friedrich von Telramund, nicht mehr Graf, sondern Herzog von Brabant sei.

Der König wäre einverstanden, gäbe es da nicht dieses wunderschöne Mädchen, das einen großen Namen trägt und auf das Volk auch Eindruck macht und vor ihm erklärt, sein Bruder sei „arm". Nicht tot, beileibe nicht gemordet.

Diese Situation zwingt Heinrich den Vogler, ein Gericht abzuhalten, zu erklären, ob Elsa von Brabant schuldig sei. Und da es nun keineswegs eine Verhandlung mit Zeugen und Indizien geben kann, gibt es nur die anscheinend grausame Form des Gottesgerichts: Kläger und Beklagte müssen gegeneinander mit dem Schwert kämpfen; wer gewinnt, hat damit den Wahrheitsbeweis erbracht. Für Elsa muß ein Stellvertreter kämpfen, selbstverständlich.

Ritter, die Zeuge der Auseinandersetzung sind, hören es; Elsa will diese Art von Gerichtsbarkeit anerkennen, sie will noch mehr, sie will dem für sie Kämpfenden ihr Leben, ihr Vermögen anbieten. Und sie ist ganz gewiß, daß es einen solchen Ritter geben wird und daß dieser einen Zweikampf gegen den gewaltigen Telramund besteht.

Allerdings findet sich der Ritter nicht in den Reihen der Edlen von Brabant; nach mehrmaliger Aufforderung ist der König bereits daran, Telramund zum Sieger zu erklären, da sich kein Gegner bereitstellt. Da geschieht, was wir ein Wunder nennen. Ein völlig unbekannter Ritter erscheint, ein Schwan zieht ihn in einem Kahn die Schelde herauf – das ist endlich der unmögliche Schwan, so unglaublich wie die Tatsache, daß sich in einem aussichtslosen Kampf ein Mann findet, der für Elsa sein Leben wagt.

Der Ritter aber tut es, er stellt eine einzige Bedingung, daß Elsa nicht nach seinem Namen fragt, er streckt Telramund ohne Mühe nieder, er ist der Held des Tages. Sollen wir schon wissen, wer er ist und woher er kommt? Elsa hat versprochen, ihn nicht zu fragen. Es ist ein schöner, junger, tapferer, siegreicher Mann. Heinrich der Vogler, der alles gesehen und gehört hat, weiß so ungefähr, wer dieser junge Ritter ist, und er ist insgeheim glücklich, daß gerade der jetzt auch der Herzog von Brabant sein wird.

Telramund, immerhin kein Feigling und kein Lügner, will aufgeben. Er hat verloren, er hat in einer Sache verloren, an die er geglaubt hat. Er will nichts wie weg aus Brabant. Aber da ist Ortrud, die ihn hält. Sie behauptet, der unbekannte Held hätte nicht fair ge-

Chor auf Chor, und zwischendurch die sehr rituellen Erklärungen der diversen Kämpen – man wartet lange auf Elsa, man wartet lang auf Lohengrin – erstaunlicherweise aber wird Opernbesuchern dabei längst nicht so fad wie Orchestermusikern. (Siehe folgende Marginalie.)

kämpft, er sei eine Art Zauberer, er wäre sofort über-
windbar, wenn man ihn auch nur einmal mit dem
Schwert ritze, er müßte eigentlich schon aufgeben,
wenn Elsa ihn nach seiner Herkunft befragt – dann
müßte er nämlich zugeben, daß es bei ihm nicht mit
rechten Dingen zugehe. Telramund, sonst ein ehrenwerter Mann und gewiß nicht blöde, will das glauben.
Er will ja glauben, daß er nicht von einem Ritter, sondern von einem Zauber überwältigt wurde. Er ist deshalb auch bereit zu bleiben und zu sehen, wie Ortrud
sich bei Elsa einschleicht, um diese zu der wichtigen
Frage zu bewegen. Unter normalen Umständen würde
Telramund sein Weib erschlagen und in die Welt ziehen, aber er hat ja vor aller Welt einen Zweikampf und
seine Ehre verloren, und das wirft den ehrenwertesten
Mann um.

Ortrud kann, was sie will. Sie muß die glückliche Elsa
nur kurz anweinen, schließlich ist sie jetzt eine totale
Verliererin, und Elsa hat einen Mann und ganz Brabant
zu ihren Füßen: Sie, Elsa, will sofort, daß eine Unglückliche an ihrem Glück teilnimmt. Natürlich auch,
weil sie jetzt obenan steht und nicht mehr das arme,
verlassene Kind ist. Auch die besten Frauen haben ihre
Eitelkeit, bei der man sie packen kann.

Und dazu gibt es Gelegenheit genug. Der unbekannte
Ritter hat die Herrschaft über Brabant vom König angenommen, will aber nicht mit einem Namen und
nicht als Herzog, sondern als Schützer von Brabant
angesprochen werden. Er will am Tag nach seiner
Hochzeit mit Elsa mit den Heerscharen aufbrechen.
Was ihm, nebstbei, sofort von einigen Adeligen übel-
genommen wird, die Angriffe der Hunnen sind nicht
so stark anzunehmen, als daß sie je bis nach Brabant
kämen, man ist somit auch nicht wirklich daran interessiert, sich für's Deutsche Reich zu schlagen.

Und Ortrud kann sogar aus der Tatsache, daß es jetzt
einen Schützer von Brabant gibt, Kapital schlagen.
Denn vor der Kirche macht sie Skandal und erklärt
Elsa, sie sei die Vornehmere, ihr derzeit verachteter
Mann habe immerhin einen allseits geachteten Namen.
Aber der Neue?

In einer Wiener Instrumen-
tenstimme findet sich nach
dem Sieg Lohengrins die fle-
hentliche Anmerkung „Hier
Tusch in A-Dur und Ende der
Oper“. Das ist nicht ganz so
komisch, wie es sich liest, Or-
chestermusiker lieben „Lohengrin“ nicht. Warum, ist
nicht festgehalten.

Im nächsten Augenblick ist auch Telramund da und schlägt in die Kerbe; er schreit laut von Betrug und will, daß sich der Feind erkläre, daß er seine Herkunft preisgebe und vor dem Volk und vor dem König beweise, daß er als Schützer oder Herzog tragbar sei.

Ortrud aber und Telramund haben kein Glück. Die Stimmung ist gegen sie, Elsa ist weiterhin von ihrem Zukünftigen geblendet. Der König scheint ein Geheimnis zu wissen, das ihn schweigen läßt. Die Hochzeit kann stattfinden, das Grafenpaar ist angehalten zu verschwinden. Zu viel Enthusiasmus trägt den neuen Mann zur Zeit.

Aber nach der Hochzeit? Da ist Elsa endlich mit ihrem Mann allein und spürt zum ersten Mal, daß es doch nicht so ist, wie man sich's vorstellt. Sie hat einen Helden, gewiß, aber sie weiß nicht und soll nicht fragen, wer er eigentlich ist. Wenn sie ihn auch, um bei dem üblichen Bild zu bleiben, in der Hochzeitsnacht erkennen soll, so wird ihr doch dabei nur klar werden, ob er auch ein hervorragender Liebhaber ist. Aber seine Herkunft? Da werden immer Zweifel bleiben.

Das eingegebene Gift der Ortrud wirkt, weil es mit allen anderen Komponenten in eine Richtung zielt. Kann eine Frau mit einem Mann glücklich sein, von dem sie nichts weiß, als daß er einen Tag vorher gleichsam aus dem Nichts gekommen ist, gut aussieht und an ihre Unschuld glaubt? Elsa kann's nicht.

Es gibt kein aufregenderes Gespräch unter frisch Vermählten als dieses. Elsa will alle Versprechungen der Welt geben, um den Namen zu hören. Ihr Mann will alle Seligkeiten der Erde geben, nur nicht seine Herkunft beweisen. Er versucht abzulenken; doch sie kommt immer wieder nur auf dieses eine Thema und weiß dabei schon, daß sie ihn verlieren wird – weil sie anderseits ohne die Frage und Antwort nicht weiterleben kann.

Sie stellt also, in aller Form, die Frage. Und gleichsam versucht zur Unterstützung ausgerechnet in diesem Moment Telramund, den Gegner zu ermorden. Er wird mit einem Schlag getötet. Elsa verliert trotzdem

Muß ich auf die berühmtesten Chöre der Opernliteratur eigens hinweisen? Oder darauf, daß seit Auftritt Lohengrins das eine Thema vom Nichtbefragen immer wieder gespielt wurde? Ich muß nicht. Ich warne nur Regisseure, das Brautgemach zu realistisch auszuführen. Die Lächerlichkeit ist gefährlich nahe.

221

ihren Mann. Der bestellt sie vor den König: Sehr öffentlich wird er die Antwort geben.

Die Gelegenheit dazu ist sofort gegeben. Man versammelt sich zum Abmarsch. Die Grafen mit ihren Mannschaften wollen mit dem neuen Schützer von Brabant in den Krieg. Sie sind eine ansehnliche Versammlung – nur ihr Feldherr fehlt noch. Der kommt mit der Leiche Telramunds, erklärt, wie er diesen erschlagen habe und daß es nicht anders sein konnte. Und dann, daß er jetzt Elsa eine Antwort auf ihre Frage geben müsse.

Und er erzählt von der Vereinigung von tapferen Rittern, die auf einer Burg leben und als edelstes Symbol den Gral, die Abendmahlschale, hüten und aus ihr Kraft gewinnen. Er erzählt davon, daß diese Ritter sich immer um Unterdrückte oder unschuldig Verfolgte kümmern, dabei jedoch nie als Ritter des Grals erkannt werden dürfen – Heinrich der Vogler muß das gewußt haben, jetzt zuckt er nur schmerzlich, denn ihm ist ein guter Helfer genommen. Und er, der bis dahin auch Ungenannte, sagt seinen Namen. Er heißt Lohengrin und ist der Sohn des Parsifal, des obersten Gralsritters.

Das also hat sich Elsa von Brabant verscherzt. Ortrud ist immer noch da und triumphiert halbwegs, denn jetzt muß Lohengrin ja zurück auf seine Burg. Und wer wird über Brabant herrschen? Den Herzog Gottfried hat ja immerhin sie unschädlich gemacht – glaubt sie. Lohengrin überwältigt auch diese wilde Frau. Er kann den Brabantern ihren jungen Herzog Gottfried wiedergeben.

Wieder ist es die etwas unselige Geschichte mit dem Schwan; die wilde Ortrud will Gottfried in diesen verzaubert haben, Lohengrin entzaubert ihn daher. Was er ausdrücklich sagt und was gemeint ist: Die Gralsritterschaft, die den zu jungen Mann erziehen wollte und vor Ortrud schützte, gibt ihn dem Land zurück. Das ist für Brabant genug und selbstverständlich tödlich für die Zauberin. Ihre Felle sind allesamt davongeschwommen. Jetzt ist die Welt wieder in Ordnung. Ist sie es? Elsa bleibt zurück. Sie hat keinen Mann. Sie wird, nach dieser Chance, nie einen anderen nehmen.

Der Gralserzählung wegen ist dies eine Oper, die immer ihr Publikum und ihren Titelhelden haben wird – er hat es nämlich eigentlich sehr leicht, muß erst ganz zuletzt ein einziges Mal Farbe bekennen und ist doch immer Herr der Handlung.

Richard Wagner

Tristan und Isolde

Dichtung vom Komponisten.

Uraufführung: München, 1865.
Solisten: *Tristan* (Tenor) – *König Marke* (Baß) –
Isolde (Sopran) – *Kurwenal* (Bariton) – *Melot* (Tenor)
– *Brangäne* (Mezzosopran) – *Ein Hirt* (Tenor) – *Ein
Steuermann* (Bariton) – *Stimme eines jungen Seemanns*
(Tenor).
Schauplätze: Zur See auf dem Verdeck von Tristans
Schiff während der Überfahrt von Irland nach Corn-
wall – In der Königlichen Burg Markes in Cornwall –
Tristans Burg in der Bretagne.
Dauer: 4¹/₂ Stunden.

Wir sind längst einer Meinung. Es gibt nichts, nichts an
ganz großen menschlichen Gefühlen, das sich nicht vor
allem im artikulierten Aufschrei am besten darstellen
ließe. Es gibt aber vor allem keine Liebesregung, die
nicht in einer Melodie endet.
Isolde ist eine Königstochter. Sie ist auf dem Weg zu
ihrem Bräutigam, hat eine vertraute Dienerin bei sich
und etwas Gepäck. Nicht sehr viel, die Ausstattung
kommt nach oder ist ihr vorausgeschickt, Königstöch-
ter müssen sich mit derlei Kleinigkeiten nicht abgeben,
haben andere Sorgen.
Isolde hat die allergrößten. Nach den barbarischen Sitten der Zeit, in der sie lebt, hat sie ihren Bräutigam,
König Marke, nie gesehen. Sie kennt nur den Brautwerber, Tristan. Dieser ist jung und schön und in den
Augen Isoldes der Inbegriff eines Schuftes. Er hat in
einem der zu dieser Zeit beinahe alltäglichen Raufhän-
del ihren Verlobten erschlagen, hat sich als selbst
schwer Verwundeter und unter falschem Namen von
Isolde pflegen lassen – dabei hat sie sich in ihn verliebt,
weiß das selbst nicht, haßt sich jedoch dieser Gefühls-
regung wegen, seit sie begriffen hat, daß sie den Mörder ihres Geliebten gesund gepflegt hat. Und jetzt ist
sie auf dem Schiff dieses verhaßten Menschen und muß

Mit den ersten Takten des
Vorspiels hat Wagner ein
neues Zeitalter eingesungen.
Seit diesem Vorspiel ist die
Musik anders, hat sie alle
Grenzen überschritten, alle
Verbote übertreten – eine Ge-
neration von Musikfreunden
war nach diesem Vorspiel zu
allem fähig, vergleichbar nur
den Schwärmern, die nach der
Lektüre von „Werther" an
Selbstmord dachten.

Man beobachte einmal, wenn
man vom Stoff oder der Aufführung nicht allzu gefangen-
genommen ist, die kluge Ein-
teilung, die Wagner für die
Protagonisten vorgenommen
hat: Sie haben lange Pausen
zwischen ihren wichtigen
Stellen, sie können sich erholen, sie müßten eigentlich nie
von mörderischen Partien
sprechen – Tristan und Isolde
haben vor dem letzten Bild
unerhört viele Möglichkeiten,
ohne allergrößte Anstrengung
zu singen. Wenn sie gut arti-
kulieren, versteht man sie sogar.

223

in ein Land, in dem er offenbar hoch angesehen ist, sonst wäre er nicht von seinem König als Brautwerber entsandt worden. Isolde hat deshalb nicht nur Sorgen, sondern auch die gräßlichsten Vorsätze. Sie will Tristan töten. Sie will, daß Tristan sich vor ihren Augen töten läßt.

Wie das vor sich gehen soll, ist nach den barbarischen Sitten der Zeit quasi reglementiert. Sie will ihm sagen, daß er ehrlos ist; dann muß er sich in sein Schwert stürzen, oder er ist kein Mann von Ehre. Oder: Sie wird ihm Gift zu trinken geben, sie hat eine Art Reiseapotheke bei sich, ihre weise Mutter hat sie mit Arzneien versehen; einige sollen gegen Gifte wirken und sind daher naturgemäß selbst auch giftig. Wie immer, Isolde will den Tod Tristans.

Bevor das Schiff sich dem Ufer nähert, bevor Isolde vor ihren zukünftigen Mann treten kann, will sie die Sache ausgestanden haben. Sie befiehlt Tristan zu sich, und sie sagt ihm, was zu sagen ist. Tristan ist der Mann von Ehre, als den sie ihn unbewußt bereits liebt, und ist daher bereit, zu sterben. Isolde reicht ihm den Becher mit dem Gift, Tristan trinkt – und Isolde, die in dem Augenblick ihr einziges Ziel erreicht hat, trinkt den Bodensatz. Denn da der Mörder ihres Geliebten tot ist, gleich tot sein wird, muß auch sie nicht länger leben, will auch sie tot sein, bevor ein anderer Mann sie berühren kann.

Weder Tristan noch Isolde aber sterben. Die treue Dienerin hat in den Becher nicht das Gift, sondern irgend etwas anderes hineingetan. Einen Liebestrank, glaubt die Dienerin. Es ist keineswegs sicher, daß es ein Liebestrank gewesen ist, nur im Märchen muß es so etwas geben. Die Tatsache, daß zwei junge Menschen einander in die Augen sehen und überzeugt sind, miteinander in den nächsten Minuten zu sterben, sollte eigentlich auch genügen. Genügen, den Effekt hervorzurufen, der tatsächlich eintritt. Tristan und Isolde lieben einander. Sie können gar nicht anders. Sie merken nicht mehr, daß ihr Schiff anlegt, daß der Staatsempfang beginnt, daß ein königlicher Bräutigam wartet. Sie haben für nichts mehr einen Kopf, nur füreinander. Sie

Brangäne dagegen muß eine tragende Altstimme haben. In den großen Liebespausen im zweiten Akt singt sie aus der Ferne dann, wenn Tristan und Isolde keine Zeit haben. Und doch muß sie über weite Entfernung und Orchester klangvoll hörbar sein – und nicht zu oft atmen! Auch an großen Häusern werden im II. Akt oft Striche gemacht. Es ist trotzdem eine Unsitte. Und nicht dem Publikum, nur den Sängern wird mit diesen Kürzungen (oft auch in Wien!) geholfen.

sind durch den gemeinsamen Augenblick der Todeserwartung untrennbar aneinander gekettet.

Also kann man ihnen auch keinen Vorwurf machen,
daß sie weiter nicht merken, was rund um sie geschieht. Isolde ist die Braut des Königs Marke, Tristan
König Markes treuester Diener. Zugleich aber sind sie
ein Liebespaar, das bedenkenlos aneinanderhängt und
dem jedes Mittel recht ist, beieinander zu bleiben. Jedes Mittel – Tristan und Isolde benehmen sich wie
Wahnsinnige. Wenn der König zur Jagd reitet, läßt
Isolde eine Fackel löschen, und auf das Zeichen läuft
Tristan in ihre Arme. In unstillbarer Liebe betrügen sie
den König. Ohne an ihn zu denken. Ohne an irgend
etwas anderes als an ihre Liebe zu denken. Sie haben
sie ja durch Todeserwartung erkauft. Ihre Liebe ist
nicht nur, was man bis auf den heutigen Tag den kleinen Tod nennt, sie ist ihnen der große, der herrliche
Tod. Die Ewigkeit, die ja auch über den Tod triumphiert.

In diesen Liebesakt bricht die recht triviale Welt. Es
hat sich immerhin ein Mann gefunden, der die verbo-
tene Liebe seines Freundes Tristan entdeckt hat – er
heißt Melot, hat König Marke angestiftet, auf die Jagd
zu reiten und unversehens wieder zurückzukehren.
Wie in einem Groschenroman werden Isolde und Tristan beim Ehebruch ertappt. Weil's aber kein Groschenroman ist, verhalten sich die drei anders als auf
dem Kabarett. Marke ist todtraurig und will von Tristan wissen, warum er ihm das angetan habe. Tristan
hat keine andere Antwort als seine übergroße Liebe zu
Isolde. Isolde sieht keine andere Möglichkeit, als noch
einmal mit Tristan in den Tod zu gehen. Tristan stürzt
sich in einen Zweikampf mit Melot, der an der Entdek-
kung der Liebe schuld ist. Und wird schwer verwundet. Stürbe er, die Geschichte wäre rasch zu Ende.

Tristan stirbt aber nicht, sein Diener Kurwenal rettet
ihn und bringt ihn auf Tristans Stammburg. Kurwenal
hat als einfacher Mann miterlebt, wie Tristan auf dem
Schiff plötzlich den Kopf verlor und sich in Isolde verliebte. Er hat ganz offensichtlich gewußt, daß sein junger Held keine andere Chance hatte, als König Marke

Markes Anklage, Bassisten
träumen davon, diese edel und
einprägsam und lyrisch zugleich zu singen. In diesem
Jahrhundert ist es nach Ansicht alter Experten nur Richard Mayr gelungen.

Für diesen Akt muß der Tenor „gespart" haben, jetzt
muß er mit Leidenschaft los-
legen können – und vor allem
die vielen heldischen und daher tiefen Töne überzeugend
bringen.

zu betrügen. Er will jetzt nichts, als das Leben Tristans zu retten, und er weiß, daß das nur möglich ist, wenn Isolde kommt. Wie aber soll die Ehebrecherin Isolde aus der Macht König Markes entfliehen und zur Burg Tristans kommen? Das weiß Kurwenal nicht. Immerhin, er hat Isolde sagen lassen, daß sie allein den todkranken, immer bewußtlosen Tristan zurück ins Leben rufen könne. Er wartet.

Mit ihm wartet, doch zu Bewußtsein gekommen, Tristan. Freilich wartet der Sterbende nicht mehr auf die Geliebte, sondern auf den Tod – im Tod, der jetzt kein Gespenst mehr ist, wird Tristan wieder zu Isolde finden. Das ist die einfache Formel, auf die der junge Mann seine Leidenschaft bringt. Und da sie einfach ist, stimmt sie auch. Kurwenals Nachricht ist angekommen. Isolde hat gebeichtet. Marke weiß, daß er weder seiner jungen Frau noch seinem jungen Freund einen Vorwurf machen darf. Er läßt Isolde zu Tristan und fährt ihr selbst nach, um Tristan zu sagen, daß er ihn verstanden habe. Es kann noch alles gut werden, denn Marke will resignieren.

Isoldes Liebestod wird auch im Konzertsaal vorgetragen. Ich finde es unangebracht. Nur in der Oper versteht und erfühlt man, was Wagner da geschrieben hat – das ist kein Monolog, keine Arie, das ist das Resultat eines ganzen Werkes.

Die Wiederbegegnung aber mit seiner Geliebten ist für Tristan zu viel. Er begreift noch einmal, daß Liebe und Tod ganz nahe beieinander sind und stirbt – vor Glück? Isolde macht Tristans Prophezeiung wahr. Die Erregung tötet auch sie. An der Leiche ihres Geliebten nimmt sie Abschied und stirbt, um wieder bei ihrem Geliebten zu sein. König Marke bleibt allein zurück. Er hat nur noch die Trauer um eine große Liebe, an der er nicht teilnehmen konnte.

Richard Wagner

Die Meistersinger von Nürnberg

Dichtung vom Komponisten.

Uraufführung: München, 1868.
Solisten: *Hans Sachs,* Schuster (Bariton) – *Veit Pogner,* Goldschmied (Baß) – *Kunz Vogelsang,* Kürschner (Tenor) – *Konrad Nachtigall,* Spengler (Baß) – *Sixtus Beckmesser,* Stadtschreiber (Baß) – *Fritz Kothner,* Bäkker (Bariton) – *Balthasar Zorn,* Zinngießer (Tenor) – *Ulrich Eißlinger,* Gewürzkrämer (Tenor) – *Augustin Moser,* Schneider (Tenor) – *Hermann Ortel,* Seifensieder (Baß) – *Hans Schwarz,* Strumpfwirker (Baß) – *Hans Foltz,* Kupferschmied (Baß) – *Walther von Stolzing,* ein junger Ritter aus Franken (Tenor) – *Darid,* Sachsens Lehrbube (Tenor) – *Eva,* Pogners Tochter (Sopran) – *Magdalena,* Evas Amme (Alt) – *Ein Nachtwächter* (Baß).
Ort: Nürnberg.
Schauplätze: Im Innern der Katharinenkirche – In den Straßen vor den Häusern Pogners und Sachsens – Sachsens Werkstatt – Ein freier Wiesenplan an der Pegnitz.
Zeit: Um die Mitte des 16. Jahrhunderts.
Dauer: ca. 5 Stunden.

Das ist eine Geschichte aus Nürnberg. Aus der Stadt mit den Butzenscheiben und den Handwerkern, die stolz darauf sind, daß sie ehrsame Handwerker sind. Und den reichen Kaufleuten, die stolz darauf sind, daß sie reiche Kaufleute sind. Das ist eine sehr deutsche Geschichte mit vielen Regeln und Versen und dem besonderen Verhältnis, das jeder Deutsche zur Kunst hat – es ist einerseits voll Ehrfurcht und anderseits voll Mißtrauen. Hat die Kunst ordentliche, erlernbare Regeln, oder ist sie Revolution und Umsturz und die Gefahr, vor der sich ordentliche Bürger zu hüten haben? Die Nürnberger sind sich, soweit man das begreift, ganz und gar einig. Kunst ist etwas, was nach aufge-

Auf die Genialität des Vorspiels hinzuweisen, ist allgemein üblich. Man kann sowohl von der Meisterschaft der Charakteristik wie auch von der relativen Sparsamkeit mit zu lauten Instrumenten sprechen. Hörer mit absolutem Gehör leiden an einigen Opernhäusern – die Ouvertüre hat C-Dur zur Grundlage, allgemein aber wird sie dank der höher gewordenen Orchesterstimmung beinahe schon in Cis-Dur gespielt. Und das nicht erst seit einigen Jahren.

schriebenen Regeln gemacht wird; man reimt, und man singt, und einer ist da, der aufpaßt, daß alles ganz nach der Ordnung geht. Den nennt man Merker. Man hat aber auch für alle anderen in Nürnberg Titel, das wird man schon noch sehen.

In diese gleichsam von ihren eigenen selbst aufgestellten Regeln behütete und begrenzte Welt bricht ein junger Mann ein. Walther von Stolzing; man kann ihn einen verarmten Landadeligen nennen, vielleicht ist er nicht wirklich arm, doch jedenfalls ist er von Adel und ganz und gar nicht einer, auf den die Nürnberger ihre untereinander geltenden Regeln anwenden können.

Er bricht ein, das heißt, er nimmt auf einer Reise Quartier bei einem noch seinen Eltern bekannten Goldschmied, Veit Pogner, einem soliden, reichen Mann. Und er verliebt sich ganz rasch in dessen Tochter Eva, die man manchmal auch Evchen nennt. Dem Mädchen ergeht es nicht anders.

Unmittelbar nach dem Gottesdienst am nächsten Morgen und nach einem geheimen Ritus, dem sich alle Verliebten unterordnen, versucht der Ritter, seine Liebe zu „offenbaren". Eva muß es sich im Vorraum der Kirche anhören und hört sich's gerne an. Sie ist ja auch verliebt und wünscht sich seit dem Vorabend nichts als diesen Ritter – gleichzeitig aber muß sie ihm sagen, daß sie auf eine ganz besondere Art bereits so gut wie verlobt ist.

Merke: Kein David kann seiner Partie entsprechend jung sein, er muß erst eine gewisse Reife besitzen, bevor er verständlich von der Tabulatur singen kann – bei Wagner gibt es einige solcher Partien, die man immer mit eher alten Herrschaften besetzen muß.

Ihr Vater hat sie, der Einfall kann einem barbarisch erscheinen, zum ersten Preis in einem Wettgesang ausgeschrieben. Da wird es wieder Regeln geben, vor allem aber eine unumstößliche – derjenige, den Eva heiraten soll, muß nach den strengen Nürnberger Ansichten ein Meistersinger sein. Einer, der ordnungsgemäß Lieder dichten und musizieren kann, so, daß nicht einmal der Merker etwas dagegen einzuwenden hat. In zwei Worten sagt Eva das dem Ritter, in sehr vielen Worten erklärt ein Schusterslehrbube, der immerhin vom Meistergesang etwas weiß, weil sein Meister Hans Sachs heißt, in sehr vielen Worten also erklärt dieser Lehrbub David die Regeln. Denn zwischen den jungen Verliebten ist alles rasch vereinbart, der Ritter wird Meistersinger, und zwar gleich der beste, der sich Eva als ersten Preis ersingen wird.

Eine Gelegenheit dazu ist allerdings rasch vertan. Die in Nürnberg ansässigen Meister, die eine Art Vereinssitzung vor dem großen Fest abhalten, hören mit Verwunderung, was ihr geachtetes Mitglied Pogner als Preis zur Verfügung stellt und hören mit Unverständnis, was ihnen der Ritter Walther von Stolzing vorsingt, um noch rasch als Meistersinger aufgenommen zu werden: Der Merker heißt Beckmesser, ist der Stadtschreiber und will sich gleichfalls um Eva Pogner bewerben; ein Meister heißt Hans Sachs, ist Schuster und so populär wie großzügig und spürt immerhin, daß der regelwidrige Gesang des jungen Mannes voll Erfindung und Originalität ist. Aber das genügt den Handwerkermeistern nicht, und somit scheint die Chance für Walther von Stolzing vorbei, bevor das Wettsingen noch begonnen hat.

Wenn es allerdings um Liebe geht, gelten noch andere Regeln. Die jungen Leute wollen die von Handwerkern aufgestellten Regeln nicht anerkennen; Stolzing muß außerdem auf Nürnbergs Gesetze überhaupt nicht Rücksicht nehmen, er ist ja immerhin ein Ritter. Vor dem Haus des Goldschmieds und dem Haus des Schusters, auf einem kleinen Nürnberger Platz also, tun sich einer milden Sommernacht entsprechend wilde Dinge. Da erfährt Eva von ihrem väterlichen Freund Hans Sachs, daß ihr Ritter kein Meistersinger wurde. Da versucht der Stadtschreiber Beckmesser, der Eva Pogner ein Ständchen zu bringen. Da treffen Eva und Walter zusammen, um miteinander zu fliehen – gestern haben sie sich kennengelernt, heute wollen sie einfach in die weite Welt.

Und nicht der reiche Goldschmied, sondern der einfache Schuster versteht und lenkt recht souverän alles, was sich auf der Piazetta abspielt. Er hindert die Verliebten, Unsinn zu machen. Er ist zum Stadtschreiber ziemlich unfreundlich. Er hat kaum etwas dagegen, daß sein Lehrbub David glaubt, das Ständchen werde der Dienerin bei den Pogners, seiner angebeteten Magdalena, gebracht – und den Beckmesser verdrischt. In

Noch nie hat man die einzelnen Meister deutlich voneinander abgehoben gehört. Das aber wäre im Sinn des Komponisten. Ob sich wieder Dirigenten finden, die mit den Meistern wirklich arbeiten? Sachs, Beckmesser, Pogner, Kothner, Stolzing – sie sind viel zu bevorzugt.

Eine Blasphemie. Wenn man einmal genau hinhört, dann singt Hans Sachs in dieser Oper zuviel. Das Liebespaar und der Widersacher kommen gar nicht zum Zug, immer gibt's Monologe des Mannes, der überall auch noch dreinredet. Hat man das je angesichts des Fliedermonologs gedacht? Es wäre eine Blasphemie gewesen.

Man lese noch einmal die Anmerkung zur Blasphemie.

Die berühmte Prügelfuge ist zwar schwer, wird aber gerade deshalb zumeist korrekt exekutiert – sie ist der Stolz des jeweiligen Chordirektors.

einer milden Sommernacht ist die ganze Stadt oder wenigstens ein Stadtviertel rasch auf. Es gibt Prügel nach allen Seiten, und die Ruhe wird nur deshalb ebenso plötzlich wiederhergestellt, weil sich der Nachtwächter mit seinem Horn ankündigt. Plötzlich sind alle verschwunden, wie Glühwürmer oder Gespenster aus einer giebelreichen deutschen Stadt, in der man noch sehr an Gespenster glaubt.

Am andern Tag sieht die Welt ganz anders aus. Jeder schläft noch die Nacht aus, nur der Schuster und Poet Hans Sachs denkt über sie alle nach. Was war gestern los, denkt er, woher kam die Unruhe, was macht Menschen plötzlich wie wahnsinnig? Die Antwort gibt er sich vorsichtigerweise nicht, denn er müßte sich ja eingestehen, daß es einfach um die Liebe ging und daß er nur den Gottvater spielte, weil er als einzige andere Rolle nur eine ihm nicht mehr sehr angemessene, nämlich die des dritten Bewerbers um die Hand der Eva Pogner, hätte spielen können.

Für Musikwissenschaftler mag dies das Kernstück der Oper sein. Komponiert ist, wie eine neue Komposition entsteht. Das allerdings so, daß es dem Publikum beinahe nie auffällt.

Walther von Stolzing, der bei ihm übernachtet, erfährt auch einiges von der Weisheit des Hans Sachs; gemeinsam entsteht sogar eine Art Meistergesang – Stolzing singt, was ihm eingefallen ist, und Sachs zwingt mit ganz einfachen Hinweisen Stolzing, einigermaßen nach den anerkannten Regeln zu singen. Und schreibt mit, was Stolzing einfällt.

Irgendwie, meint er, wird er noch durchsetzen, daß sich der junge Mann am Wettsingen beteiligen kann. Ein Zufall aber macht das alles ganz einfach: Der Stadtschreiber kommt um seine Festtagsschuhe, sieht das Gedicht, hält es für eines von Hans Sachs, und mißversteht, als dieser erklärt, er würde nie behaupten, das sei von ihm. Beckmesser, ein zerschlagener Wettstreiter, nimmt sich vor, mit den Reimen des populären Hans Sachs in den Wettbewerb zu gehen. Sachs weiß jetzt, daß Stolzing gewonnen hat. Ganz ruhig kann er sich die dummen Vorwürfe der Eva Pogner anhören, die vorläufig nichts begriffen hat und alles sofort begreift, als ein strahlender junger Ritter in der Schusterstube erscheint und Sachs mit viel Zeremoniell und so, als ginge es ihm um alle Nürnberger Regeln, die man nur

Für Neulinge: Die Pantomime des Beckmesser ist eine der drei möglichen großen stummen Szenen der Opernliteratur – die beiden anderen finden sich im jeweils letzten Akt von „Die Feldermaus" und „Der Rosenkavalier". Fürs Orchester ist die von Wagner die leichteste.

erfinden kann, von einer Meisterweise spricht, die Walther von Stolzing in der Früh aus dem Ärmel geschüttelt habe. Nicht nur Eva begreift, alle sind jetzt soweit – das Happy-End ist greifbar nahe.

Einige Formalitäten sind allerdings noch zu erledigen; wir sind in Nünrberg, und da gelten Regeln, wie wir festgestellt haben. Zum Volksfest gehört der Aufzug der Zünfte, gehört die Präsentation der Meistersinger, gehört gemeinsamer Festgesang. Dann kann der Wettbewerb beginnen. Stadtschreiber Beckmesser hat den Text nicht verstanden und hätte keine Chance auf einen letzten Platz – da erklärt er einfach, das Lied ist von Hans Sachs und spielt diesem die notwendige Chance in die Hände. Sachs erklärt, das Lied sei leider nicht von ihm, Walther von Stolzing tritt auf, singt's, und beinahe jedermann ist der Ansicht, das sei ein richtiges Meisterlied und eines ersten Preises wert. Jetzt muß nur noch im Schnellverfahren Walther von Stolzing zum Meistersinger erklärt werden, dann kann er Eva Pogner gleich mitnehmen.

In diesem Augenblick aber bockt der junge Mann. Er will das Mädchen, vielleicht auch das Geld des reichen Mannes. Von einer Würde aber, die Handwerker ihm zuerst vorenthalten wollten, ist er nicht begeistert. Bevor noch irgendein Nürnberger den jungen Adeligen erbost aus der Stadt prügeln könnte, rettet Sachs die Situation. Stolzing und allen anderen erklärt er, warum alles so ist, wie es sein muß. Dem jungen Buben erklärt er einfach, eine Würde, an der solch ein Mädchen hängt, kann doch nicht zu verachten sein. Den Umstehenden insgesamt aber erklärt er, daß Kunst auch Regeln haben müsse. Man muß manchmal gegen sie verstoßen, gewiß. Doch man muß sie immer wieder aufschreiben und festhalten – denn anders werden sie nicht bewahrt. Die Handwerker von Nürnberg, vielleicht nicht die größten Künstler, dürfen doch von sich sagen, daß sie die treuesten Bewahrer der Kunst sind. Und das ist in ungewissen Zeiten sehr, sehr viel.

Mit dieser Deutung ist man einverstanden, die Schneider und Bäcker jubeln, die Schlächtermeister und die Gassenbuben jubeln, die beiden jungen Verliebten ju-

Für Traditionsbesessene: Wenn in den Auftritt von Hans Sachs auf der Festwiese nicht spontaner Beifall aus dem Publikum losbricht, dann ist die ganze Aufführung nicht gut gewesen und kann es auch nicht mehr werden.

Sachsens letzte Ansprache gilt als „national". Wenn man gut inszeniert, verliert sie diesen fatalen Nebengeschmack.

beln naturgemäß auch – der Schuster und Poet Hans Sachs aber hat allen, allen die Show gestohlen. Nürnberg wird noch Jahrhunderte von ihm erzählen.

RICHARD WAGNER

Der Ring des Nibelungen

Dichtung vom Komponisten.

Vorabend:
Das Rheingold.

URAUFFÜHRUNG: München, 1869.
SOLISTEN: *Wotan* (Bariton), *Donner* (Bariton), *Froh* (Tenor) und *Loge* (Tenor), Götter – *Alberich* (Bariton) und *Mime* (Tenor), Nibelungen – *Fasolt* (Baß) und *Fafner* (Baß), Riesen – *Fricka* (Mezzosopran), *Freia* (Sopran) und *Erda* (Alt), Göttinnen – *Woglinde* (Koloratursopran), *Wellgunde* (Sopran) und *Floßhilde* (Alt) Rheintöchter.
SCHAUPLÄTZE: In der Tiefe des Rheines – Freie Gegend auf Bergeshöhen, am Rhein gelegen, auf einem Felsgipfel im Hintergrund eine Burg mit blinkenden Zinnen – Die unterirdischen Klüfte Nibelheims – 4. Szene wie 2.
DAUER: ca. 2½ Stunden.

Aus einem guten Dutzend von guten Gründen verweigere ich zum „Ring" Anmerkungen leichterer Natur. Und denke, daß es auch wenig Sinn hat, eine Motivtafel nebenanzustellen. Man verzeihe und begreife: Dieses Werk ist von solcher Monumentalität und zugleich voll der „großen Stellen" und der diffizilsten Probleme, daß bedeutende Musiker und Regisseure ihr Leben daran wenden, es ein-

Und jetzt das Schwierigste. Richtig, das Schwierigste. Die Klügsten haben sich an dieser Geschichte die Zähne ausgebissen. Oder haben Deutung über Deutung angeboten. Sie ist ein Gleichnis für Entstehung und Untergang der Welt, wenn man so will. Oder eine sehr einfache, sehr menschliche Geschichte?
Es wird von Göttern, Zwergen und Tieren die Rede sein, das muß aber nicht unbedingt stören, denn sie sind alle, wenn man näher hinsieht und beobachtet, was sie tun, wiederum nur Menschen. Riesige oder ganz kleine; ihre Gesinnung ist es zumeist, die götter-

gleich oder zwergenhaft und würmlich ist. Wenn man näher hinsieht und beobachtet, was sie tun, sind sie alle Menschen, die wie Menschen reagieren.

Nur: Bevor wir uns an diese Geschichte heranmachen, müssen wir uns darauf einigen, daß es auch Symbole gibt. Gold und Schwerter und eine Esche. Sie bedeuten dann mehr als nur einen Klumpen Gold, ein gut geschmiedetes Schwert, einen besonders alten, attraktiven Baum. Damit müssen wir uns abfinden, wenn wir die Geschichte begreifen wollen.

Im Rhein liegt Gold. Konzentrat von Gold sozusagen, es ist – in der Hand des Richtigen – zu Gutem oder – in der Hand des Falschen – zu Bösem zu verwenden. Mit ihm kann man noch mehr Gold, noch mehr Besitz, noch mehr Macht erlangen.

Die Regel sagt, daß nur derjenige an dieses Rheingold herankann, der es entweder gar nicht braucht und nicht besitzen will – zum Beispiel also harmlose Nixen, die sich einfach daran freuen, daß ein Goldklumpen in der Sonne glänzt. Oder derjenige, der seinetwegen alles andere aufzugeben bereit ist – und wenn die Regel „alles andere" meint, dann meint sie das auch. Ein Mann müßte schon auf seine natürlichste Kraft verzichten, sogar seine Männlichkeit opfern, um als Ersatz dieses Konzentrat der Macht zu erreichen.

Diese Regel, offenbar doch nicht allgemein bekannt, wird von den Nixen einem Geschöpf namens Alberich erzählt. Alberich, klein, häßlich, ein Zwerg sozusagen, hat eigentlich einen ganz natürlichen Appetit auf Liebe und will eine von den Nixen. Da er diesen aber zu häßlich ist und gleichzeitig begreift, daß er sich mit dem Gold den mächtigsten Ersatz für Liebe kaufen kann, verzichtet er auf Liebe. Ausdrücklich und für immer. In diesem Moment ist er im Besitz des Goldes. Und das Gleichgewicht in der Welt ist gestört, denn jetzt hat ein häßliches, zwergenhaftes Geschöpf unendlich viel Macht in Händen.

Anderswo, nahe beim Rhein, entwickelt sich zur gleichen Zeit eine besondere Tragödie. Wotan, Familienoberhaupt einer mächtigen, einer herrschenden Familie – man soll nichts dagegen einzuwenden haben, ihn und

mal ihrer Ansicht nach ordentlich auf die Bühne zu bringen. Ein Kommentar am Rande erschiene mir dazu in mehr als einer Hinsicht respektlos.

Allerdings gibt es auch eine zweite Erklärung, die man mir gar nicht erst unterstellen muß, die ich der Ordnung halber selbst noch anfüge. In diesem Riesenwerk ist, wenn man es durch eine satirische Brille sieht, auch so viel zu Ironisierendes verpackt, daß man sehr leicht in einen Ton verfallen könnte, der Wagnerianer besten Schlages beleidigt. Und dieses will ich auch vermeiden – es gibt unter ihnen Opernfreunde.

233

seine Familie Götter zu nennen, in unserem Verständnis sind „die Götter" ungefähr der Hochadel, vielleicht auch die Geldaristokratie – hat seine Position in der Welt dadurch errungen, daß er mit jedermann rundum einen Vertrag geschlossen hat. Er hat Gesetze gemacht und anerkannt und ist der mächtigste Gott, weil er die anderen unter Vertrag genommen hat.

Er hat sich, das ist offenbar zumeist der Anfang vom Ende, eine Burg bauen lassen, die seine überragende Position erkennen lassen soll. Den überdimensionierten Gesellen, die sie dank ihrer außerordentlichen Kraft und Dummheit beinahe mühelos errichten können, hat er seine Tochter Freia versprochen. Ein einfacher Vertrag: hier eine harte körperliche Arbeit, dort eine junge, wunderschöne Frau aus bester Familie.

Jetzt ist die Burg gebaut, die Riesen – es gibt selbstverständlich mehr als die beiden Fafner und Fasolt, doch die allein genügen uns, um körperliche Kraft darzustellen – wollen ihren Lohn. Die Familie aber denkt nicht daran, Freia herauszugeben. Erstens, weil es unvorstellbar ist, daß jemand aus dieser Familie zu den Riesen geht. Und zweitens, weil Freia die Hüterin goldener Äpfel ist, die alle in der Familie Wotan essen, um ihre besondere, ewige Vorrangstellung zu bewahren. Ein Symbol, diese Äpfel, selbstverständlich.

Nur: Wotan kann es sich nicht leisten, einen Vertrag zu brechen. Nicht nur, daß es sich herumspräche – wenn Wotan einmal nachgewiesen werden kann, daß sein Wort nicht gilt, dann muß man selbstverständlich auch ihm das Wort nicht mehr halten, sind Verträge nicht mehr bindend, hat er alle Macht verloren.

Wotan hat diesen Vertrag geschlossen, weil er auf Loge hörte, auf die zweifellos interessanteste Persönlichkeit, die man sich vorstellen kann. Loge gehört zur Familie Wotans, ist also auch ein Gott. Sein Element aber ist das Feuer, der Brand, die Unruhe. Er gilt als besonders klug und verschlagen. Als derjenige, der immer einen Ausweg weiß. Er ist am ehesten unabhängig – von Wotan ebenso wie von allen anderen Lebewesen. Er hat zu dem Vertrag geraten und gemeint, er werde sich sehr bemühen, eine kluge Lösung zu finden.

Mehr hat er nicht versprochen; wenn er jetzt keine Lösung anbieten kann, kann man ihm keinen Strick draus drehen; der Formulierung nach ist er entschieden diplomatisch gewesen.

Er bleibt auch weiter Diplomat. Er erzählt vom Rheingold. Und davon, daß es jetzt nicht mehr unangetastet ist, sondern durch die gräßliche Selbstverstümmelung des Alberich gleichsam in Umlauf gebracht. Den Riesen suggeriert er so, daß dies auch ein Preis für den Burgbau wäre, Wotan, daß man das Gold eigentlich haben müßte, um wirklich alle Macht in Händen zu halten. Er selbst meint nur, Wotan sei eigentlich dazu da, den Nixen, dem Rhein, das Gold wieder zurückzugeben, die Ordnung wiederherzustellen. So wenigstens formuliert er es.

Sein Trick gelingt. Die Riesen wollen plötzlich das Gold, sie sind jedoch mißtrauisch geworden und nehmen, bis es verfügbar ist, Freia als Pfand. Sie wollen wiederkommen und Freia gegen das Gold, gegen die Macht tauschen.

Kaum sind sie fort, spürt die Familie Wotans, daß sie die Abwesenheit Freias nicht überleben würde. Sie fühlt sich alt und schwach. Es geht nicht ohne Freia. Wotan versucht, seine Position und sein Gesicht zu wahren. Er weist Loge an, mit ihm das Gold zu rauben. Als hätte er noch eine andere Wahl.

Wie Wotan und selbstverständlich vor allem Loge gelingt, den mächtigen Alberich zu übertölpeln, das ist absurd und gräßlich einfach. Ein Taschenspielertrick, ein einfaches Kinderspiel – in der Diplomatie kann man manchmal auch mit ganz simplen Mitteln etwas erreichen. Alberich hat sein Gold, seine Macht, für sich arbeiten lassen. Er ist Herr über unzählige Sklaven, er hat sie alle eingesetzt, um noch mehr Gold zu machen. Er hat seinen eigenen Bruder Mime gezwungen, aus der Goldessenz die unerhörtesten Dinge herzustellen. Einen Helm, mit dem man sich unsichtbar machen oder in verschiedene Personen verwandeln kann; einen Ring vor allem, der das Konzentrat des Konzentrats darstellt. Mit diesem Ring ist er allen Widersachern überlegen. Loge und Wotan müssen sich nur beweisen lassen, wie klein sich Alberich machen kann, schon können sie ihn einfangen und haben ihn in ihrer Gewalt. Und Loge wußte auch das Mittel, um Alberich soweit zu bringen, sich vor ihnen ganz klein zu zeigen: Er ließ sich vorher beweisen, daß Alberich unerhört groß sein kann. Die Freude, das beweisen zu können, macht Alberich so dumm, auch der bewußten zweiten Anregung zu folgen und sich fangen zu lassen.

Man sage nicht, dergleichen gäbe es nicht. Wenn einer sich auf Psychologie versteht, hat er auch gegen verschlagene Bösewichter ein gutes Mittel in der Hand. Er darf nur nicht so repräsentativ mächtig sein wie Wotan, er muß so klug und ruhig bleiben wie Loge.

Alberich muß, um aus der Fesselung entlassen zu werden, alles ausliefern. Das bereits geschürfte Gold, den Tarnhelm. Und schließlich auch den Ring. Also die ganze Macht.

Zuerst hat er seine Männlichkeit geopfert, um die Macht zu haben. Jetzt muß er diese Dinge opfern, um zu überleben. Alberich bäumt sich auf und flucht. Er belegt den Ring mit einem Fluch von so überdimensionierten Ausmaßen, daß ihn eigentlich niemand mehr anrühren sollte.

Genaugenommen wäre dieser Fluch nicht notwendig, die Macht, die der Ring symbolisiert, ist allein genug, um den Besitz des Ringes unheilvoll erscheinen zu lassen. Aber man kann's ja auch einmal aussprechen – Alberich schreit in seinem Zorn, was jedem geschehen wird, der den Ring hat oder haben will. Das nennt man einen Fluch.

Und der erweist sich rasch wirksam. Die Riesen tauschen das angehäufte Gold, den Tarnhelm und den Ring gegen Freia – Wotan will sich zuerst vom Ring nicht trennen, doch muß er seinen Vertrag mit den Riesen halten. Unter diesen bricht a tempo ein Streit um die Beute aus; derjenige, der den Ring hat, erschlägt den anderen.

Die Wotansfamilie aber tut, als müsse es jetzt nur noch ein reinigendes Gewitter geben, und zieht feierlich in ihre Burg Wallhall. Feierlich, pompös, von sich selbst überzeugt.

Der kluge Loge geht nicht mit. Er weiß, daß die Geschichte nicht gut ausgehen kann. Die Macht ist vorhanden, das zu einem Ring geschmiedete Rheingold ist auf der Welt. In Umlauf. Er wird noch viel erleben.

Erster Tag:
Die Walküre.

URAUFFÜHRUNG: München, 1870.
SOLISTEN: *Siegmund* (Tenor) – *Hunding* (Baß) – *Wotan* (Bariton) – *Sieglinde* (Sopran) – *Brünnhilde* (Sopran) – *Fricka* (Mezzosopran) – *Helmwige* (Sopran) – *Gerhilde* (Sopran) – *Ortlinde* (Sopran) – *Waltraute* (Mezzosopran), *Siegrune* (Mezzosopran), *Roßweiße* (Mezzosopran), *Grimgerde* (Alt) und *Schwertleite* (Alt), Walküren.
SCHAUPLÄTZE: Das Innere der Wohnung Hundings – Wildes Felsengebirge – Auf dem Gipfel eines Felsenberges (des „Brünnhildensteines").
DAUER: ca. 4^1/$_2$ Stunden.

Ein Mann, der vor allem darauf aus ist, alle Macht in sich zu vereinen, verfällt auf die sonderbarsten Ideen. Und ist nie damit zufrieden, daß er bereits einer der Mächtigsten ist, sondern will mehr, will alles.
Wotan, dem seine pompöse Burg gebaut ist, der auf seine Art herrschen könnte, will alles Rheingold, will den Tarnhelm, will den berüchtigten, mit Fluch beladenen Ring.
Da er jedoch an einmal aufgestellte Regeln gebunden ist, kann er weder einfordern noch erkämpfen, was er als Bezahlung für den Burgbau an die riesenhaften Arbeiter bezahlt hat. Und worauf verfällt er?
Er zeugt Kinder. Außerhalb seiner Ehe; es entstehen wilde Töchter, mit denen er wilde Jagden veranstaltet. Sie bringen ihm in einer rauhen Zeit, in der nach wilden Sitten gekämpft wird, Helden ins Haus, die er gleichfalls um sich versammeln kann – eine Art Gei-

sterheer entsteht, das er irgendwann einmal einsetzen kann. Das aber hilft ihm nicht weiter, denn sie alle sind von ihm abhängig, sind Familienmitglieder und an die Regeln gebunden, sind also auch nicht in der Lage, in seinem Namen den Schatz samt Tarnhelm und Ring zu stehlen.

Also steigt er eine Stufe weiter hinunter und zeugt Menschen. Inkognito. Es werden Zwillinge. Er gibt sich ihnen nicht zu erkennen, er verläßt sie in der sehr rauhen Welt, bevor sie klug genug sind, sich an ihn zu gewöhnen. Er hat mit ihnen etwas vor, doch er verrät es ihnen nicht. Sie sollen selbst draufkommen, belügt er sich. Sie sollen das von ihm unabhängige Geschlecht sein, das sich die Macht erkämpft, die er haben möchte. Bruder und Schwester, durch ein Menschenschicksal getrennt – bei einer der üblichen Stammesfehden wurde die Schwester geraubt, dann an einen groben Mann namens Hunding verheiratet, der Bruder schlägt sich als Einzelgänger durch – Bruder und Schwester treffen einander, spüren, daß sie zusammengehören, lieben sich. Und nicht nur, was ja denkbar wäre, wie Geschwister. Sie lieben sich wie Mann und Frau: In einer zuerst gräßlichen Nacht, denn der Bruder gehört zu den Feinden des Mannes Hunding und soll von diesen am nächsten Tag getötet werden; die Schwester aber rettet ihn, indem sie ihn zuerst bewaffnet und dann liebt.

Als Weltenherrscher oder Intrigant ist Wotan keineswegs hervorragend. Er hat zwar alles so arrangiert, wie es sein soll, Bruder und Schwester sind in Not, ein unbezwingbares Schwert – für ihn vorbereitet – ist in seiner Hand. Aber alles ist leicht durchschaubar, alles ist nicht Zufall, alles muß später einmal gegen den Drahtzieher Wotan sprechen. Nur die unendlich verliebten Geschwister merken das nicht, sie sind zu sehr mit sich beschäftigt.

Fricka dagegen, die legitime Ehefrau Wotans, gewohnt, beide Augen zu schließen vor dem unseriösen Leben ihres Mannes, von dessen Vorrangstellung sie ja immerhin profitiert, merkt alles. Als Frau des bedeutenden Wotan und aus verständlicher Reaktion auf dessen Lebenswandel ist sie die Schützerin der Heiligkeit der Ehe – ganz so wie Frauen allzu reicher Männer Wohltätigkeitsvereinen präsidieren.

Sie darf und will weder vor der Geschwisterliebe noch vor der Tatsache, daß außerdem ein grober Ehebruch vorliegt, die Augen verschließen. Wotan hat seinem Sohn Siegmund das unbezwingbare Schwert gegeben, sie hingegen erklärt den betrogenen Ehemann Hunding per Gesetz zum Sieger im notwendigerweise bevorstehenden Zweikampf und schert sich keinen Deut darum, was aus der Ehebrecherin Sieglinde wird. Wotan, der zu lügen versucht, es sei nicht nach seinen Intentionen, sondern ganz von selbst so gekommen, wie es kommen mußte, hat zu resignieren. Er, der bei Zweikämpfen im voraus die Entscheidung trifft, wer ein siegreicher Held oder ein ehrenhaft Unterlegener ist, muß diesmal gegen sein eigen Fleisch und Blut entscheiden – weil das Gesetz es will und er Gesetze anerkennen muß. Brünnhilde, von den zum wilden Heer gezeugten Walküren die wildeste und treueste, muß den Zweikampf so arrangieren, daß Siegmund verliert. Immerhin, sie bringt das nicht zuwege. Sie weiß, daß Wotan in Wahrheit den Sieg Siegmunds will. Sie erfährt, daß Siegmund – unwissend und ganz so, wie Wotan es sich gewünscht hat – Sieglinde liebt und bei ihr sein will. Sie sieht voraus, daß aus der ersten und einzigen Liebesnacht dieses Geschwisterpaares ein Kind entstanden ist. Also schützt sie im Zweikampf Siegmund, tut, was Wotan gerne täte, und zwingt diesen, zu tun, was er unter keinen Umständen will. Er muß sich selbst einmengen und den beleidigten Ehemann Hunding gewinnen lassen. Wütend, versteht sich. Wütend, vor allem seiner eigenen Hilflosigkeit wegen, bestraft er diejenige, die seinen wahren Willen begriffen hat. Seine Lieblingstochter Brünnhilde, die Siegmund nicht helfen konnte und Sieglinde mit den Trümmern des eigentlich unzertrümmerbaren Schwertes zur Flucht verholfen hat. Sie wird verstoßen, sie wird ausgesetzt. Auf einem Felsen soll sie schlafen, jedermann soll kommen und sie – ganz im Sinn des Wortes – nehmen können.

Immerhin, Wotan verwandelt seinen eigenen bösen Spruch im letzten Augenblick wieder in eine Art von Probe. Nicht jedermann soll Brünnhilde haben. Er legt ein Feuer um den Felsen, er will, daß nur „der Tapferste" unter den Menschen Brünnhilde findet und sie zu seiner Frau macht. In seiner überdimensionierten Herrschsucht und Hilflosigkeit ist er immer noch ein Vater, der verhüten will, daß es seinem schlimmen Kind zu schlimm ergeht.

Zweiter Tag:
Siegfried.

URAUFFÜHRUNG: Bayreuth, 1876.
SOLISTEN: *Siegfried* (Tenor) – *Mime* (Tenor) – *Der Wanderer* (Bariton) – *Alberich* (Bariton) – *Fafner* (Baß) – *Erda* (Alt) – *Brünnhilde* (Sopran) – *Stimme eines Waldvogels* (Koloratursopran).
SCHAUPLÄTZE: Eine Felsenhöhle im Wald – Tiefer Wald – Wilde Gegend am Fuß eines Felsenberges – Auf dem Gipfel des „Brünnhildensteines".
DAUER: ca. 4^1/$_2$ Stunden.

Eine schöne Frau auf einem Felsen, von Feuer umgeben, das spricht sich herum, das wird zu einer Attraktion, möchte man denken. Die Zahl derjenigen, die wenigstens den Versuch unternehmen, das Feuer zu bezwingen und die Frau heimzuführen, müßte doch eine märchenhafte sein.
Wir wissen nichts davon, erstaunlicherweise bleibt Brünnhilde unbehelligt, aufbewahrt für einen einzigen Bewerber. Oder die vergeblichen Versuche, sie zu bezwingen, sind allesamt so beschämend für die Herren Helden, daß davon einfach nicht gesprochen wird. Der einzige Bewerber aber gehört auf eine ganz einfache Art zur Familie. Er heißt Siegfried, ist der Sohn Siegmunds und Sieglindes und somit der Enkel Wotans, also ein Neffe Brünnhildes – man könnte die Nacher-

zählung des Stammbaumes auch weiterführen oder übertreiben, doch tut man es ja auch nicht immer, wenn man im Urlaub plötzlich neue Freunde findet und feststellt, daß man „über drei Ecken" sogar miteinander verwandt ist. In gewissen Landesteilen oder Ortschaften ist man übrigens immer miteinander verwandt.

Siegfried wächst bei einem zwerghaften bösen Wicht auf. Mime ist der geschundene, getretene Bruder jenes Alberich, der das Symbol Gold und Ring verfluchte. Mime ist immer noch Schmied. Er hat die bewußte Tarnkappe geschmiedet, er kennt alle Geschichten um und von dem Gold. Und er kennt selbstverständlich auch die Herkunft Siegfrieds.

Dieser selbst weiß nicht ein Gran davon, ist ein munteres Findelkind, das wild aufwächst und Mime als komische Figur, die für Unterhalt sorgt, widerwillig zur Kenntnis nimmt. Ein starker, rauher, dummer Bub vorläufig.

Mime hat mit ihm sehr viel vor. Im Wald lagert das Rheingold samt dem Ring, der Überlebende im Riesenkampf hat sich in einen feuerspeienden Drachen verwandelt und hütet seinen Schatz, ohne mit ihm etwas anzufangen. Mime kann sich vorstellen, daß Siegfried den Drachen übermütig töten, den Schatz aber ihm überlassen könnte.

Das sind genau jene Vorstellungen, die eigentlich auch Wotan mit sich herumträgt. Weshalb er, unruhig geworden, in Mimes Waldhöhle erscheint und erforscht, was dieser Widersacher weiß und denkt und vorhat. Die beiden alten Männer mißtrauen einander gründlich, reden in Rätseln, sie verraten einander mit keinem Wort, was sie sich von Siegfried erhoffen. Zuletzt aber wissen sie doch alles voneinander. Mime, daß Wotan noch nicht aufgegeben hat, und Wotan, daß Mime versuchen wird, Siegfried als Schlüssel zum Schatz zu benützen. Wie zwei recht zahnlose Männer trennen sie sich. Jeder hofft, daß das Schicksal ihm die günstigere Gelegenheit bieten werde. Mehr als die Hoffnung aber haben sie beide nicht mehr.

Zug um Zug geschieht, was sie sich nicht ganz so vorgestellt haben. Mime erzählt Siegfried von dessen Mutter Sieglinde, von dem unbezwingbaren Schwert, von den unmöglichen Abenteuern, die Siegfried mit dem Ring irgendwo im Wald bestehen könnte. Siegfried schmiedet, was Mime nicht zuwege brachte, das Schwert neu und ist zu Abenteuern bereit.

Wotan hat vor der Höhle mit Schatz und Drachen Alberich entdeckt und darauf aufmerksam gemacht, daß Mime und Siegfried auf dem Weg sein müssen. Sein und aller Herrscher Rezept ist „divide et impera", er hofft, Alberich und Mime könnten einander gleichsam neutralisieren, Siegfried den Schatz gewinnen, ihn dann aber an ihn, Wotan, ausliefern.

Siegfried macht's anders. Er tötet den Drachen, er behält den Schatz. Er begreift sogar, was er in Händen hält. Er ist plötzlich imstande, alles zu begreifen. Deshalb erschlägt er auch gleich Mime, der ihn vergiften will. Und macht sich auf den Weg zum Brünnhilden-Felsen.

Erinnern wir uns noch der Vorwarnung betreffs Gold und Schwert und Esche? Da gibt es auch noch ein Waldvögelein, von dem berichtet sein muß. Es singt dem gleichermaßen naiv träumenden wie unbekümmert tötenden Siegfried die Geschichte von der Frau am brennenden Felsen vor. Warum gerade ein Waldvögelein? Nun, es ist einfach eines von den Symbolen. Siegfried erfährt alles auf ganz natürliche Art. Der Vogel stellt die Natur dar. Einverstanden? Wenn wir uns mit der Deutung einverstanden erklären, erhalten wir zum Dank ein Geschenk. Zwei ergreifende Begegnungen, die gleichsam innerhalb der von Wotan dominierten oder geschaffenen Familie stattfinden.

Siegfried trifft am Fuße des Brünnhildenfelsens auf Wotan. Auf einen alten, starren Mann, der ihm mit seinem Speer den Weg verwehren will. Siegfried hat das Schwert bei sich, das seinem Vater Siegmund zerbrach. Wotan hat immer noch den alten Speer, das Symbol der Macht. Siegfried aber nimmt diese Macht nicht zur Kenntnis, und er begreift nicht, daß der alte Mann mächtig sein will. Er zerschlägt ihm, unbekümmert, wie er vorher getötet hat, den Speer. Und Wotan tritt in des Wortes mehrfacher Bedeutung ab. Seine Zeit ist vorbei. Der Bursch, der aus der Höhle Mimes auszog, um das Fürchten zu lernen, geht durch das Feuer.

Dann aber begegnet er der schlafenden Brünnhilde, erkennt, daß eine wunderschöne Frau vor ihm liegt – und daß er dieser Situation mit seinem Schwert und seinem Übermut nicht gewachsen ist. Und fürchtet sich vor dieser ersten Frau seines Lebens. Brünnhilde, die erwachen darf, weil der erhoffte Held da ist, liebt Siegfried. Und das läßt ihn die Furcht wieder vergessen. Er wird sie nie mehr haben. Er hatte sie nur einen einzigen, kostbaren Augenblick vorher.

Dritter Tag:
Götterdämmerung

URAUFFÜHRUNG: Bayreuth 1876.
SOLISTEN: *Siegfried* (Tenor) – *Gunther* (Bariton) – *Alberich* (Bariton) – *Hagen* (Baß) – *Brünnhilde* (Sopran) – *Gutrune* (Sopran) – *Waltraute* (Alt) – *1. Norne* (Alt) – *2. Norne* (Mezzosopran) – *3. Norne* (Sopran) – *Woglinde* (Koloratursopran) – *Wellgunde* (Mezzosopran) – *Floßhilde* (Alt).
SCHAUPLÄTZE: Auf dem Felsen der Walküren – Gunthers Hofhalle am Rhein – Der Walkürenfelsen – Vor Gunthers Halle – Waldige Gegend am Rhein – Gunthers Halle.
DAUER: ca. 5 Stunden.

Hat man sich einmal angewöhnt, Kindern vor dem Schlafengehen eine Geschichte zu erzählen, dann kennt man auch die Technik der notwendigen Wiederholung – man muß ihnen möglichst animierend in Erinnerung rufen, wie man am Vorabend die Königin und den verwunschenen Prinzen irgendwo gelassen hat und warum sie jetzt wiedererweckt werden können. Und

dies hier ist eine schier endlose Geschichte vom Anfang
der Welt bis zu ihrem Ende.

Deshalb sitzen drei Nornen, Märchenweiber, und erzählen einander noch einmal vom Gold, von den Verträgen des Herrn Wotan, auch von seinem unaufhalt-
samen Abstieg. Sie sind in ihrem Dreigesang und
Tratsch dermaßen vertieft, daß sie über die Vergangenheit zur Gegenwart und plötzlich sogar in die Zukunft
finden – im allerletzten Moment erst merken sie, daß
das Garn, das sie spinnen, gerissen ist und sie das Ende
vorläufig nur undeutlich ahnen. Wotan sitzt in seiner
teuer erworbenen Burg und harrt bereits willenlos dem
Ende entgegen, das er selbst nicht aufhalten, jedoch
auch nicht herbeiführen kann. Er ist doch nur mächtig
gewesen, nie aber allmächtig.

Anderswo, tiefer im Rhein, sitzt neben einem mächtigen König eine Mißgeburt, die für das Ende zu sorgen
hat – ein Mann, der Hagen heißt und der Sohn Albe-
richs ist. Alberich, der sich ja nicht realiter entmannt
hat, sondern nur seine Liebesfähigkeit verdammte, hat
eine Frau vergewaltigt. Ganz ähnlich seinem Kontra-
henten Wotan hat er für einen Nachkommen gesorgt,
der sich ums Gold kümmern soll, der vielleicht das
zuwege bringen könnte, was er nicht kann: Ganz ähnlich geht es oben und unten zu, die Gründerväter sind
zahnlos geworden und hoffen, daß ihre Söhne oder
Enkel vollenden, was sie begannen.

Die Nachkommenschaft Wotans, die von Siegfried geliebte Brünnhilde, hat ihren gerade erst gefundenen
Mann auf Heldenfahrt geschickt, er soll sich austoben,
er soll durch die Welt reiten und Abenteuer bestehen,
er soll als Sieger immer wieder zu ihr zurückkehren –
sie sitzt gleichsam am Herd und hütet den Ring, das
Unterpfand der Liebe. Siegfried, der Held, erkundet
das Leben.

Das Leben aber, das sind die Menschen am Rhein, ein
König Gunther, dessen Schwester Gutrune, deren
Halbbruder Hagen. Sie erwarten Siegfried, sie sind sein
Schicksal: Hagen weiß von seinem Vater, was Siegfried
bedeutet und wie man ihn zerstören kann; er macht
Gunther Lust auf die sagenhafte Frau Brünnhilde, er

erklärt Gutrune, daß ihr eigentlich Siegfried gebühre,
er hat einen Zaubertrank zur Hand, der alles notwendige Verderben bewirken kann. Siegfried nimmt nur
einen Schluck und sieht die Welt anders, ist in Gutrune
verliebt, hat Brünnhilde vergessen, findet Gunther
sympathisch und schwört ihm brüderliche Treue –
große Worte, emphatische Beteuerungen, wie man sie
nur hervorbringt, wenn man gerade erst zur Liebe fähig gemacht wurde und eine wunderschöne Frau sieht,
die man haben möchte.
Ein Komplott, das sich Siegfried nie ausdenken könnte, wird ihm von Hagen suggeriert. Siegfried soll sich
in Gunther verwandeln und, weil er's ja kann, Brünnhilde durch das Feuer holen. Dann kann er Gutrune als
seine Frau haben, und Gunther besitze Brünnhilde. So
einfach ist das, wenn Hagen es erklärt und noch rascher einen barbarischen Blutsbrüderschaftsschwur
empfiehlt, der Siegfried dazu verpflichtet, Gunther nie
zu belügen, nie zu bestehlen, nie zu betrügen.
Man könnte meinen, es gehe um eine Frau, um Liebe,
um außerordentlich schöne Dinge. In Wahrheit geht es
nur um Macht, also um das Symbol dieser Macht, um
den Ring aus Rheingold. Brünnhilde, die den Ring
trägt, weiß das allerdings so wenig wie die anderen Personen, die noch im Spiel sind – sie hat den Ring als
Liebeszeichen Siegfrieds am Finger, und eine Versuchung, ihn wegzuwerfen, wie sie ihr in Gestalt einer
„Schwester", einer Vision aus der Umgebung Wotans,
erscheint, macht sie nur nachdenklich, aber nicht
schwach. Sie ist keine weise Frau mehr, die begreift,
was alles an einem Symbol der Macht hängen kann. Sie
ist eine verliebte Frau, die an ihren tapferen Mann
denkt.
Das wird ihr und allen anderen zum Verhängnis, denn
alle Ideen Hagens sind ganz rasch Realität. In einer
Verkleidung, die ihn als Gunther erscheinen läßt, holt
Siegfried seine Brünnhilde vom Felsen, in seiner eigenen Gestalt nimmt er sich Gutrune zur Frau, und keine
Klage der Brünnhilde stimmt ihn um. Er hat sie längst
vergessen, er kann sie ansehn und doch Gutrune haben
wollen, er ist, wie alle Männer, keineswegs dankbar –

hat er irgendwann einmal bei Brünnhilde erfahren, wie man ein Mann ist? Er weiß das nicht mehr.

Seine Vergeßlichkeit, die wahrlich menschlich und männlich ist, wird ihm zum Verhängnis. Hagen hat erreicht, was er wollte. Brünnhilde hält Siegfried für einen Verräter, mehr noch, er ist einer. Und als Verräter ist er auch besiegbar. Sein Blutsbrüderschaftsschwur ist eine pure Äußerlichkeit, immerhin aber so etwas wie eine Absicherung Hagens gegenüber den Gesetzen. Wenn er jetzt Siegfried schlachtet, dann hat er das Recht dazu.

Also schlachtet er den tapferen, dummen Siegfried. Er tut's auf die einzig mögliche Weise, indem er ihn mit einem Speer rücklings ersticht. Und er tut's vor allen nur möglichen Zeugen, nachdem er vorher Siegfried erzählen läßt, wie er im Wald einen Schatz errungen, auf dem Felsen eine Frau geliebt – und also Gunther betrogen hat. Das Recht ist auf Hagens Seite. Niemand kann den Mörder belangen, er ist vor dem Gesetz der Hüter des Gesetzes.

Er wäre es, und die Tragödie endete entsetzlich, gäbe es nicht eine Art Moral aus der Geschichte. Angesichts der Leiche Siegfrieds erkennen alle, worum hier gekämpft wurde. Nicht um eine Frau, nicht um einen Mann, sondern um die Macht selbst. Gunther begreift es, will an diese Macht heran und wird erschlagen. Hagen gibt es offen zu, will den Ring und wird vom hereinbrechenden Rhein fortgespült. Brünnhilde erkennt es und sorgt für das Ende. Sie wirft den Ring, die Macht, endgültig weg.

Das ist das Ende, das nicht einmal die Märchenweiber vorhergesehen haben. Das Symbol der Macht ist allen, die es haben wollten, wieder entrissen. Sie können nicht einmal mehr um den Ring kämpfen. Sie haben jeden Sinn verloren. Sie sterben – für diesmal – alle, alle. Irgendwann wird sich die ganze Geschichte mit geringfügigen Variationen wiederholen. Denn das Rheingold ist vorhanden. Und Geschöpfe, die es haben wollen, werden wieder entstehen. Ein nächster Krieg wird über die Welt hereinbrechen.

Richard Wagner

Parsifal

Ein Bühnenweihfestspiel.
Dichtung vom Komponisten.

Uraufführung: Bayreuth, 1882.
Solisten: *Amfortas* (Bariton) – *Titurel* (Baß) – *Gurnemanz* (Baß) – *Parsifal* (Tenor) – *Klingsor* (Bariton) – *Kundry* (Mezzosopran) – *1. Gralsritter* (Tenor) – *2. Gralsritter* (Baß) – *1. Knappe* (Sopran) – *2. Knappe* (Alt) – *3. und 4. Knappe* (Tenor) – I. und II. Gruppe: je *1. Blumenmädchen* (Sopran), *2. Blumenmädchen* (Sopran) und *3. Blumenmädchen* (Alt) – *Stimme aus der Höhe* (Alt).
Ort: Auf dem Gebiet und in der Burg der Gralshüter „Monsalvat": Gegend im Charakter der nördlichen Gebirge des gotischen Spaniens. – Klingsors Zauberschloß am Südabhang derselben Gebirge, dem arabischen Spanien zugewandt, anzunehmen.
Schauplätze: Im Gebiet des Grals, Wald schattig und ernst, doch nicht düster – Säulenhalle mit Kuppelgewölbe, den Speiseraum überdeckend – Im Innern eines nach oben offenen Turmes – Zaubergarten, tropische Vegetation, üppigste Blumenpracht – Einöde (offene Verwandlung) – Freie, anmutige Frühlingsgegend auf dem Gebiet des Grals – Große Gralshalle wie im I. Akt, ohne Speisetafeln.
Dauer: ca. 5 Stunden.

Bis in unsere schon ziemlich schwache Zeit haben sich in Vereinigungen von Männern gewisse Rituale und gewisse unausgesprochene Zielsetzungen erhalten. Zu den Ritualen zählt nicht nur, daß man einander ohne Damen trifft, sondern auch, daß man sich vorwiegend bei einem gemeinsamen Essen zusammensetzt. Und zu den Zielsetzungen zählt, daß man für ideale Zwecke wohltätig sammelt und spendiert, für die eigene Person aber Verbindungen knüpft und in geschäftlicher wie anderer Weise einander unter die Arme greift. Einmal auf die Gefahr, von sämtlichen Mitgliedern sämtlicher

Weiß man heute noch von der Absicht Wagners, dieses Werk ausschließlich in Bayreuth aufführen zu lassen? Von den Kämpfen der bedeutendsten Musiker nach Wagner, diesen Willen respektiert zu sehen? Von der Flut von Erregung, die losbrach, als das Tabu gebrochen war und allerorten „Parsifal" im Repertoire erschien? Auch wer es nicht weiß, wird nach der Aufführung des Weihespiels begreifen, daß es in einer Serie mit Opern einfach weder zu musizieren noch zu hören ist.

Hier ist's zu früh; die berühmte Musik, zu der man eine Verwandlung auf offener Bühne und anschließend die geistliche Feier mit Chören aus verschiedenen Entfernungen spielen muß, steht am Ende von Akt eins und drei. Daß es dabei szenische und musikalische Probleme gibt, läßt sich vorstellen. Wagner schreibt genau vor, was er will. Realisieren läßt es sich kaum.

derartiger Vereine nicht mehr wohlwollend angesehen zu werden: Man unterscheidet sie voneinander nur noch durch den Tagungsort und das Klubabzeichen – und allenfalls dadurch, daß die einen darauf Wert legen, mit ihren Abzeichen aufzutreten, und die anderen, ein wenig Geheimbündelei zu spielen. Aber auch diese ist nicht mehr, was sie einmal war, es spricht sich viel zu rasch herum, wer da bei welcher Loge Mitglied ist. Eine der exklusivsten Vereinigungen, mit der Zeit entsprechend stark religiösem Charakter, jedoch ausdrücklich kein Mönchsorden, war der Verband der Gralsritter. Eine Versammlung frommer, aber auch tatkräftiger Männer, die sich ausschließlich caritativen Zielen widmete. Man konnte nur Aufnahme finden, wenn man gleichsam erwählt war, wenn man den Zugang zu der Burg Montsalvat fand, wenn man von sich aus bereits den Anforderungen entsprach, die an einen Gralsritter gestellt wurden.

Mittelpunkt und Heiligtum des Gralsrittertums waren ein Kelch, in dem nach der Überlieferung das Blut Christi aufgefangen worden war, und eine Lanze, mit der der Überlieferung nach ein römischer Legionär Christus am Kreuz eine Wunde geschlagen hatte. Das große Zeremoniell der Gralsritter war, zum Osterfest nicht einfach die heilige Kommunion einzunehmen, sondern den Gral – die Schale mit dem Blut Christi – zur Schau zu stellen. Der Anblick dieses Heiligtums, die allgemeine Meditation darüber, daß dieses Blut wirklich für alle Menschen vergossen worden ist, war die moralische Aufrüstung für die Gralsritter. Die Bestätigung ihrer Sendung, ihres Auftrags.

Jede Vereinigung von Männern hat allerdings, sagen wir einmal zur Ergänzung, auch Gegner. Zumeist sind es Persönlichkeiten, die sich vergeblich um die Aufnahme beworben haben und einen Gegenverein gründen oder durch Machenschaften verschiedenster Art ihre Enttäuschung ausleben. Die Gralsritterschaft hatte einen einzigen ernstzunehmenden Gegner: Klingsor. Personifizierten die Gralsritter das Gute, dann mußte man ihn einfach das Böse nennen.

In der permanenten Auseinandersetzung mit ihm gab

es Höhen und Tiefen. Klingsor hatte sich unweit der
Burg der Ritter angesiedelt und spekulierte „auf die
niedrigsten Instinkte" im Menschen. Er ließ Gralsritter
einfach verführen. Hatte es aber einer einmal mit einem der zugegeben äußerst attraktiven Mädchen
Klingsors getrieben, was eines Ritters unwürdig war,
dann war er aus gleich mehreren Gründen für den Gral
verloren.

Versuche, Klingsor das Handwerk zu legen, wurden
unternommen. Der spektakulärste wurde zugleich die
kräftigste Niederlage der Gralsritterschaft. Das ge-
wählte Oberhaupt, Amfortas, war mit dem symbol-
trächtigen Speer in der Hand gegen den sündigen Bezirk Klingsors ausgezogen. Klingsor hatte seine faszi-
nierendste „Wunderblume", ein Mädchen Kundry,
eingesetzt, und Amfortas hatte dieser Kundry nicht
widerstehen können. Jetzt hatte Klingsor den Speer,
mit dem er zu allem Überfluß Amfortas einen Stich in
die Seite beigebracht hatte.

Amfortas war unheilbar krank und fühlte sich, strenger
Ausleger und Hüter aller Gebote, nicht mehr würdig,
an den hohen Feiertagen den Gral zu enthüllen. Wenn
man ihn dazu zwang, wurden seine Selbstvorwürfe für
jedermann nahezu unerträglich. Die Gralsritterschaft,
von einem kranken Oberhaupt kaum noch geleitet, eines Symbols beraubt, war durchaus in größter Gefahr.
Eine Hoffnung bestand allerdings: In eine Art Orakel-
spruch gebracht, lautete sie, ein reiner Tor, durch Mitleid wissend geworden, werde noch einmal alles zum
Guten wenden. Weder Amfortas noch die anderen
Gralsritter begriffen ganz, was dieser Spruch bedeuten
sollte. Gurnemanz, einer der ältesten Gralsritter, der
nicht mehr auf der Burg, sondern als Einsiedler in den
Grenzbezirken lebte, meditierte immer wieder, wer
wohl ein reiner Tor sein könne.

Zwischendurch sorgte er für Bäder, die Amfortas etwas Entspannung brachten, lehrte die Knappen, die
Anwärter auf eine Gralsritterschaft, und hielt die Beziehungen zur Außenwelt aufrecht – Beziehungen sogar zu Kundry, von der man allerdings nicht wußte,
daß sie ein Doppelleben lebte: Sie war die erfolgreich-

Kundry wird manchmal,
wenn ein Produzent originell
sein will, von zwei Sängerinnen gesungen. Das ist absolut
abzulehnen.

ste Verführerin bei Klingsor und ein armes, gutes Geschöpf, wenn sie diesem wieder entkam und den Gralsrittern dienen konnte. Man kennt dergleichen, es gibt große oder wenigstens sehr strahlende Sünderinnen, die dann wieder mit Eifer gutmachen wollen, was sie verdarben. Die Frauen haben auch, ach, zwei Seelen in ihrer Brust.

Als eines Tages ausgerechnet im Bezirk der Gralsritter ein junger Mann auftauchte, der mit Pfeil und Bogen jagte, einen Schwan traf und im Gespräch mit Gurnemanz als ein völlig blöder Bub aus dem Wald dastand, glaubte der alte Gralsdiener, dieser Parsifal könne der versprochene reine Tor sein. Denn Parsifal kannte den Unterschied zwischen Gut und Böse nicht, war töricht in einem schönen Sinn und außerdem stark und bescheiden zugleich. Gurnemanz nahm ihn mit zur Burg, er ließ ihn am Abendmahl der Ritter teilnehmen.

Es war eine der seltenen Gelegenheiten, bei denen Amfortas gezwungen wurde, den Gral zu enthüllen. Ein kluger Beobachter hätte Fragen gestellt, hätte wissen wollen, was der Gral ist, warum die Ritter ihn anbeten, warum vor allem ihr Oberhaupt nur unter Wehklagen und Selbstvorwürfen diesen Gral vorweist. Parsifal sah das alles und stellte keine Frage. Gurnemanz meinte, er habe sich geirrt, und entließ den dummen Buben.

Der böse, deshalb kluge Klingsor aber begriff, daß Parsifal tatsächlich auch für ihn eine Gefahr war. Da ging einer durch die Gegend und hatte Kraft und Übermut und keine verwundbaren Stellen. Ein rarer Fall. Klingsor ließ seine Mädchen erscheinen, und Parsifal fand sie einfach hübsch, aber keineswegs verführerisch. Klingsor zwang Kundry, den Knaben zu verführen. Beinahe wäre es ihr geglückt, sie war schön und klug und sprach mit Parsifal über seine Mutter. Sie wollte ihn nicht gleich als Frau, sondern erst einmal als Mutter küssen – das weitere sollte sich rasch ergeben.

Das Wunder aber, das in einem Menschen vorgeht, wenn er aus seiner Unschuld erweckt wird, ist zweifellos das Größte, das wir kennen. Der erste Kuß, die erste Liebesbegegnung, können einen Menschen verwandeln.

Die Blumenmädchen, vergleichbar den Naturgeschöpfen in „Ariadne", haben auch so schwierige Partien wie diese – man muß sehr aufpassen, sehr hoch singen, sehr genau zählen. Eine chorische Besetzung, wie sie manchmal versucht wird, ist gegen die Intentionen Wagners. Und der Versuch, die Damen hinter der Szene und Tänzerinnen für sie agieren zu lassen, verrät immer einen ungeschickten Regisseur.

Als Kundry Parsifal küßte, verlor dieser tatsächlich seine Unschuld. Plötzlich begriff er nicht nur, was es an Leidenschaft auf der Welt gibt, sondern auch, daß diese Leidenschaft gefährlich sein kann. Und wußte, warum im Tempel der Gralsritter Amfortas geklagt hatte. War durch Mitleid wissend geworden. Und unerreichbar für die Verführungskünste der Kundry, unverwundbar für den Speer des Klingsor – der hätte ihn nur getroffen, wäre er wie irgendein Gralsritter bei einem Blumenmädchen so erfreulichen wie schwächenden Leidenschaften erlegen.

Der Rest ist rasch erzählt. An einem Fronleichnamstag, an dem die Gralsritterschaft schon ihrem Ende entgegendämmerte und Gurnemanz jede Hoffnung aufgegeben hatte, kam Parsifal wieder in den heiligen Bezirk. Er brachte den Speer, das Symbol der Ritter, zurück.

Das Ritual für diesen kaum mehr erhofften Moment ergab sich von selbst. Parsifal bewies Amfortas, daß alle Verfehlungen ein Ende haben, und wurde der neue Herr der Gralsritter. Kundry, deren böser Herr den Kampf verloren hatte, war ebenso gerettet wie alle anderen. Weil in den Kampf zwischen Gut und Böse einer eingegriffen hatte, der im Stand der Unschuld gewesen war – und diese entscheidet sich, sagt die Moral der Geschichte, immer für das Gute.

CARL MARIA VON WEBER

Der Freischütz

Oper in drei Abteilungen. Dichtung (zum Teil nach dem Volksmärchen „Der Freischütz") von Friedrich Kind.

URAUFFÜHRUNG: Berlin, 1821.
SOLISTEN: *Ottokar,* böhmischer Fürst (Bariton) –

Cuno, fürstlicher Erbförster (Baß) – *Agathe*, seine Tochter (Sopran) – *Ännchen*, eine junge Verwandte (Koloratursoubrette) – *Kaspar*, 1. Jägerbursche (Baß) – *Max*, 2. Jägerbursche (Tenor) – *Ein Eremit* (Baß) – *Kilian*, ein reicher Bauer (Tenor) – *Vier Brautjungfern* (Soprane) – *Samiel*, der Schwarze Jäger (Sprechrolle).
ORT: In Böhmen.
SCHAUPLÄTZE: Platz vor einer Waldschenke – Vorsaal im Waldschlößchen – Furchtbare Wolfsschlucht – Kurze Waldszene – Agathes Stübchen – Eine romantisch schöne Gegend mit fürstlichen Jagdzelten.
ZEIT: Kurz nach Beendigung des Dreißigjährigen Krieges.
DAUER: ca. 2¹/₂ Stunden.

Webers Geniestreich ist allein schon die Ouvertüre – sie ist eine Programmouvertüre, die trotzdem eine abgewandelte Sonatenform beibehält. Noch vor den „Meistersingern" hat sie das schönste C-Dur zum Finale, das man in einem Opernhaus hören kann.

Als man von Statistiken noch nichts wußte, da hatte man immerhin schon so etwas wie Erfahrungswerte zur Hand. Man nannte es damals Bauernregeln, und die lauteten ziemlich genau so wie die heute veröffentlichten Ergebnisse aus Umfragen in so und so vielen Haushalten.

Daß man an diese oder jene glaubt, nennt man auch Aberglauben – früher lebte man einfacher und drückte sich bildhafter aus, Hexen, wilde Jäger und der Teufel selbst wurden zum Beweis herangezogen. Heute gibt man es etwas nüchterner.

Immerhin: Wenn in einer tiefdeutschen Waldgegend zwei Jägerburschen leben und der eine blond und schußsicher ist, plötzlich aber nicht mehr trifft, der andere aber dunkel und verschlagen scheint, plötzlich aus dem blauen Himmel mit nur einem Schuß einen Habicht herunterholt, dann ist die Statistik, die Regelmäßigkeit, plötzlich gestört. Und zur Erklärung muß man von übersinnlichen Kräften sprechen.

Wo hat es das vorher gegeben? Um die berühmte Arie des Max („Durch die Wälder, durch die Auen" hört man mittendrin) einzuleiten, schreibt Weber einen herrlichen Walzer, der immer leiser und zaghafter wird – gleichsam ein Walzer als Introduktion und somit der Gegensatz einer Walzerintroduktion.

Das ungefähr ist die Situation, unter der die Jägerburschen Max und Kaspar leiden. Der blonde Max, der am nächsten Tag die blonde Tochter Agathe des blonden Försters heiraten soll, hat Schußpech, und das kann ihn um sein Glück bringen, denn nach einem alten und leicht begreifbaren Brauch muß er seine Jägerqualitäten beweisen, bevor er heiraten darf: Immerhin ist er ja als Schwiegersohn des Försters dran, auf der Leiter weiterzukommen, einmal Förster zu werden – da muß er auch treffen können.

Und der dunkle Kaspar? Der hat manchmal Glück und zumeist Pech. Er glaubt von sich, dem Bösen verschrieben zu sein, er gießt seine Kugeln immer unter wilden Beschwörungen und hat dann für einige Zeit Glück. Er ist dem blonden Kollegen von Herzen gram, wie nur Glücklose Glücklichen es sein können.

Immerhin hat dieser blonde Max Pech. Das macht dem dunklen Kaspar Freude und Mut und läßt ihn Schauergeschichten erfinden. Er will mit Max Kugeln gießen auf seine wilde, verschwörerische, zauberische Art. Dann hat er einen Gefährten in seinem Unglück, und der Blonde muß zugestehen, daß es doch Hexen, Geister und den schwarzen Jäger Samiel gibt, der Freikugeln an ihm verfallene Seelen austeile – und was man halt so an Aberglauben in der Gegend kennt und der unglückliche Kaspar schon lange beschwört.

Aberglauben läßt auch die blonde Försterstochter unruhig sein. Sie soll am nächsten Tag ihren Max bekommen, aber sie ist recht ängstlich. Wird alles ganz so werden, wie sie es erhofft? Wird sie wirklich glücklich mit Max? Der ist ihr keine große Hilfe, er hat ja gerade Schützenpech gehabt und will auch nicht bei ihr sein, sondern wieder „in den Wald". Die junge Braut schläft unruhig in der letzten Nacht als Mädchen.

Unruhig auch, weil es Gewitter gibt, weil in der Wolfsschlucht der dunkle Kaspar ein Kugelgießen inszeniert und mit seinen Hirngespinsten Zwiesprache hält. Er will ihnen den behüteten blonden Max opfern, dafür sollen sie ihm „eine Frist" geben. Rund um ihn gibt's Regen und Blitze und Donner und Gesträuch – da kann man viel heraushören, wenn man möchte.

Der blonde Max, der zu ihm stößt, hilft mit viel Ängstlichkeit beim Kugelgießen. Er hört und sieht, was ihm der vom Geisterglauben befallene Jäger suggeriert. Er ist ganz überzeugt davon, daß sie gemeinsam sündigen. Er will ja immerhin auch sicher sein, am andern Tag den Probeschuß zustandezubringen. Er will Agathe,

Bei den beiden aneinandergehängten Piecen des Kaspar bewundert man allemal den Sänger. Einmal aber sollte man die Instrumentation bewundern – und dann begreifen, warum Hector Berlioz diese Oper liebte. Weil Weber ihm alles vorweggenommen hatte.

Duett, Ariette und Arie von Ännchen und Agathe sind wichtiger, als man annehmen möchte – an der großen Szene der Agathe schrieb der Komponist volle zwei Jahre, während er andere Abschnitte der Oper längst fertig hatte. Agathe, die zwar blond, aber nicht süß sein darf, ist für Weber der Hauptgrund gewesen, diese Oper zu komponieren.

und er will einmal Förster werden. Dafür sündigt man schon, wenn's sein muß.

Am anderen Tag ist die Luft wieder klar. Zwar ist Agathe unruhig, aber wie soll sie anders sein am Hochzeitstag – und daß man Schachteln vertauscht hat und ihr statt einem Braut- einen Totenkranz gesandt hat, heitert sie nicht auf. Zwar fürchtet sich Max vor dem Probeschuß, denn sein Gewissen als Jäger ist nicht rein. Aber sonst?

Vor dem Fürsten selbst, der bei solchen Gelegenheiten gern erscheint, gibt Max den Schuß ab. Unglücklich, denn die Menschen schreien auf. Entweder hat er seine Verlobte getroffen, die gerade auf die Lichtung kommt und beim Büchsenknall hinfällt, oder er hat den dunklen Kaspar getötet, der sich am Rand der Lichtung im Blut wälzt.

Und weiter? Wäre Max nur einigermaßen, was man einen modernen Menschen nennt, er würde glücklich sein, daß Kaspar tot ist, würde verzweifelt sein, weil sein Probeschuß so unglücklich ausgefallen ist, und käme mit einem Tadel davon.

Max aber gesteht alles. Er gesteht seinen Aberglauben, seinen Teufelspakt, seine wilden Zeremonien in der Wolfschlucht. Er glaubt ja selbst an sie. Daß er beinahe Agathe erschossen hätte, ist der Beweis für ihn. Der Fürst, der Oberförster, Agathe, die Menge rundherum, sie alle erstarren. Da steht einer, der sich mit dem Teufel eingelassen hat? Ein Einsiedler rettet Max. Er hat die Szene beobachtet und erklärt, was er von der Angelegenheit hält. Ein Probeschuß, auf dessen Gelingen alles ankäme, sei eine furchtbare Herausforderung. Max sei immer ordentlich gewesen. Er solle zur Strafe ein Jahr auf Agathe warten müssen. Der Probeschuß aber solle abgeschafft sein.

Weil das eine kluge Lösung aller Probleme darstellt, sind alle einverstanden. Der Aberglaube ist nicht ausgerottet, aber doch nicht mehr so ernst genommen. Die Regeln, daß einer immer treffen und der andere immer fehlen muß, gelten halt nicht.

Und noch ein praktischer Hinweis: Sowohl der Fürst als auch der Eremit, vor allem aber der Eremit, müssen mit ersten Sängern besetzt sein. Sonst begreift niemand, wie diese Oper überhaupt aufgeführt werden konnte. Der Eremit allein sagt doch die Moral der Geschichte.

Epilog

Unter den Opernfreunden und denjenigen, die ich vielleicht jetzt als neue Opernfreunde gewonnen habe, wird Übereinstimmung herrschen – die Opern, von denen wir gesprochen haben, werden nie so dargestellt, wie der Autor oder der Leser sie in seiner Phantasie gesehen hat. Immerhin, es gibt ein Mittel, um sie zu hören und dabei doch ungefähr so zu erleben, in seiner Einbildungskraft zu erleben: Man kann sich Schallplattenaufnahmen anhören.

Hier folgt eine wiederum sehr persönliche und zur Diskussion gewiß herausfordernde Zusammenstellung: Von den meisten der erzählten Opern eine oder zwei Gesamtaufnahmen, die aus dem einen oder anderen Grund, sehr oft einzelner Sänger wegen, manchmal aber auch allein des Dirigenten wegen meine Lieblingsaufnahmen sind. Es gibt von jeder Oper mehr, das ist wiederum und noch einmal ein Beweis dafür, wie allgemein ernst die Oper genommen wird. Und anderseits eine Aufforderung, sich als Opernfreund eine Sammlung nach persönlichem Geschmack – der nicht mit dem meinen übereinstimmen muß – zusammenzustellen.

Daß Toscanini und die Callas etwas öfter vorkommen als andere Diven und Dirigenten, daß hier und da eine Aufnahme, die mir selbst gefällt, die aber nicht mehr auf dem Markt ist, fehlt – dies und andere Punkte, über die der Leser vielleicht in Aufregung gerät, will ich nicht mehr diskutieren. Sonst ergäbe sich ein Disput unter Opernfreunden, und der ist, wie wir gemeinsam festgestellt haben, endlos.

Meine persönlichen Platten-Empfehlungen

Beethoven, Ludwig van
Fidelio op. 72 Oper in 3 Akten v.
J. Sonnleitner u. Fr. Treitschke
Bernstein / Janowitz, Popp,
Dallapozza, Kollo, Terkal, Fi-
scher-Dieskau, Sotin, Jung-
wirth / Chor d. Wiener Staats-
oper / Wiener Philh.
   [+ Kassette] → DG 2740 191
Böhm / Konetzni, Seefried,
Ralf, Klein, Neralic, Schöffler,
Alsen / Chor u. Orch. d. Wie-
ner Staatsoper
   → BR DE 23 116/17
Furtwängler / Mödl, Jurinac,
Windgassen, Schock, Hen-
dricks, Poell, Edelmann, Frick,
Bierbach / Chor d. Wiener
Staatsoper / Wiener Philh.
   → EMI 147-01105/07M

Berg, Alban
Wozzeck Oper in 3 Akten von
Georg Büchner
Böhm / Lear, Wunderlich,
Stolze, Vantin, Müggelberg, Fi-
scher-Dieskau, Koffmane,
Kohn, Böhme / Schöneberger
Sängerknaben / Orch. d. Dt.
Oper Berlin → DG 2707 023
Boulez / Strauß, Berry, Uhl /
Chor d. Oper Paris / Orch. d.
Oper Paris → CBS 77 393

Lulu Oper in 3 Akten von Frank
Wedekind
Böhm / Lear, Johnson, Grobe,
Fischer-Dieskau, Orch.
d. Deutschen Oper Berlin
   → DG 2709 029 IMS

Donizetti, Gaetano
Don Pasquale Oper v. O. Ruffi-
ni; dt.: H. Proch
Kertész / Sciutti, Oncina, Me-
renriali, Krause, Corena / Chor
d. Wiener Staatsoper / Orch. d.
Wiener Staatsoper
   → Dec 6.35 295 DX
Der Liebestrank (L'elisir d'amo-
re) Kom. Oper in 2 Akten
(Roman n. Scribe; dt.: Grün-
baum)

Bonynge / Sutherland, Casula,
Pavarotti, Cossa, Malas / Am-
brosian Singers / Engl. Cham-
ber Orch.
   → TIS SET 503/05 GF
Molinari-Pradelli / Mandelli,
Güden, Stefano, Capecchi, Co-
rena / Chor u. Orch. d. Maggio
Musicale Fiorentino
   → Dec 6.35 217 DX
Lucia di Lammermoor Tragische
Oper in 3 Akten v. S. Camma-
rano
Serafin / Callas, Canali, Stefa-
no, Natali, Darri, Gobbi, Arie /
Chor u. Orch. d. Maggio Mu-
sicale Fiorentino
   → EMI 137-00 942/43 M
Serafin / Callas, Elkins, Tagliavi-
ni, Ferro, Casellato, Cappuc-
cilli, Ladycz / Philh. Chor
London / Philh. Orch. London
   → EMI 163-00509/10

Flotow, Friedrich von
Martha Oper
Heger / Rothenberger, Fass-
baender, Gedda, Prey, Weller /
Chor u. Orch. d. Bayer.
Staatsoper München
   → EMI 197-30 241/43

Mozart, Wolfg. Amadeus
Cosi fan tutte KV 588 Opera
buffa von Lorenzo da Ponte
Böhm / Della Casa, Loose,
Ludwig, Dermota, Kunz,
Schöffler / Chor d. Wiener
Staatsoper / Wiener Philh.
   → Decca 635 102
Böhm / Janowitz, Fassbaender,
Prey, Schreier, Grist, Pane-
rai / Chor der Wiener Staats-
oper, Wiener Philh.
   → DG 2740 118 IMS
Don Giovanni KV 527 Dramma
giocoso (da Ponte)
Giulini / Wächter, Sutherland,
Alva, Frick, Schwarzkopf,
Taddei, Capuccilli, Sciutti /
Philh. Chor London / Philh.
Orch. London
   → EMI 181-00504/07
Klemperer / Watson, Freni,

Ludwig, Gedda, Berry, Ghiau-
rov, Crass, Montarsolo / New
Philh. Chor London / New
Philh. Orch. London
   → EMI 165-00061/64
Krips / Della Casa, Danco,
Dermota, Böhme, Corena,
Siepi / Chor d. Wiener Staats-
oper / Wiener Philh.
Moralt / Zadek, Jurinac, Sciut-
ti, Simoneau, Wächter, Berry,
London, Weber / Wiener
Kammerchor / Wiener Symph.
   → Ph 6768 033
Figaros Hochzeit KV 492 (Le
Nozze di Figaro) Opera buffa v.
v. Lorenzo da Ponte
Giulini / Schwarzkopf, Moffo,
Getta, Fusco, Cossotto, Erco-
lani, Taddei, Wächter, Cappuc-
cilli, Vinco / Philh. Chor u.
Orch. London
   → EMI 197-03 464/66
Karajan / Schwarzkopf, See-
fried, Jurinac, Schwaiger, Hön-
gen, Majkut, Rus, Kunz, Lon-
don, Felden / Chor d. Wiener
Staatsoper / Wiener Philh.
   → EMI 147-01 751/53 M
Kleiber / Della Casa, Güden,
Felbermayer, Rössl-Majdan,
Dickie, Meyer-Welfing, Poell,
Siepi, Corena, Pröglhoff / Chor
d. Wiener Staatsoper / Wiener
Philh. → Dec 6.35 113 FK
Die Zauberflöte KV 620 Gr.
Oper in 2 Akten v. E. Schika-
neder
Böhm / Güden, Lipp, Loose,
Simoneau, Berry, Böhme /
Chor d. Wiener Staatsoper /
Wiener Philh.
   → Dec 6.35 101 EK
Karajan / Weber, Dermota,
London, Majkut, Pröglhoff,
Lipp, Seefried, Jurinac, Riegler,
Schürhoff, Kunz, Loose, Klein,
Steinmassl, Dörpinghans,
Stückl / Wiener Singverein /
Wiener Philh.
   → EMI 147-01663/65M
Klemperer / Popp, Janowitz,
Schwarzkopf, Pütz, Giebel,
Veasey, Ludwig, Höffgen,
Reynolds, Gedda, Unger,

Liebl, Berry, Frick, Crass / Philh. Chor London / Philh. Orch. London
→ EMI 157-00 031/33

Nicolai, Otto

Die lustigen Weiber von Windsor Oper von Mosenthal
Heger / Pütz, Mathis, Litz, Wunderlich, Lenz, Gutstein, Frick, Engen, Hoppe, Ehrengut / Chor d. Bayer. Staatsoper München / Orch. d. Bayer. Staatsoper München
→ EMI 183- 30 191/93
Kubelik / Donath, Sukis, Schmidt, Ahnsjö, Zednik, Brendel, Malta, Ridderbusch, Sramek / Chor u. Sinf.-Orch. d. Bayer. Rdf. München
→ DEC 6.35 391 FX

Offenbach, Jacques

Hoffmanns Erzählungen (Contes d'Hoffmann) Oper v. Barbier u. Carré
Cluytens / Angelo, Schwarzkopf, Angeles, Fauré, Mallabrera, Gedda, Senechal, Pruvost, Loreau, Benoit, Laffage, Guiseler, London, Geay, Gayraud / Chor René Duclos / Conservatoire-Orch. Paris
→ EMI 157-00 045/47

Pfitzner, Hans

Palestrina Musikalische Legende in 3 Akten (Oper)
Kubelik / Donath, Fassbaender, Gedda, Fischer-Dieskau, Prey, Nienstedt / Chor u. Sinf.-Orch. d. Bayer. Rdf. München→ DG 2711 013 IMS

Puccini, Giacomo

La Bohème Oper in 4 Akten von Luigi Illica und G. Giacosa
Solti / Caballé, Blegen, Domingo, Byers, Castel, Milnes, Sardinero, Raimondi, Mangin, Masou, Whiteley / John-Alldis-Chor London, Wandsworth School Boys Chor / London Philh. Orch.
→ RCA RL 42 252 HD
Toscanini / Albanese, McKnight, Peerce, Valentino, Cehanovsky, Moscona, Baccaloni / Chor des NBC Symphony Orch. / NBC Symph. Orch.
Votto / Callas, Moffo, Stefano, Ricciardi, Coda, Panerai, Spatafora, Zaccaria, Badioli, Forti / Chor d. Mailänder Scala / Orch. d. Mailänder Scala
→ EMI 153- 18 182/83

Madame Butterfly Oper v. L. Illica u. G. Giacosa
Karajan / Callas, Danieli, Villa, Gedda, Ercolani, Carlin, Borriello, Clabassi, Campi / Chor d. Mailänder Scala / Orch. d. Mailänder Scala
→ EMI 153-00 424/26
Maazel / Scotto, Knight, Domingo, Andreoli, Summers, Wixell / Ambrosian Singers / Philh. Orch. London

Tosca Oper v. Luigi Illica u. Guiseppe Giacosa
Karajan / Price, Stefano, Palma, Taddei, Cava, Corena, Mariotti, Monreale / Chor d. Wiener Staatsoper / Wiener Philh.
→ DEC 6.35 232 EK
Sabata / Callas, Stefano, Mercuriali, Cordova, Gobbi, Calabrese, Caselli, Luise / Chor d. Mailänder Scala / Orch. d. Mailänder Scala
→ EMI 191-00 410/11

Turandot Oper v. G. Adami, R. Simoni, vollendet v. F. Alfano
Leinsdorf / Tebaldi, Nilsson, Pucci, Funari, Stasio, Björling, Frascati, Palma, Paolis, Zagonara, Serene, Monreale, Tozzi / Chor d. Oper Rom / Orch. d. Oper Rom
→ RCA 26.35 116 EK
Mehta / Caballé, Sutherland, Palma, Pavarotti, Pears, Markow, Ghiaurov, Krause / John-Alldis-Chor London, Wandsworth School Boys Chor / London Philh. Orch.
→ Dec 6.35 150 FK
Serafin / Callas, Schwarzkopf, Fernandi, Nessi, Ercolani, Palma, Boriello, Zaccaria / Chor u. Orch. d. Mailänder Scala
→ EMI 153-00 969/71 M

Rossini, Gioacchino

Der Barbier von Sevilla (Il Barbiere di Siviglia) Komische Oper i. 2 Akten
Abbado / Berganza, Malagú,
Alva, Cesari, Prey, Dara, Montarsolo, Roni / Ambrosian Singers / London Symph. Orch.
→ DG 2720 053
Galliera / Callas, Alva, Gobbi, Ollendorff, Zaccaria / Philh. Chor u. Orch. London
→ EMI 197-00 467/69

Smetana, Friedrich

Die verkaufte Braut Komische Oper in 3 Akten v. Karel Sabina (dt.: Max Kalbeck)
Chalabala / Tikalova, Stepanova, Pechova, Dobra, Zidek, Kovar, Vonasek, Bednar, Horacek, Haken, Joran / Chor d. Nationaltheaters Prag / Orch. d. Nationaltheaters Prag
→ Ar XG 80 383 R
Krombholc / Stratas, Kollo, Bence, Wilsing, Berry, Zednik, Wewezow, Dönch, Malta, Nicolai / Chor d. Bayer. Rdf. / Orch. d. Bayer. Rdf. München
→ Ar XG 89 036 R

Strauss, Richard

Ariadne auf Naxos op. 60 Oper von Hugo von Hofmannsthal
Böhm / Auger, Grist, Hillebrecht, Troyanos, Thomas, Lenz, Unger, Kesteren, Fischer-Dieskau, Friedrich, McDaniel, Rintzler, u. a. / Sinf.-Orch. d. Bayer. Rdf. München
→ DG 2721 189
Krauss / Ursuleac, Korjus, Hollendonner, Berger, Rünger, Rosvaenge, Arnold
→ BR DE 21 806

Elektra Oper von Hugo von Hofmannsthal
Böhm / Borkh, Schech, Steingruber, Ahlin, Wagner, Madeira, Uhl, Fischer-Dieskau / Chor d. Staatsoper Dresden / Sächs. Staatskapelle Dresden
→ DG 2721 187
Solti / Nilsson, Collier, Weathers, Resnik, Watts, Lehane, Stolze, Krause / Chor d. Wiener Staatsoper / Wiener Philh.
→ Dec 6.35 173 FA

Die Frau ohne Schatten Oper von Hugo von Hofmannsthal
Böhm / Rysanek, Goltz, Höngen, Hopf, Böhme, Schöffler / Chor d. Wiener Staatsoper / Wiener Philh.
→ Dec 6.35 114 FK

Der Rosenkavalier op. 59 Oper in 3 Akten (Hofmannsthal) Bernstein / Jones, Popp, Ludwig, Domingo, Berry / Chor d. Wiener Staatsoper / Wiener Philh. → CBS 77 416
Böhm / Schech, Seefried, Streich, Wagner, Unger, Fischer-Dieskau, Böhme, u. a. / Chor d. Staatsoper Dresden / Sächs. Staatskapelle Dresden → DG 2711 001 IMS → DG 2721 162
Karajan / Schwarzkopf, Stich-Randall, Welitsch, Ludwig, Meyer, Kuén, Gedda, Wächter, Edelmann / Philh. Chor London / Philh. Orch. London → EMI 191-00459/62
Kleiber / Güden, Jurinac, Reining, Hellwig, Rössl-Majdan, Dermota, Majkut, Klein, Poell, Weber, Bierbach, u. a. / Wiener Philh. → Dec 6.35 001 EK
Salome op. 54 Drama in 1 Akt nach Oscar Wildes Dichtung Solti / Maikl, Nilsson, Veasey, Hoffman, Douglas, Equiluz, Kmentt, Kuen, Stolze, Holecek, Kirschbichler, Wächter, Krause, Proebstl / Wiener Philh. → Dec 6.35 090 ER
Die schweigsame Frau (1935) Oper von Stefan Zweig n. B. Jonson
Janowski / Scovotti, Nossek, Schmidt, Burmeister, Büchner, Hirte, Schöne, Adam / Chor d. Staatsoper Dresden / Staatskap. Dresden → EMI 165-03 534/36 O

Verdi, Giuseppe

Aida Oper in 4 Akten von Antonio Ghislanzoni
Karajan / Ratti, Tebaldi, Simionato, Bergonzi, Palma, MacNeil, Corena, Mill / Singverein d. Ges. d. Musikfreunde Wien / Wiener Philh. → Dec 6.35 261 EX
Serafin / Callas, Galassi, Barbieri, Tucker, Ricciardi, Gobbi, Modesti, Zaccaria / Chor d. Mailänder Scala / Orch. d. Mailänder Scala → EMI 153-00 429/31 M
Toscanini / Nelli, Stich-Randall, Tucker, Scott, Valdengo,

u. a. / Robert-Shaw-Chor / NBC Symph. Orch. → RCA 26.35 01 3EA
Don Carlos Oper (Méry, du Locle u. de Lauzieres)
Giulini / Campo, Caballé, Wallis, Verrett, Davies, Domingo, Fioani, Noble, Milnes, Raimondi, Estes / Ambrosian Singers / Covent Garden Orch. London → EMI 191-02149/52
Solti / Tebaldi, Sinclair, Bumbry, Bergonzi, MacDonald, Fischer-Dieskau, Ghiaurov, Franc / Covent Garden Chor / Covent Garden Orch. London → Dec 6.35 117 FK
Ein Maskenball (Un ballo in maschera) Oper v. Somma u. Scribe
Muti / Arroyo, Grist, Cossotto, Domingo, Collins, Barrett, Cappuccilli, Giorgetti, Howell, Allan / Covent Garden Chor / New Philh. Orch. London → EMI 157-02 679/81 Q
Toscanini / Nelli, Haskins, Turner, Peerce, Merrill, Moscona / Robert-Shaw-Chor / NBC Symph. Orch. → RCA 26.35 011EA
Falstaff Lyrische Komödie in 3 Aufzügen v. A. Boito n. Shakespeare
Bernstein / Ligabue, Sciutti, Resnik, Oncina, Fischer-Dieskau, Panerai / Wiener Philh. → CBS 77 392
Karajan / Schwarzkopf, Moffo, Merriman, Barbieri, Alva, Spataro, Ercolani, Gobbi, Paneria, Zaccaria / Philh. Chor London / Philh. Orch. London → EMI 153-00 442/44
Toscanini / Nelli, Stich-Randall, Merriman, Elmo, Carelli, Rossi, Madasi, Valdengo, Guarrera, Scott/Robert-Shaw-Chor / NBC-Symph. Orch. → RCA 2635 012 EA
Macbeth Oper in 4 Akten von Piave und Maffei
Abbado / Verrett, Malagu, Domingo, Cappuccilli, Ghiaurov, Foiani, Mariotti, Giacomotti, u. a. / Chor u. Orch. d. Mailänder Scala → DG 2740 197
Die Macht des Schicksals (La forza del destino)
Levine / Price, Hill, Knight, Cossotto, Senechal, Hall,

Fleet, Milnes, King, Bacquier, Elvin, Moll, Giaiotti, Mason, Etheridge / John-Alldis-Chor London / London Symph. Orch. → RCA RL 01 864 GX
Molinari-Pradelli / Tebaldi, Simionato, Coda, Monaco, Bastianini, Corena, Siepi / Chor u. Orch. d. Accademia di S. Cecilia Rom → Dec 6.35 222 EK
Othello Oper in 3 Akten von Arrigo Boito nach Shakespeare
Karajan / Tebaldi, Satre, Cesarini, Monaco, Romanato, Arbace, Corena, Protti, Krause / Chor d. Wiener Staatsoper, Wiener Großstadtkinderchor / Wiener Philh. → Dec 6.35 254 EX
Toscanini / Nelli, Merriman, Assandri, Chabay, Vinay, Newman, Valdengo, Moscona / Chor d. NBC Symph. Orch. / NBC Symph. Orch. → RCA 26.35 014 EA
Rigoletto Oper von Piave; dt.: Grünbaum
Bonynge / Sutherland, Tourangeau, Pavarotti, Milnes, Talvela / Ambrosian Singers / London Symph. Orch. → Dec 6.35 198 GF
Serafin / Stefano, Gobbi, Callas, Zaccaria, Lazzarini, Gerbino, Clabassi, Dickie, Ercolani, Forti, Galassi, Tatozzi, Mandelli / Chor d. Mailänder Scala / Orch. d. Mailänder Scala → EMI 153-01346/47M
Giulini / Domingo, Cappuccilli, Cotrubas, Ghianrov, Moll, Wr. Staatsopernchor, Wiener Philh. Kass. DG 3371 054
La Traviata Oper in 4 Akten von Franco Maria Piave nach Alexander Dumas
Kleiber / Cotrubas, Malagu, Domingo, Milnes, Foiani, Giacomotti u. a. / Chor u. Orch. d. Bayer. Staatsoper München → DG 2707 103
Toscanini / Albanese, Peerce, Stellmann, Merrill, Newman / NBC Symph. Orch. → RCA 26.35 008 DP
Votto / Scotto, Tavolaccini, Raimondi, Ricciardi, Carbonari, Maionica, Morresi / Chor u. Orch. d. Mailänder Scala

→ DG 2726 049
→ DG 2740 197
Der Troubadour (Il trovatore)
Oper von Cammarano u. Bardare
Karajan / Callas, Barbieri, Villa, Stefano, Ercolani, Penerai, Zaccaria, Mauro / Chor d. Mailänder Scala / Orch. d. Mailänder Scala → EMI 153-00454S/56M
Serafin / Stella, Bonato, Cossotto, Bergonzi, Ricciardi, Mercuriali, Bastianini, Vinco, Morresi / Chor u. Orch. d. Mailänder Scala
→ DG 2740 197

Wagner, Richard

Der fliegende Holländer Romantische Oper
Klemperer / Silja, Burmeister, Kozub, Unger, Talvela, Adam / BBC Chor / New Philh. Orch. London → EMI 157-00 104/06
Solti / Martin, Jones, Krenn, Kollo, Bailey, Talvela / Chicago Symph. Chor u. Orch.
→ Dec 6.35 361 FK

Das Rheingold Oper a. d. Ring d. Nibelungen (Vorabend)
Böhm / Siebert, Dernesch, Silja, Hesse, Burmeister, Soukupova, Windgassen, Wohlfahrt, Adam, Neidlinger, Talvela, Böhme, Nienstedt / Chor u. Orch. d. Bayreuther Festspiele
→ Ph 6747 046
Furtwängler / Frantz, Malaniuk, Neidlinger, Windgassen, Poell, Fehenberger, Patzak, Greindl, Frick / Chor d. RCA Italiana / Orch. Sinfonica della Radio Italiana
→ EMI 147-02275/92M
Solti / Balsborg, Flagstad, Plümacher, Madeira, Malaniuk, Watson, Kmentt, Kuen, London, Svanholm, Wächter, Böhme, Neidlinger, Kreppel / Wiener Philh.
→ Dec 6.35 250 EK

Die Walküre Oper a. d. Ring d. Nibelungen (1. Tag)
Böhm / Rysanek, Nilsson, Masfilovic, Symek, Burmeister, Dernesch, Hopf, Hesse, Boese, Schärtel, King, Nienstedt, Adam / Chor u.￼Orch. d. Bay-

reuther Festspiele
→ Ph 6747 047
Furtwängler / Mödl, Rysanek, Scheyrer, Hellwig, Schmedes, Köth, Klose, Siewert, Töpper, Blatter, Hermann, Suthaus, Frantz, Frick, / Wiener Philh.
→ EMI 149-00 675/79M

Siegfried Oper a. d. Ring d. Nibelungen (2. Tag)
Böhm / Nilsson, Köth, Soukupova, Windgassen, Wohlfahrt, Adam, Neidlinger, Böhme / Chor u. Orch. d. Bayreuther Festspiele → Ph 6747 048
Furtwängler / Frantz, Patzak, Greindl, Mödl, Suthaus, Pernerstorfer, Klose / Chor d. RCA Italiana / Orch. Sinfonica della Radio Italiana
→EMI 147-02275/92M
Solti / Nilsson, Sutherland, Höffgen, Stolze, Windgassen, Böhme, Hotter, Neidlinger / Wiener Philh.
→ Dec 6.35 252 FX

Götterdämmerung Oper a. d. Ring d. Nibelungen (3. Tag)
Böhm / Nilsson, Dvorakova, Siebert, Dernesch, Varnay, Mödl, Burmeister, Wagner, Höffgen, Windgassen, Stewart, Neidlinger, Greindl / Chor u. Orch. d. Bayreuther Festspiele
→ Ph 6747 049
Furtwängler / Poell, Greindl, Mödl, Jurinac, Gabory, Rössl-Majdan, Suthaus / Chor d. RCA Italiana / Orch. Sinfonica della Radio Italiana
→ EMI 147-02275/92M
Solti / Jones, Nilsson, Popp, Guy Hoffmann, Ludwig, Watson, Watts, Windgassen, Fischer-Dieskau, Frick, Neidlinger / Chor d. Wiener Staatsoper / Wiener Philh.
→ Dec 6.35 253 GK

Lohengrin Romatische Oper in 3 Aufzügen
Kempe / Grümmer, Ludwig, Thomas, Fischer-Dieskau, Wiener / Chor d. Wiener Staatsoper / Wiener Philh.
→ EMI 161-00017/21

Die Meistersinger von Nürnberg
Furtwängler / Müller, Kallab, Lorenz, Zimmermann, Arnold, Witting, Rödin, Krollmann,

Prohaska, Fuchs, Pina, Krenn, Greindl, Fehn, Gösebruch, Sauer, Dome / Chor d. Bayreuther Festspiele / Orch. d. Bayreuther Festspiele
→ EMI 181-01 797/801 M
Karajan / Donath, Hesse, Buchner, Rotzsch, Bindszus, Hiestermann, Kollo, Schreier, Evans, Adam, Ridderbusch, Lunow, Kelemen, Polster, Reeh, Vogel, Moll / Chor d. Staatsoper Dresden, Rundfunkchor Leipzig / Staatskapelle Dresden
→ EMI 157-02 174/78

Parsifal Bühnenweihspiel in 3 Aufzügen
Solti / Hansmann, Popp, Ludwig, Kollo, Tear, Fischer-Dieskau, Hotter, Frick, Kélémen / Chor d. Wiener Staatsoper, Wiener Sängerknaben / Wiener Philh. → DEC 6.35 231 HD

Tannhäuser Romantische Oper in 3 Aufzügen
Solti / Dernesch, Ludwig, Equiluz, Hollweg, Kollo, Bailey, Jungwirth, Sotin / Wiener Sängerknaben, Chor d. Wiener Staatsoper / Wiener Philh.
→ DEC 6.35 193 HS

Tristan und Isolde Musikdrama in 3 Aufzügen.
Böhm / Nilsson, Ludwig, Windgassen, Schreier, Wohlfahrt, Wächter, Talvela, Neustedt, Chor der Bayr. Festsp. 1966
→ DG 2740-144
Solti / Nilsson, Resnik, Kmentt, Uhl, Kozub, Klein, Krause, Kirschbichler, Mill / Wiener Singverein / Wiener Philh.
→ Dec 6.35 153 FK

Weber, Carl Maria von

Der Freischütz Romantische Oper v. Friedrich Kind
Keilberth / Grümmer, Otto, Schock, Prey, Dicks, Wiemann, Kohn, Frick / Chor d. Dt. Oper Berlin / Berliner Philh.
→ EMI 149-30 171/73
Kleiber / Janowitz, Mathis, Schreier, Leib, Weikl, Adam, Crass, Vogel / Rundfunkchor Leipzig / Staatskapelle Dresden
→ DG 2720 071